| 세미오시스 번역총서 03 |

사고와 언어
Мысль и язык

이 역서는 2009년 대한민국 교육부와 한국연구재단의
인문한국(HK)지원사업의 지원을 받아 수행된 연구임(NRF 362-2009-1-B00005).

이 역서는 2010년 대한민국 교육부와 한국연구재단의
인문한국(HK)지원사업의 지원을 받아 수행된 연구임(NRF-2010-361-A00013).

세미오시스 번역총서 03

사고와 언어

알렉산드르 아파나시예비치 포테브냐 지음 | 김민수 · 조준래 옮김

HU:iNE

목차

일러두기

- 원저자의 주석은 별도의 표시없이 각주처리했다.
- 별도의 설명이 필요한 경우 옮긴이의 주석은 각주로 삽입했고, '옮긴이.'로 표시했다.
- 책제목은 『 』로, 작품 제목은 「 」로 통일했다.

옮긴이 서문

『사고와 언어』- 언어의 기원에 대한 탐색, 또는 언어의 부활에 대한 열망

주지하다시피, 근대 이후 언어학자들의 지속적인 관심은 언어를 고정된 실체가 아니라 끊임없는 발전 과정 속의 운동으로 파악하는 것이었다. 이런 흐름에서, 구체적 산물이자 활동인 인간 언어의 이율배반성에 최초로 주목한 학자는 독일의 언어학자 빌헬름 폰 훔볼트(1767-1835)였다. 언어와 성장의 개념을 접목시킨 훔볼트의 사상은 이 책의 저자인 알렉산드르 아파나시에비치 포테브냐(Александр Афанасьевич Потебня, 1835-1891)에게 계승되어 이 슬라브 언어학자가 독특한 사유를 전개해 나가는 토대로 작용했다. 포테브냐는 불과 27살의 나이에 펴낸 자신의 최초 저술인 『사고와 언어』(Мысль и язык, 1862)에서 훔볼트 및 헤이만 슈테인탈, 모리츠 라차루스 등 훔볼트 계승자들의 이론과 대화하는 동시에, 그들의 이론을 반복하기보다는, 언어와 사고의 관계, 언어와 형상의 관계, 시적 사고 유형과 산문적 사고 유형 등 자신의 독창적인 언어이론을 펼쳐나가는 데 유효한 개념적 지지대로 적절히 활용하고 있다.

알렉산드르 포테브냐는 19세기 우크라이나의 뛰어난 지식인이자 사상가이다. 그는 러시아 제국에 속했던 폴타바 현의 귀족 가문에서 태어나 하리코프 대학교 법률학부에 입학한 후 역사어문학부로 적을

옮겼고, 대학 재학 중에는 민속학에 심취하여 소러시아의 민요를 수집·연구하였으며, 졸업 후 하리코프 중등학교의 문학교사로 잠시 재직한 뒤에 "슬라브 민요시에 나타난 상징 연구"로 석사학위를 받고서 하리코프 대학교에서 교편을 잡기 시작했다. 이후 『사고와 언어』가 출간되던 해에 베를린 대학과 여러 슬라브 국가들을 돌아다니면서 언어 현상을 연구했다. 포테브냐의 또 다른 논저인 『러시아문법에 관한 노트』(Из записок по русской грамматике, 1874)는 일 년 후 그의 하리코프 대학 정교수 취임을 위한 박사학위 청구논문으로 집필된 것이다. 불과 56세의 나이에 세상을 떠난 포테브냐의 마지막 유작은 『문학 이론에 관한 강의』(Из лекции по теории словесности, 1894)로, 포테브냐가 자신의 집에서 소수의 청중을 대상으로 한 강의 내용을 기록한 책이다.

홈볼트와 포테브냐에 의하면, 언어는 고정된 산물('에르곤')이라기보다는 창조적 활동('에네르게이아')이며, 따라서 언어학은 언어의 창조적 힘이 그 구체적 물질적 표현인 낱말로 구현되는 과정에 주목해야 한다고 본다. 이런 주장은 이 책의 곳곳에서 발견할 수 있다.

> "'언어는 본질상 지속적으로 매 순간 사라지는 것이다. 언어는 이루어진 것(ἔργον), 죽어 있는 생산물이 아니라 활동(ἐνέργεια), 즉 생산 과정 자체다.'"(3장 "빌헬름 훔볼트" 가운데서)

> "예술 역시 언어와 유사하게, 표현이라기보다는 사고 창조의 수단이라는 점을 받아들여야 할 것이다. 즉, 예술의 목표는 언어의 목표처럼, 생산자 자신에게뿐 아니라 이해하는 자에게도 일정한 주관적인 마음을 일으키는 것이라는 점, 예술작품 역시 '에르곤'이 아니라 '에네르게이아,' 즉 끊임없이 창조되는 무엇이라는 점을 받아들여야 할 것이다. 이로써 예술과 언어의 개별적인 유사성의 특징들이 정

의된다."(10장 "운문, 산문, 사고의 응축" 가운데서)

홈볼트와 포테브냐는 모든 언어의 표현은 이 표현의 모태가 되는 창조적 관념을 자신의 어원학적 배경 속에서 반영한다고 믿었고,[1] 언어로 구현된 이런 독창적 관념을 훔볼트는 '내적 형식(innere Sprachforme, inner form, внутренняя форма)'이라 지칭했으며, 포테브냐는 '언어의 존재이유'[2]이자 언어의 의미 형성에 결정적인 역할을 하는 이 '내적 형식'에 대해 슬라브 제 민족 언어 창작물의 실증적 사례를 통해 설명하면서, 훔볼트의 이 개념을 자기만의 방식으로 창조적으로 발전시켰다. 포테브냐에 의하면 언어의 '내적 형식'은 대상의 의미를 언어로 포착하기 위해 활용되는 일종의 지지대와 같은 것으로, 그는 세계 여러 언어마다 유사한 의미의 낱말들이 서로 다른 내적 형식을 지닌다고 보았다. 일례로, 영어와 로망스에서 '식탁, 탁자'를 뜻하는 'table'은 편평한 널빤지의 형상과 관련되어 있지만,[3] 유사한 의미를 지닌 러시아어 'стол'은 '펼쳐놓음'의 형상과 관련된다.[4] 따라서 포테브냐는 한 개의 낱말은 언제나 그 배경에 뚜렷한 구체적 형상을 지니며, 이로 인해 그 낱말의 의미는 총체적이고 직접적으로 지각될 수 있다는 점을 강조했다. 다른 한편으로, 각 언어마다 다른 이런 '내적 형식'의 다양성은 동일한 사물에 대한 민족마다의 다양한 지각 방식과 고유한 세계관을 방증하는 것으로 볼 수 있다는 것이다.

---

1) Gasparov, Boris, "From the Romantic Past to the Modern World: Historical-Cultural Underpinnings of Potebnia's Thought on Language," *Havard Ukrainian Studies*, Vol.XVIII, No.1/2, 1994. pp.94-95.
2) Ibid., p.95.
3) Ibid.
4) 이에 대한 상세한 설명으로는 본문의 내용 중 특히 7장 "감정의 언어와 사고의 언어," 9장 "표상, 판단, 개념"을 참고하라.

『사고와 언어』에서 포테브냐는 언어학과 시학과 심리학의 경계를 넘나들며[5] 통학문적인 관점에서의 언어현상 연구를 주창하고 있다. 그는 슈테인탈을 통해 요한 프리드리히 헤르바르트(1776-1841)의 심리이론을 받아들여 그의 '지각'과 '표상'의 개념에 기대어, 언어가 기존의 사고와 새로운 지각 사이의 매개 활동을 통해 세계에 대한 이해에서 결정적인 역할을 하고 있음을 증명하려 했다.[6]

그러나 이 책에서 포테브냐가 중점적으로 강조하는 것은 언어와 시의 기원적 동질성, 언어의 신화적 기원에 관한 내용이다. 그는 인간의 사고가 언어로 구현되는 것에 신성한 의미를 부여했으며, 시와 언어 모두가 세계에 대한 종합적인 재현을 추구하는 '에네르게이아'에서 발원했고, 시와 언어의 본질이 인간과 동물의 차이를 본질적으로 노정하는 '비실용적 즐거움'의 추구에 있다고 보았다.

> "언어와 시 속에는, 인도 유럽 민족 전체의 신념에 따라서 언어는 사고이고, 언어는 진리와 진실과 지혜와 시를 표상한다는 점을 입증할 수 있는 실증적인 증거가 존재한다. 지혜와 시와 더불어 언어는 신의 영역에 속한 것으로 간주되었다. 유대인과 고대 그리스 로마인의 신의 로고스에 대한 숭배는 물론이고, 언어 자체에 대한 숭배를 표현하는 신화가 존재한다."(9장 "표상, 판단, 개념" 가운데서)

> "상징을 창조하는 과정은 언어의 시적 측면으로 지칭될 수 있을 것이다. 이와 반대로, 언어의 내적 형식의 망각 과정은 필자의 견해로 보았을 때 언어의 산문적 측면으로 여겨진다. 만일 이런 비유가 정당하다면, 말의 내적 형식의 변화에 관한

---

5) 포테브냐의 이런 종합적 방법론 역시 그가 훔볼트의 수용을 통해 받아들인 근대 유럽 사상사의 흔적으로 볼 수도 있다. Seifrid, Thomas, *The Word Made Self: Russian Writings on Language, 1860-1930*, Ithaca and London: Cornell University Press, 2005, p.31.

6) 이에 대해서는 본문의 3장 "빌헬름 훔볼트"를 참고하라.

문제는 운문과 산문에 대한 언어의 관계의 문제, 즉 문학적 형식 일반에 대한 언어의 관계의 문제와 동일한 것으로 판명된다. 시는 예술 중 하나이고, 따라서 시와 언어의 관계는 언어와 예술의 보편적 측면들을 지시하지 않을 수 없다."(10장 "운문, 산문, 사고의 응축" 가운데서)

아울러 포테브냐는 언어가 관습적으로 사용되는 과정에서 그 본래의 생생한 형상이 사멸하며 시적 창조성을 통해 이런 언어의 화석화를 보완할 수 있다고 생각했던 바, 이런 관점은 이미 잘 알려져 있다시피 20세기 초 러시아 미래주의자 시인들과 형식주의 이론가들에 의해 재조명되기에 이른다.[7]

즉, 관습적 언어 사용으로 발생한 '의미의 죽음'을 시어 형식을 통해 부활시키자는 기획이 그것이다. 포테브냐의 주장에 의하면, 새로운 언어의 창조 방식은 '내적 형식'을 통하여 언어를 규정하는 방식과 같으며, 나아가 우리에게 보다 친숙한 것(술어)을 통하여 상대적으로 낯설고 이해하기 힘든 것(주어)을 설명하는 과정에 다름 아니다. 포테브냐는 시어를 '살아있는 유기체'이자 한 민족의 정신적 창조력을 유지하기 위한 도구로 정의하면서[8] 시어의 존재론적 중요성을 강조했다.

나아가 포테브냐는 시와 산문 각각을 인간 활동의 주요한 두 가지 원리로 보았다. 그는 시가 유사 이전 시대에 인간의 언어를 지배했던 반면에, 산문은 이성이 진리로 자리 잡은 근대에 확립된 의미생산 방식이라고 규정한다. 그는 인간 문화와 언어의 역사적 전개과정에서 시와 산문이라는 두 기본 원리의 상호소통과 협력이 요구되어왔음을 지적한다. 따라서 시와 산문 각각이 표상하는 의미적 대립은 유사 이전 시대 vs. 근대, 신화 vs. 과학, 민중의 세계 vs. 엘리트 계층, 구술 문화 전통

7) Gasparov, Op. cit., p.97.
8) Ibid., p.101.

vs. 문자 문화 전통, 자생적 생활 체험 vs. 공식 교육체계, 자생적인 것 vs. 이성적인 것, 형상 vs. 개념, 민속 문화 vs. 상층 문화 등의 가치적 대립에 상응한다. 포테브냐가 설정하고 있는 이 두 개념 축을 참고하여 이 책을 읽는다면 내용을 이해하는 데에 많은 도움이 될 것이다.

나아가, 『사고와 언어』가 언어와 형상(이미지)의 관계를 집중적으로 고찰한 저술인 반면, 그의 후속 저작인 『러시아문법에 관한 노트』는 문장의 구조적 형식과 그 역사에 대해 다루고 있음을 지적하지 않을 수 없다. 여러 학자들이 지적한 바와 같이, 이 두 논저는 서로 긴밀히 연결되어 있으며, 언어 현상에 관한 포테브냐 이론의 두 상보적 측면을 이루고 있다. 궁극적으로, 포테브냐는 언어와 형상의 이론과 문장의 이론을 종합함으로써 운문과 산문은 물론이고, 인류의 원초적 정신과 근대적 사유방식, 언어의 기원에 관한 낭만주의적 세계관과 합리주의적 진보관 등 서로 대립하는 여러 가치 체계를 균형적으로 통일하려 시도했다. 이런 포테브냐의 종합적 사유체계는 근대의 사유와 현대 언어철학의 접점에 그를 위치시키며, 오늘날의 언어학자들이 그의 사상을 끊임없이 돌아보도록 하는 동기가 되고 있다.

마지막으로, 『사고와 언어』에서 개진된 포테브냐의 언어관이 이후 언어의 대화적 본성을 주장하게 될 후대 철학가들(슈페트, 플로렌스키, 비고츠키, 바흐친, 로셰프 등)에게 사상적 모델을 제시했음을 지적하지 않을 수 없다. 따라서 이 책을 러시아 언어철학사에서 대화주의적 언어모델을 제시한 최초의 사례로 보아도 무방할 것이다.

> "발화는 이해와 불가분적인 관계를 이룬다. 발화자는 언어가 자신에게 속해있다고 지각하는 동시에(그가 이해하는 내용이 또한 청자에게도 속하므로), 언어와 표상이 그만의 개인적인 속성이라고는 생각하지 않는다."(10장 "표상, 판단, 개념" 가운데서)

이 책은 А. А. Потебня. Мысль и язык. Киев: Синто, 1993을 저본으로 하여 번역됐다. 원본의 언어 자체가 19세기 고어형태라 번역자들은 최대한 현대 우리말에 가깝도록 풀어쓰려고 노력했으나, 미흡한 점이 있다면 그것은 모두 번역자들의 책임임을 밝힌다. 모쪼록 포테브냐의 대표 저작인 이 책을 시작으로 하여 국내 학계에서 포테브냐의 학문적 유산에 대한 진지한 관심이 점화됐으면 하는 것이 번역자들의 작은 바람이다.

2016년 4월

옮긴이 일동

필자소개

- 지은이

알렉산드르 아파나시예비치 포테브냐(1835-1891)

우크라이나 출신 러시아 언어학자, 철학자로 러시아 기호학의 토대를 정초했다. 대표저서로 『사고와 언어』(1862), 『러시아 문법에 관한 노트』(1874), 『문학 이론에 관한 강의』(1894)가 있다.

- 옮긴이

김민수 (한국외국어대학교 러시아연구소 HK교수)

인간을 중심으로 한 언어, 사고, 문화 간의 관계를 주제로 연구하고 있으며, 주요 역서로 『언어와 민족문화 I, II』(니키타 톨스토이 저, 한국문화사, 2014), 『언어학 개설』(니콜라이 크루솁스키 저, 지만지고전천줄, 2008) 외 다수가 있다.

조준래 (한국외국어대학교 언어연구소 HK연구교수)

문화현상 속의 기호 작용에 관한 연구를 수행하고 있으며, 주요 역서로 『미래 이후의 미래』(미하일 엡슈테인 저, 한울, 2010), 『러시아 사상가』(이사야 벌린 저, 생각의나무, 2008) 외 다수가 있다.

1

언어는 의도적으로 발명된 것인가 아니면 신에 의해 창조된 것인가

사고가 언어에 대해 어떤 관계를 가지느냐는 문제는 언어의 기원은 무엇이냐는 또 다른 문제를 부각시킨다. 한편, 언어학 여러 분과들의 다양한 자료들을 보다 면밀히 살펴보려고 노력하는 과정에서도 인간 언어의 기원을 밝혀보려는 시도가 반드시 이루어지게 된다. 그리고 그런 시도는 언어가 사고에 대해 어떤 의미를 가지는지, 그리고 언어는 정신생활 전반에 대해 어느 정도의 관계를 가지는지에 대해 널리 알려진 시각을 전제로 하게 된다.

우리는 훔볼트가 창시한 언어 이론의 몇 가지 측면을 살펴보고자 하는데, 이를 위해서는 기술하고자 하는 대상의 속성상 언어의 기원에 관해서도 언급해야 할 것이다. 우선 새로운 시각들이 자리잡도록 하기 위해서 반드시 제거되어야 할 몇 가지 낡은 시각들이 무엇인가를 언급해 보겠다.

먼저 언어가 인간에 의해 의도적으로 발명되었다는 시각과 신에 의해 직접 창조되었다는 상호모순적인 시각이 제거되어야 한다. 이 두 가지 시각은 아주 오래된 것이지만 항상 새롭게 변형되어 왔으며, 내적 모순을 포함하고 있는 기본 입장에서는 일치를 보이고 있다.

언어가 의식적·의도적으로 발명되었다는 이론은 자연과 인간 생활 양상이 인간이 의도적으로 부여하는 모든 형식을 유연하게 받아들일 준비가 되어있음을 전제한다. 이 이론은 국가, 문학, 언어 등 모든 것을 변혁시킬 수 있는 이성과 의지의 전능한 힘에 대한 믿음에 근거하여 성립되었다. 이 이론의 추종자들은 문학어의 몇 가지 규칙들의 자의성에 특별한 비중을 두었으며, 이를 근거로 문법의 작용이 언어 전반에 근본적인 영향을 주고 있다는 결론을 내렸다. 메르즐랴코프(Мерзляков)는 문법의 목적을 "언어를 외부의 영향으로부터 보호하는 것, 즉 언어의 순수성과 특징을 보존하고 각 단어의 고유한 면모를 규정하는 것"으로 규정하고, "각 단어에 상응하는 의미적 경계를 설정하는 것, 즉 활용(문법과 영원한 적대관계에 있지만 음절에 간결성, 힘, 또는 최소한 생생함이나 용이함을 불어넣어 주는 수단이므로 완전히 없앨 수 없는)의 변덕스러움이 있음에도 불구하고 단어에 정확성과 한정성을 부여하는 것"[1]이라고 설명한다. 그와 동시대 학자인 카체놉스키는 "만일 문법이 엄격한 규칙을 부여하지 않는다면, 우리의 말은 개념의 가장 작은 뉘앙스에서조차 정확하거나 지속적일 수 없으며, 전적으로 이해될 수도 없다."고 했으며, "각 언어는 내적 환경에서 추출된 잘 알려진 고유의 규칙들이 없다면, 주변의 다른 언어들 또는 먼 지역의 언어들로부터의 영향으로 인해 자주 변할 수밖에 없다."고 했다. 이들의 견해에는 고유의 이론적 방향과 달리 언어의 독자성이나 민족성에 대한 사고의 혼용이 있다. 그러나 선호하는 주제인 인간의 무한한 권력으로 다시 돌아가서 메르즐랴코프는 이렇게 말한

1) Труды Об. Люб. Русск. Слов. 1, 60, 1812 г.

다. "자신의 모국어에 활동 범위나 변화의 경계를 부여하는 은혜로운 입법자들은 도대체 언제 나타난 것일까? 의심의 여지없이, 민족의 인식이 확장되어 언어가 이미 풍부해졌을 때 또는 민족에 이미 뛰어난 작가들이 나타났을 때, 한마디로 말해서 계몽이 깊숙이 뿌리내렸을 때, 바로 그 때일 것이다."[2] 이처럼 언어에 필요한 모든 우월한 특성들을 전해주는 법칙성은 언어가 스스로 그런 특성들을 획득하여 법칙 설정이 필요 없게 되는 바로 그 때에야 존재 가능한 것이다. 따라서 문법과 적대적이지만 언어에 몇 가지 유용성을 제공하기에 사라지지 않고 있는 활용이라는 것이 유일한 법칙 제정권자가 된다. 그러나 활용은 변덕스럽고 지속성이 없기 때문에 언어 내에 법칙성이 전혀 없다고 생각할 수도 있다. 즉, 언어 내의 모든 것이 어떤 측면에서는 우연적인 것이기에, 이를테면 언어의 품사 분류도 언어 내적인 생존 조건들에 따라 발생한 것이 아니라 타타르족의 침공과 같은 외적 상황들과 관련된 것이다. 이와 관련하여, 오르나톱스키는 이렇게 말했다.[3] "러시아인의 거대한 발걸음은 자신의 언어를 풍부하게 하는 방향으로 향했다. 그런데 갑자기 명예욕에 사로잡힌 공후들이 오래 전부터 준비해왔던 뇌우가 우리 조국을 휩쓸어 버려 막 자라난 계몽의 싹을 망쳐버렸다. 러시아 북서부에서는 다양한 말, 특히 리투아니아어의 특징인 어미들을 많이 차용했다.[?!] [거기에서 벨라루시어가 생겨났다.] 남부 러시아어는 슬라브-러시아어와의 동질성을 상실했고, 폴란드어와 극히 유사해졌다. [여기에서 소러시아어가 생겨났다.] 국가 전역에서... 타타르족의 언어를 많이 받아들였다."

자의성이 언어보다 우위에 있다고 확신하는 위와 같은 견해들은 언

2) Тр. Об. Л. Р. Сл. IX, 19-20. 1817. Ср. Мерзл. Тр. Об. 1. 58.
3) Орнатовский. Новейшее начерт. правил Росс. Грам. Харьков, 1810 г. 28.

어의 필요성과 중요성에 주목하는 다른 견해들과 이상스런 충돌을 보였다. 그런 다른 견해의 대표자로 레르몬토프를 들 수 있다. 그는 이렇게 말했다. “사람은 언어 때문에 다른 동물보다 우위에 있는데, 언어가 의사소통을 가능하게 해주며 사람들을 사회로 묶어주기 때문이다. 언어가 없다면 사람은 흩어진 기계 부품과 비슷할 것이며, 다양한 생각들이 연합·조정되어 이루어지는 공동의 일에서도 합의된 흐름이 없을 뿐 아니라, 짐승보다 못한 상태가 될 것이다.”[4] 분명한 것은 그런 짐승보다 못한 상태에서는 사람을 다른 동물들보다 우위에 있게 해주는 언어의 발명자가 사람이 될 수는 없다는 것이다. 그렇기 때문에 언어가 사람에게 있어 생래적인 것이라고 생각할 수도 있겠지만, 실은 그렇지 않다. 사고가 사람에게 필수적이고 생래적인 것이라는 점은 인정될 수 있겠지만, 사고와 분절적 음성과의 관계도 그렇다고 볼 수는 없기 때문이다. 소리는 의사를 표현하는데 아주 편리한 수단이지만 필수적인 수단은 아니다. 레르몬토프에 따르면, 의사 교환 수단으로서 몸짓이 불편한 점은 단지 어두운 곳에서 몸짓으로 의사를 교환할 수 없다는 사실 밖에는 없다.[5]

목소리의 음악적 속성도 단지 부분적으로만 불편할 뿐이다. 고저와 강약, 장단이 소리에 다양성을 부여하므로, 만일 사람들이 발성 기관이 없어 가슴 위의 현으로만 소리를 전달할 수 있다고 해도 사람들은 현의 소리를 통해 다른 사람들에게 자유롭게 자신의 사고를 표현하고 전달할 수 있을 것이다. 다른 한편으로, 사고도 역시 언어와 별개로 존재한다. 물론, 언어가 없으면 개념도 불가능한 것이라고 한다면, 언어는 인간의 발명품일 수 없다. 그것은 분절적 음성들은 아직 언어가 아니며, 언어에 앞서 언어를 발명해내는 사고가 존재한다고 전제하

---

4) Лом. Грам. §1.
5) Ib. §8.

려면 역시 먼저 언어를 전제해야 할 필요가 있기 때문이다. 즉, 언어를 발명하기 위해서는 이미 만들어진 언어가 필요하기 때문이다. 학자들은 이런 난점을 인간과 동물의 감각적 지각이나 그에 대한 기억이 언어의 도움 없이 이루어지는 것처럼, 공통적인 표상도 언어의 도움으로 형성되는 것이 아니라 그저 기억 속에 유지되고 타인에게 전달되면서 점차 완성되어 간다고 주장함으로 해소하려 했다. 그러나 언어 발생 이론 추종자들의 그런 견해는 같은 이론 내의 언어의 필요성에 대한 입장과 전적으로 모순된다.

처음에 사람들은 동물처럼 살았고, 이후 하나의 사회로 통합될 필요성과 상호 의사소통 수단을 찾아야 할 필요성을 느꼈다. 의사소통 수단으로서 그들이 맨 먼저 생각한 것이 몸짓이었겠지만, 점차 그것으로는 부족하다는 것을 느꼈을 것이다. 그리고 특정한 정신활동이 특정한 음성을 발하게 한다는 점과 동물들이 그와 같은 음성을 수단으로 하여 서로서로 이해한다는 점을 발견했을 것이다. 이러한 발견을 생활에 적용하여 음성을 사고의 기호로 삼은 것은 자연스런 일이었을 것이다. 따라서 최초의 단어들은 의성어들이었다. 언어를 발명한 사람들은 마치 화가가 풀이나 나뭇잎을 그릴 때 녹색이나 황색을 사용하는 것처럼, 예를 들어 야생적이고 험악한 것을 표현할 때는 역시 야생적이고 험악한 소리를 선택하였다. 그 후 이런 과정을 성공적으로 진행한 사람들은 사물과의 유사성이 좀 더 작은 단어들을 발명해냈다. 공통의 표상을 위한 단어들을 발명하는 것도 큰 어려움 없이 이루어졌다. 공통의 표상들이 이미 존재했으므로 그들의 명칭도 당연히 나타났어야 했다. 그렇지 않다면, 한 종류의 모든 구체적인 사물뿐 아니라 그 새로운 사물에 대한 모든 새로운 지각도 별도의 명칭을 가져야만 했을 것이며, 그렇게 단어가 늘어나게 되면 그 누구도 그 모든 것을 기억 속에 담을 수 없고 이해하는 것 자체가 불가능했을 것이다.

품사도 그렇게 해서 생겨났다. 이름이 필요한 것들(субстанция)을 위해 명사를 만들어냈고(요즘에도 교육받지 못한 사람들이 그것이 명사인지 모르는 것처럼, 그것이 명사라는 인식 없이), 성질을 지시하기 위해서 형용사를 만들어냈다. 다른 품사들도 마찬가지다. 언어의 음성들이 다변적인 사고를 전달하는 그 오묘함에 놀랄 필요가 없다. 그것은 언어도 다른 인간의 발명품들처럼 처음에는 조잡한 것이었지만 알게 모르게 완성되어 가는 것이기 때문이다. (한편, 18세기에 많은 사람들이 받아들였던 사고, 즉 가장 조잡한 언어라고 해도 그것은 지극히 잘 만들어진 것이어서 항상 개인의 의도적인 창작물보다 우월하다는 사고는 점차 잊혀져가고 있다.) 그리고 언어의 발명자들에 대해서도 그리 놀랄 필요가 없다. 그것은 언어의 발명이 심오한 사고에서 시작된 것이 아니라 필요성을 느낀 데서 시작된 것이기 때문이다.[6] (그것은 마치 위대한 사람이 진리를 세상에 설파하기 전에 스스로 진리를 깨우쳐야 할 필요가 있었다는 점을 알고 나면 그 사람에 대한 존경심이 줄어드는 것과 마찬가지다.)

언어의 필요성과 언어 발명의 자의성 간의 모순은 오르나톱스키가 정립한 이론의 전반적인 방향에서는 극히 합당한 것이다. 그는 이렇게 말했다. “넓은 의미에서 언어는 개념을 분절적 음성들로 표현하는 능력이다. 좁은 의미에서 언어는 각 민족이 전체적인 계약에 따라 개념의 상호 소통을 위해 사용하는 모든 분절적 음성들의 내용(티데만의 용어로는 집합)이다.”[7] “언어 능력은 공통적이고 자연적이며 필수적인 재능이다. 그와 반대로 언어 능력을 사용하는 것은 곧 인간에게 종속되어 있는 그 어떤 인위적이고 자의적인 재능이다. 후자가 바로 발명

---

6) 티데만(18세기) 등 많은 학자들이 그렇게 보았다. Steinthal. Der Ursprung der Sprache. 2-е изд. 5-12를 참조하라.

7) Орнат. Новейш. начерт. и пр. Стр. 37.

된 것이자 전체적인 단일성을 유지하기 위해 사회 구성원들이 체결한 계약의 결과이다."[8)]

언어들이 점진적으로 완성되어 왔다는 생각에서는 인간에게 생래적으로 주어진 모든 것들을 가능한 한 축소시키려는 의도가 엿보인다. 그러나 그런 의도는 바르지 못한 것으로, 인간의 무한한 능력과 높은 수준의 발전도 이미 주어진 것, 이미 갖추어져 있는 것으로 여기게 되는 결과를 초래하였다. 그런 경우라면 탐색 과정 자체가 불필요한 것이 된다. 즉, 예를 들어, 언어가 사회에 그리고 사회의 공통적인 흐름에 필요한 것인데, 언어가 이미 계약을 전제로 하므로 사회도 합의도 이미 전제된 것이 된다. 사고의 완성은 오로지 의사소통, 과학, 시 등 말을 수단으로 할 때만 가능한 것이고, 말은 사고가 말의 도움 없이 이미 완성 단계에 도달한 경우에만 가능한 것이다. 이해가 없으면 언어도 없다. 그러나 이해는 가장 표현력이 강한 몸짓으로도 대체할 수 없는 말을 수단으로 할 때만 가능하다. 몸짓으로도 책상을 책상이라고 부를 수 있는 경우를 가정해 본다고 해도, 그런 경우 앞의 상황들에서 분절적 음성과 사고 간의 관계가 직접적으로 이해되었다고 전제해야 한다. 즉, 언어 내에 의도적으로 발명된 조건적인 낱말들과 더불어 합의 없이도 모두가 동일하게 이해할 수 있는 비의도적인 낱말들이 존재했다고 전제해야 한다. 그러나 이것은 언어가 사회적 합의로 이루어진 조건적인 기호들의 집합이라는 기본적인 입장을 무너뜨리는 것이 된다.

두 번째 견해, 즉 언어는 신이 부여한 것이라는 생각은 아마도 위에서 살펴 본 견해보다 훨씬 이전에 나타났을 것이지만, 언어에 대한 이론의 발달 과정에서 비교적 최근까지도 널리 퍼져있었다. 언어에는 인

---

8) Ib. Стр. 8, 36.

간의 의도가 개입될 여지가 없는 부분이 많이 있으며 인간이 의식적으로 기울이는 노력은 언어가 수행하는 과제들과 비교해 볼 때 극히 미미한 것이라는 생각은 언어가 의도적인 발명품이라는 견해를 반박하는데 사용될만한 생각이다. 그러나 언어 발생 이론에서 그런 생각은 스스로를 부정하거나 언어 연구 가능성 자체를 부정하는 것으로 여겨진다.

언어 창조설은 두 가지로 이해할 수 있다. 즉, 하만이[9] 가정하는 것처럼 인간의 형상을 한 신이 최초인류를 가르쳤다고 보거나, 또는 언어가 최초 인류의 고유 속성에 의해 나타난 것이라고 보는 것이다.

첫 번째 경우는 신이 말을 했고 인간이 그것을 이해했다는 것을 전제로 한다. 즉, 받는 사람이 동의하지 않으면 선물이 소용없는 것처럼, 신의 언어를 이해했다는 것은 인간이 그 언어에 대한 지식을 가지고 있었고 언어를 자신의 힘으로 만들어낼 가능성이 있었다는 것을 전제로 한다. 아이들이 어른들의 말을 배울 수 있는 것은 오로지 다른 상황에서 스스로의 말을 만들어낼 수 있기 때문에 가능한 것이다.

두 번째 가정, 즉 언어가 인간의 본성에 직접적으로 내재하는 것이라는 가정은 다시 두 가지로 나누어 볼 수 있다. 1) 만일 인간에게 언어를 창조하는데 필요한 힘의 싹만 주어졌다면, 그리고 그 힘의 발전이 자연 법칙에 따라 이루어졌다면, 언어의 기원은 인간에게 있으며, 신은 세상의 창조자라는 의미에서만 언어의 창조자라고 불릴 수 있을 것이다. 2) 따라서 이제 고도로 완성된 언어가 알 수 없는 방법으로 인간에게 곧바로 이식되었다는 가정만 남게 된다. 신이 언어를 창조했다는 이론은 바로 이렇게 모든 힘을 최초의 언어가 이후의 언어들보다 우월했다고 주장하는데 집중한다.

9) Steinthal. Der Urspr. d. Spr. 56.

현재 개명된 민족의 언어가 표현되는 사고의 양이나 깊이 면에서 야만인들의 언어보다 우월하게 여겨지는 것처럼, 최초의 언어는 화음에서만이 아니라 내용에서도 완성된 것이었다고 할 수 있다. 신의 언어는 모든 면에서 최초 인간의 성스러운 상태에 부합되는 것이어야 했다. 이에 관해 악사코프는 이렇게 말했다.[10] "천국에서 아담이 세상을 부르는데 사용한 언어는 인간에게 있어 하나의 진정한 언어였다. 그러나 인간은 그에 필요한 순수함이라는 최초의 단일성을 유지하지 못하였다. 최초의 모든 것을 상실해버린 타락한 인류는 새로운 숭고한 단일성을 추구하면서 다양한 방향으로 혼란에 빠져들었다. 공통된 하나의 의식이 빛을 다양하게 가르는 프리즘을 거친 것처럼 다양하게 나타나게 되었다." 이 말에는 언어 창조설의 결함이 될 수 있는 모든 요소들이 다 담겨있다. 이에 따르면, 최초에 인간이 아무런 노력 없이 부여 받았던 지혜와 더불어 그것과 뗄 수 없는 언어의 고귀함이 이후 인간이 속세에서 방황하면서 잊혀지고 사라져갔을 수 있다. 그리고 언어의 역사는 쇠락의 역사가 되어야 한다. 아마도 고대 굴절어일수록 더 시적이며, 음성적으로 그리고 문법 형태적으로 더 풍부하다는 사실이 그것을 확인해주는 것으로 보일 수도 있다. 그러나 언어의 쇠락이라는 것은 허구적인 것일 뿐이다. 그것은 언어의 요체, 즉 언어와 연관된 의미가 점차 성공적으로 발전하기 때문이다. 언어에서의 진보는 그것에 반대하는 이론가들도 인정할 수밖에 없었던 점, 즉 인류가 갖가지 수단으로 추구해가는 단일성이 '프리즘에 의한 빛의 분산'에 따라 우리로부터 가려져 있는 그것보다 더 우위에 있다는 점만큼이나 의심의 여지가 없는 현상이다. 만일 현재 인간이 사용하는 언어, 즉 위로부터의 영향을 수용하는 용기에 지나지 않았던 언어가 천부적으로

10) Опыты Русск. Грам. Ч.1. Вып.1. 1860. Стр. 3.

방황할 자유를 가진 인간들이 사용하는 언어보다 그 어떤 점에서 더 완전하지 못하다고 한다면, 언어 창조에 있어서의 신의 역할은 인간의 참여에 비해 뚜렷하지 않은 것이 되며 그것은 종교적 믿음의 순수성과는 일치될 수 없는 것이다.

언어의 역사 측면에서 볼 때, 언어들의 분화 자체는 쇠락이라고 할 수 없다. 언어의 분화는 파국적인 것이 아니라 유용한 것이다. 그것은 상호 이해의 가능성은 그대로 두고 인류 공통의 사고에 다양성을 부여하기 때문이다. 그리고 언어 분화가 완만하고 올바르게 이루어진다는 점은 그에 대한 신비주의적인 설명을 찾는 것이 지각(地殼)이나 기후 변화에 대해 그런 설명을 찾는 것만큼이나 어울리지 않는 것이라는 점을 보여준다.[11)]

11) Grimm. Der Urspr. der Sprache. Abhandl. der Akad. zu Berl. 1851. 115-120를 이와 비교하라.

2

베커와 슐레이허

이제 언어를 생리학적 발생 또는 생체 조직 전체에 비교하는 것을 바탕으로 형성된 언어의 무의식적 발생 이론에 대해 좀 더 자세히 살펴보도록 하겠다. 이 이론의 대표자 가운데 한 사람으로 «Organism der Sprache»라는 책을 쓴 베커(Bekker)를 들 수 있는데, 안타깝게도 우리 러시아에서는 그 책을 분석한 슈테인탈의 뛰어난 논저인 «Grammatik, Logik und Psychologie»가 그 책만큼 잘 알려져 있지 않다. 여기서 우리는 슈테인탈의 저서에 근거하여 논지를 전개할 것이다.

'유기체'라는 개념은 베커가 언어와 관련된 모든 오허를 해결하는 열쇠였지만, 그는 이 단어 자체는 아무 것도 설명하지 못하는 것으로 이해했다. 그는 이렇게 썼다. "살아있는 자연에서는 일반적인 자연 법칙에 따라 모든 활동은 물질 속에서 발현되고 모든 정신적인 것은 물체 속에서 발현되어 고유의 한계와 형태를 가진다."[1] "자연의 전일한 생명은 다양한 특수성을 드러내면서 유기적인 생명체가 된다. 즉, 모든 유기적인 존재는 마치 자연의 사고가 구현된 것처럼 전일한 생명이 구현된 특수한 것이다."[2] 그러나 우리는 이 세상에서 단지 개별적인 것들, 이미 '구현된', '특수성들'만 파악할 수 있으며, 따라서 '자연의 사고'라는 것이 개별적인 현상들을 통합하여 파악할 수 있는 종합적인 개념 이상의 것이 아님이 분명하다. 모든 것이 예외 없이 그렇게 종합될 수 있으므로, 자연에 속하는 것이 분명한 살아있는 유기체와 자연이 의도적으로 주어진 재료를 변형시켜 만들어진 생명 없는 메커니즘도 그런 정의에 부합한다.

유기체의 그런 포괄적인 의미는 구현에 관한 기본적인 사고에서 도출된 유기체의 또 다른 두 가지 속성에 의해서도 제한되지 않는다. a) '자연의 전일한 생명' 또는 '자연의 사고'라는 것은 종적 개념이며, 그것의 유적 개념들은 상호간에 어떤 공통점을 가져야 하므로, 모든 유기적 존재들(자연의 전일한 생명에 대한 관계에서)과 각 유기적 존재의 개별 기관들(그 유기적 존재의 관념에 대한 관계에서)은 형태와 발달의 기본적인 유형 면에서 유사해야 한다. 그러나 그런 공통점은 유기체에 대한 첫 번째 정의에 아무 것도 부가하지 못한다. b) 만일 유기적 존재라는 개념(관념, 베커의 용어로는 Begriff, 여기서는 Lebensfunction과 동일)에 그 존재의 모든 특수성들이 처음부터 이미 내포되어 있다면, '구현', 즉 유기적 존재의 발현은 '기관들의 외적 합성'이 아닌 '내부로부터의 발전'이 될 수 있다. 따라서 "유기체의 발전 법칙은 그것의 관념에 포함되어 있으며, 따라서 유기적 발전은 내적 필요성에

---

1) Org. d.Spr. 2-te Ausg. §1.
2) Ib. §4.

따라 이루어진다."[3)] 내부로부터의 발전과 마찬가지로 그런 유기적 발전의 필요성도 사고의 대상물이 유기적인 것인지 아닌지와는 무관한 사고의 속성이다.

그런 입장에 따르더라도, 베커가 이 세상에서 유기체 이외에는 아무것도 볼 수 없게 되는 것은 아니다. 그것은 모든 유기체에서 두드러져 드러나며 유기체의 존재를 관장하는 관념이 발견될 수 있기 때문이다. 또한 그는 예술작품(즉, 메커니즘)에서는 유기체에 대비되는 것을 발견할 것이다. 그의 말에 따르면, "그것은 외적 필요성에 의해 촉발된 사고에서 (자발적으로) 나오는 것이지 (유기체처럼) 생명 자체나 내적 필요성에 의해서 발생하는 것이 아니다. 그것은 발전 법칙을 자신의 내부에 가지고 있는 것이 아니라 발명가의 이성으로부터 부여 받는다."[4)] 그러나 이성 또는 이성을 지향하는 인간, 자연의 전일한 생명의 필연적인 발현 가운데 하나인 이성적인 존재로서의 인간은 유기체이며, 인간이 발생시키는 모든 것, 즉 기계 제작까지도 내적으로 필연적인 것이다. 따라서 베커에 따르면, 기계도 역시 유기체이다. 기계는 사고 속에서 배태된 계획에 따라 만들어지므로 내부로부터 발전한다. 기계의 모든 부분들은 전체 속에서만 의미를 가지며, 전체는 모든 부분들에서만 성립될 수 있다. 그리고 각 부분들은 자신 안에 다른 모든 부분들과 공통되는 흔적을 유지한다. 사실 기계는 외적 수단들에 의해서 만들어진다고 말할 수 있으나, 첫째, 관념의 유기적 구현이 이루어지는 세계 내의 모든 수단들도 유기적이며, 둘째, 동물도 식물도 우선적으로 외적인 물질을 취하여 발전하게 마련이다. 기계를 만들 자유와 유기체의 내적 필요성 간 대비의 이전 상태는 베커에게 있어서는 존재하지 않는다. 그의 견해에 따르면, 자유는 우리가 곧바로 법칙

3) Org. d.Spr. §4.
4) Ib. §6.

을 찾아낼 수 없는 알려진 현상 속에만 존재한다. 즉, 예를 들어, 담쟁이 잎사귀들에 항상 동일한 숫자의 잎맥이 있는 것은 필연이며, 잎사귀가 둥글거나 뾰족한 모양인 것은 자유가 된다.[5)]

앞에서 살펴본 것만으로도 베커의 기본적인 실수가 무엇인지 알 수 있다. 그는 자연 현상을 관념의 구현으로 보았다. 관념의 구현이 곧 현상에 내재된 목적이기 때문에 현상을 목적과의 관계에서 파악했던 것이다. 그렇게 보는 것은 모든 것에 동일하게 적용되지도 않는 논리적 방법, 즉 베커 자신이 찾고자 했던 실질적인 정의를 제시해줄 수 없는 논리적 방법에 지나지 않는다. 바로 여기서 우리가 처음에 제시했던 용어들의 특별한 혼란이 발생한다. 논리적으로 올바른 정의는 종적 속성(공통 개념)과 유적 차이(전자에 대한 관계에서의 개별 개념)를 포함하고 있어야 한다. 그러나 베커는 유기체에 대한 정의에서 실제로는 일반적인 개념, 즉 종적 개념인 것을 유적 개념으로 여기고 있다. 그의 말에 따르면, 유기체는 자신의 특수성들 속에서 발현된 자연의 전일한 생명(공통 개념)이다. (그의 견해에 따른다면 관념의 실현이라는 개념, 즉 목적 개념은 자연이라는 개념과 비교할 때 부분적인 것이 되어야 하지만, 실상은 일반적인 개념이다. 그것은 사고의 발현 및 개별화라고 할 수 있는 많은 것들, 예를 들어 장화, 시계 등을 유기체라고 할 수 없기 때문이다) 이것은 마치 누군가가 "문법은 인간 정신활동의 산물 가운데 하나인 학문이다."라고 문법을 정의하는 것과 마찬가지다. 여기서 "문법은 학문이다."는 일반 개념이며, 나머지 '인간 정신활동의 산물 가운데 하나인'은 부분적인 개념이 되어야 하나 모든 정신활동의 산물이 학문이 되는 것이 아니기 때문에 일반적인 개념이 되고 있다.

---

5) Steinthal. Gr.L. u Ps. §5, 베커의 «Das Wort» 발췌 인용 부분.

또한 베커가 유기체의 기본적 속성들 가운데 하나로 여긴 '유기체 발전 법칙이 내재된' 양극적 대비 구조에 대한 정의에서도 무의미한 형식화를 시도했다는 점을 분명히 볼 수 있다.[6] 그는 이렇게 말했다. "자연과학에서는 대비적인 관계 때문에 상호 조건적인 것이 되며 a가 b와 대비되는 a로서만 존재하고 b도 역시 마찬가지인 관계에 놓여있는 그런 운동과 물질을 유기적 대비라고 부른다." 예를 들어, 땅이라는 유기체에서는 양전하와 음전하, 그리고 북극과 남극 간의 대비 관계가 있고, 동물이라는 유기체에는 축소와 확장, 섭취와 배설(흡수와 분비), 근육과 신경 간의 대비 관계 등이 있다.[7]

이런 대비 관계는 자연의 기본적인 힘을 전적으로 분리하여 파악하는 과학에서만 법칙적인 것이다. 유기체는 그것을 구성하는 성분들의 총합으로만 파악될 수 없다. 동물 생체에서 근육을 분리하여 신경과만 대비시키는 것은 타당하지 못한 것이다. 신경이 근육에 중요한 만큼 혈관과 뼈도 근육에 중요하기 때문이다. 만일 유기체 내에 b, c, d, e 등에 종속적인 a가 있고 그것이 앞의 각각에 대비되며, 또 b도 나머지 각각에 대비된다고 한다면, 이런 관계는 단지 a는 b가 아니라는 점만 보여준다. 즉, 양극적 대비는 논리적 부정이 되며, 이에 관해 베커는 다음과 같이 올바르게 언급하였다. "a는 b가 아니라는 판단을 통해 우리는 단지 한 가지 종의 두 가지 유형 간의 동일성을 부정할 뿐이며, a와 b 간의 실질적인 관계를 규정하는 것이 아니다."[8] 이것과 유기적인 대비 관계가 유기체의 부분들을 하나의 전체로 연결시켜준다는 베커의 사고를[9] 대비해보면, 베커에게 있어서 유기체 구성 부분들의 단

6) Org. d. Spr. §4. др.
7) Ib. §4.
8) Org. d. Spr. 25.
9) Ib. §7.

일성은 눈은 귀가 아니라는 점, 언어의 예를 들자면 동사는 명사가 아니라는 점에 있을 뿐이라는 것을 알 수 있다. 그러나 이런 관계는 베커 자신에게도 충분한 것이 아니었다. 그것은 그 자신도 다음과 같이 말하고 있기 때문이다. "대비적인 요소들은 하나가 다른 요소에 포함되어 종속되는 경우에만 사고 내에서 유기적인 단일체로서의 관계가 구성된다. 유기적인 종속을 수단으로 하여 대비적인 요소들이 하나의 단일체로 연합되는 것을 사고의 논리적 형식이라고 부를 수 있다."[10] 그러나 이렇게 형성된 새로운 단일체도 역시 순수 형식적인 것이 될 수 있으며 유기체를 무기체와 변별시켜줄 수도 없는 것일 수 있다. 그리고 그런 단일체는 논리적으로도 불가능하다. 왜냐하면 하나의 상위 개념의 동등한 하위 요소들인 대비 요소들의 상호 종속으로 단일체가 발생한다고 했기 때문이다.

위와 같은 점을 토대로 할 때, 언어를 유기체 또는 유기체적 속성을 가지는 것이라고 말하는 것은 곧 언어에 대해서 아무 것도 말하지 않는 것과 같다. 그러나 베커는 언어를 일반적인 의미에서 유기체적 속성을 가지는 것이라고 하여 보다 좁은 범주에 포함시킴으로써 새로운 실수를 초래하고 있다. 그는 『Das Wort』에서 이렇게 말하고 있다. "만일 언어를 정신적인 생명과 육체적인 생명의 단일성과 더불어 다른 것들과 마찬가지로 인간 신체에 주어진 유기적인 속성이라고 인정한다면, 언어의 기원 문제는 단지 인간이 최초에 어떤 방식으로 그 속성을 발현시키게 되었는가라는 문제로 귀결된다. 호흡을 하는 능력은 호흡 기관들에 의해 주어진다. 그러나 실제로 호흡을 하는 데는 호흡기관들의 작용을 유발하는 외적인 영향도 필요하다. 호흡에는 공기가, 소화에는 음식물이 그런 유발 요인이 된다. 이점을 언어에 적용

10) Org. d. Spr. §11.

한다면, 말하는 능력은 발화 기관들에 의해 주어지는 것이며, 무엇이 발화 기관의 활동을 유발하는가 하는 문제만 남게 된다. 발화기관들의 작용은 다른 수의기관들과 마찬가지로 오직 정신 활동에 의해서만 유발된다. 차이가 있다면, 수의기관의 활동이 의지의 영향으로 유발되는 반면, 발화기관의 활동은 사고와 인식능력에 의해 유발된다는 점이다. 그런데 인간 정신의 단일성이라는 면에서 감각과 의지는 사고와 불가분의 관계에 있으므로, 발화기관들의 활동에는 감각과 의지도 작용하며, 반대로 몸짓 언어에서는 수의기관들이 발화 기관이 된다. 공기에 둘러싸여 있는 인간이 필연적으로 호흡을 하는 것처럼, 인간은 생각하기 때문에 필연적으로 말을 하게 된다. 호흡이 내적 형성과정의 외적 발현이고 수의적인 운동이 의지의 외적 발현인 것처럼, 언어는 곧 사고의 외적 발현이다."[11]

이처럼 언어 발생이라는 밝혀지지 않은 측면은 호흡의 생리적 과정과의 비교를 통해 설명될 수 있다. 그러나 첫째, 호흡 시 호흡 기관들도, 호흡을 유발하는 공기도, 공히 물리적 현상의 영역에 속하며 명백한 법칙에 따라서 작용한다. 그러나 언어에서는 발화기관과 사고 간에 아무런 공통점도 발견할 수 없으며, 그 어떤 물리적 법칙 또는 화학적 법칙도 언어에 대한 사고의 작용을 규정하지 못한다. 호흡 시에 호흡을 유발하는 수단인 공기는 폐로 들어가서 피와 접촉하고 화학적으로 변화된 뒤 다시 몸 밖으로 배출된다. 그런데 사고도 이처럼 발화기관으로 들어가서 특정한 방식으로 변화된 뒤에 다시 배출되는가?

둘째, 공기는 이미 호흡 이전에 존재하고 있으며 음식도 소화 이전에 이미 존재하고 있는데, 사고도 말하기 이전에 이미 존재하는 것인

---

11) Steinthal. Gr.L.u Ps. §14를 참조하라.

가? 이 문제에 대해 베커는 긍정적인 답을 하기도 하고 부정적인 답을 하기도 한다. "인간이 이미 정신 속에 내재하는 개념을 표현하기 위해 음성이나 단어를 찾아나가는 과정에서 언어가 발생한 것이라고 생각하지 말아야 한다. 자연의 사물은 존재에 필요한 유기적 조건이 주어지는 즉시 발현된다. 우리는 그러한 발현의 유기적인 필요조건을 발생이라 칭한다. 언어 역시 개념과 함께 발생되는 것이지 개념을 위해 탐색되는 것이 아니다."[12], "사고와 언어는 내적으로 유사한 것이다.", "사고는 바로 언어를 통해 형성되고 완성된다. 감각적 지각의 대상물은 그것이 정신적 지각의 대상물로 전환되고, 언어에서 사고와 대비될 때에만 개념화되기 때문이다."[13] 만일 개념이 말과 함께 발생한다거나 또는 말을 수단으로 해서만 발생한다고 한다면, 동시에 개념이 발화기관의 작용을 유발하는 요소로 기능할 수는 없다는 것이 명백하다. 그렇지 않다면, 우리는 호흡 시에도 공기가 호흡기관의 작용을 유발하는 것이 아니라 호흡이 스스로 유발되는 것이라고 생각해야 할 것이다. 그리고 개념이 언어를 수단으로 해서만 발생한다는 생각도 베커의 확실한 신념이 되지 못하고 있다. 그의 견해에 따르면, 사고는 언어에서 구현되어 구체화되며 개념은 자신의 재료가 되는 감각적 형상에 비해 훨씬 덜 정형화된 것인 만큼, 언어는 개념을 형성하면서 자신의 유기적인 기본 속성들 가운데 하나, 즉 '자신의 개별자들을 통해 전일한 생명(관념)을 발현시키는 속성'을 상실하게 된다. 한편, 베커는 배아 상태로서의 사고의 존재뿐 아니라 언어 이전의 개념의 존재에 대해서는 긍정적으로 말하고 있다. "단지 '보편적인' 개념만이 유기적인 필연성에 따라 음성으로 구현된다. 개념이 구현될 음성을 선택하는 것

12) Das Wort. Steinthal. Gr.L. u Ps. §24.
13) Org. d. Spr. §4.

은 유기적인 자유를 통해 이루어진다."[14)]

따라서 자유가 필연성과 동일하다는 베커의 말을 기억한다면, 언어 이전의 개념의 존재를 전제로 하는 '선택'이라는 단어를 기반으로 우리는 베커가 언어의 '발생'이 아니라 의도적인 언어 발명만을 염두에 두고 있으며, 그가 모든 것에서 필연성을 보고자 노력했음에도 불구하고 오직 자의성만을 보고 있다고 결론지을 수 있다. 베커의 경우 '유기체'라는 새로운 말은 오직 개념의 과거 속에서 파편화된 것만을 포괄할 수 있다. 그가 구분하는 언어의 두 가지 측면, 즉 논리적(사고) 측면과 음성적(소리) 측면의 관계는 순수하게 외적인 것이다. 그는 말 속의 사고와 음성의 단일성은 사람의 영혼과 육체의 단일성과 동일한 것이라고 보지만, 실상 그는 그 단일성을 말과 그것을 지시하는 문자기호 간의 우연한 관계로 이해하고 있다. 베커가 말의 내용과 소리의 관계를 어떻게 이해하고 있는 지를 보여주는 몇 가지 예들을 소위 동사 어근과 문법적 형태라고 부르는 것들에서 살펴보면 그 점을 확인할 수 있다.

1. 동사 어근. 세계 관념의 구현과 변별의 시발점으로서 가장 높은 수준의 대립관계인 운동과 존재 간의 대립 그리고 자연의 발전이 인간 지성 발전에 대해 가지는 관계와 관련된 베커의 몇 가지 비논리적 견해를[15)] 차치하면, 우리는 "언어에서 표현되는 개념들의 복합체... 이것은 단일성에서 유기적으로 발전된 다양성의 산물이다."라는 견해에 동의한다.

인간 머릿속의 최상의 개념으로서 나머지 모든 개념 분화의 기반이 되는 개념은 감각적으로 발현된 운동 개념, 즉 운동이며, 존재 개념 자

14) Steinthal. Gr.L.u Ps. §15.
15) Steinthal. Gr. L-u. Ps. §33, 34를 참조하라.

체는 파생된 것으로 보는 것이 좋겠다. 비록 존재 개념이 '운동'에 대한 유기적인 대비 개념이지만, 그것은 '운동'와 더불어 공통의 상위 요소로부터 나온 독립적인 것이어야 할 것이다. 가장 중요한 종적 개념은 '유기적'이라는 개념으로서 대비 구조로 분화되는 것을 수단으로 하여 자신으로부터 가장 유사한 유적 개념들을 발전시키며, 그것들도 마찬가지로 자신의 유적 개념들로 분화된다. 감각적 운동 개념에서 가장 일반적인 대비는 '운동하는 존재'와 '객체에 대한 관계'이다.

'운동하는 존재'의 개념은 다시 '살아있는 존재의 운동'과 그 존재에 영향을 주는 '자연물의 운동'으로 대비된다. 살아있는 존재의 운동은 베커가 '다니다(ходить)'라는 단어로 지시한 것처럼 외부로 표출되는 것이거나 또는 유기체에 내포되어 있고, 유기체 자신에게 향하는 내적 운동으로 '자라다(расти)'라는 동사로 지시된다. '자연물의 운동'에서는 빛(свет)과 소리(звук)의 움직임(светить 빛을 내다, звучать 소리를 내다), 공기(воздух)와 물(вода)의 움직임(веять 바람이 불다, течь 액체가 흐르다)이 변별되며, 그것들은 시각, 청각, 후각, 미각 등 4개의 감각에 상응한다.[16)]

베커는 알려진 사물로 향하며 그런 방향성 없이는 생각할 수 없는 운동 개념을 '객체에 대한 관계'의 개념이라고 부른다. 여기에는 3가지의 대비 쌍, 즉 '주다–취하다(давать, брать)', '잡다–풀다(взять, решить)', '파괴하다–덮다(разрушать, покрывать 적대적 행위–보호)' 대비 쌍이 포함된다.

이런 방법으로 얻어진 12개의 '핵심적인' 개념들은 각각 다시 부분적인 개념들로 나누어지는데, 그들 사이에서는 대비 관계를 볼 수도 없으며, 따라서 그들은 서로 간에 아무런 관계도 가지지 않는다.

---

16) "촉각에 해당하는 특별한 운동은 없다. 촉각에는 스스로는 움직이지 않으며 단지 운동을 유발시키는 많은 것들이 해당되기 때문이다." Org. d. Spr. 75.

감각에 속하지 않는 사물과 운동 개념들은 언어 내에서 직접적인 표현을 가지지 못하며, 자신의 감각적 속성(그리스어 λεγω가 '말하다'는 의미를 표현하다가 이후 '생각하다'는 의미를 표현하는 것처럼)으로 지시되거나 또는 러시아어 видеть(보다)에서 ведать(알다)가 분화된 것처럼 감각적 유사물로 지시된다.[17)]

말 속의 사고와 음성의 단일성에 대한 주장이 베커 자신의 눈에는 의미 있는 것으로 보였더라면, 그는 과거 몇몇 학자들이 그랬던 것처럼,[18)] 개별 개념들의 음성적 형식의 분화 단계가 상위 개념의 분화 단계에 상응한다는 점을 입증하려 노력했었을 것이고, 모든 것을 포괄하는 하나의 개념으로부터 언어의 내용을 도출하려 했을 뿐 아니라 하나의 공통 어근에서 그 언어의 모든 어근들을 도출하고자 했을 것이다.

그러나 그것은 분명히 어리석은 시도였을 것이다. 이에 따라 베커는 다음과 같이 말했다. "운동 개념은 결코 추상적이고 종합적인 상태로 아니라, 항상 새, 돌, 강의 움직임처럼[19)] 구체적이고 특별한 모습으로 감각적 지각의 대상이 된다. 이와 마찬가지로 언어에서도 단일한 기본 개념은 하나의 어근어로 표현될 수 없으며 애초부터 다양한 단어로 지시된다."[20)] "그리고 게르만어에서 단지 462개 동사 어근들에 의해 표현되는 개념들로부터 끝없이 다양한 개념들이 발전했다는 것(그림의 견해)이 의심의 여지가 없다면, 462개 동사들에 의해서 표현되는 개념들이 12개의 기본 개념들에서 발전되었다는 것도 그 만큼 커

---

17) Org. d. Spr. 26.

18) 크리키세(Griechische)의 포스(Фосс)와 파소프(Пассов) 언급(Etymologie v. G. Curtius 79, 80)을 참조하라.

19) 그러나 지적 발달이 감각적 지각에서 시작되는 만큼, 베커가 생각한 개념 변별 체계는 인간의 사고 발달 과정과는 아무런 공통점이 없다.

20) Org. d. Spr. 26.

다란 기적일 것이다." 즉, 우리가 그림의 견해를 받아들인다면, 베커의 견해도 받아들여야 할 것이다. 물론, 그림은 자신의 견해를 입증했고 베커는 그렇지 못했다는 차이가 있다. 그러나 베커의 견해에 따르면, 문제가 되는 것은 언어의 시발점이 462개(또는 그 숫자가 얼마가 되더라도 여전히 많은) 어근들이며, 개념들의 '자연적인 체계'의 시발점은 운동이라는 하나의 최고 개념과 그것에서 분화된 12개의 하위 개념들이라는데 있다.

이렇게 시발점들이 서로 다르다는 데서 이미 언어가 이 체계와는 무관하다는 점이 드러난다. 베커 자신도 이점을 다음과 같이 만족스럽게 입증하고 있다. "개념들의 형이상학적(어떤 명칭으로 부르던지 무관하게) 체계는 모든 언어들에 필수적이다. 그러나 실상 그 체계는 독일어 하나만 보아도 불필요한 것이다. 왜냐하면 다양한 언어들에서 뿐 아니라 하나의 언어 내에서도 특정한 개념, 예를 들어 '살다'는 개념은 다양한 등급(예: '가다', '(바람이) 불다', '빛을 내다', '타다' 등의 등급)에 해당되기 때문이다."[21]

따라서 시스템 자체 내에서도 시스템의 음성에 대한 관계에서도 자의적이다. 베커는 음성을 자의적인 것으로 보았는데, 의미도 자의적이다. 그 누구도 베커의 개념 분류와 어근들을 단일 모음 어근, 모음자음 어근 또는 자음모음 어근 등으로 분류하는 것 사이에 아주 작은 합치점도 찾을 수 없을 것이다. 언어 속에 체계가 있고 내용의 단계적 발전에 정합성이 있지만(도끼로 자른 듯한 대칭성이 아니라), 체계는 선험적인 구성으로는 찾아낼 수 없다. 포트(Потт)는 "어원론에서는 발생학적 친연성 이외에 단어를 분류하는 그 어떤 다른 방법도 받아들여서는 안 된다."[22]고 했다.

---

21) Org. d. Spr. §79와 이를 비교하라.

22) Pott. Die Ungle.thheil menschlicher Rassen 213.

2. 형태. 베커가 단어의 문법 형태에서 단지 사고와 음성 간의 외적이고 우연적인 관계만을 볼 수 있었다는 점을 보여주기 위해 '언어는 단지 사고의 구현이다'라는 그의 주장으로부터 시작하겠다. 사고의 형식, 즉 개념과 개념의 결합은 논리학에서 다룬다. 그러나 이 형식들이 단어의 문법적 관계에서도 드러난다. 따라서 그런 관계를 연구하는 문법은 '내적인 관계에 위치'[23]하는 것이며, 보다 정확히 말하자면, 문법의 가장 중요한 측면은 논리학과 유사하다.[24]

언어가 곧 인간 공통의 사고 형식만을 구현한 것이라는 베커의 저서 전체를 일관하는 사고를 입증해주는 것으로서 다음과 같이 지적할 수 있다. 베커는 언어에서 아래와 같은 두 가지 종류의 형식을 분별한다. a) 개별적인 것이 전체적인 것에 종속되거나 또는 그 반대(주어의 술어에 대한 관계, 한정사의 피한정사에 대한 관계, 보어의 피보어에 대한 관계에서처럼)가 되는 수단인 개념들 간 상호관계를 표현하는 형식, b) 개념들의 존재, 운동, 시간, 공간, 현실성과 비현실성, 가능성, 필연성, 양, 즉 인칭, 수, 시제, 서법 표현에 대한 관계를 표현하는 형식.

모든 민족에게 있어서 논리는 하나이며 사고 형식도 하나다. 따라서 사고의 유기적인 구현체인 언어들은 반드시 소리뿐 아니라 형태의 의미에 따라서도 서로 구별되어야 하며, 모든 언어에 공히 필수적인 하나의 문법(고대적 명칭으로 철학적 문법)이 반드시 존재해야 한다.[25] 그러나 실상 일부 언어는 다른 언어들에 비해 형태면에서 더욱 풍부한데, 베커는 이것을 다음과 같이 설명한다. "표현 형식들은 언어의 음성적 발전이라는 조건에 따른다. 따라서 사고에서 차이가 있는 관

23) Org d Spr §10.
24) Ib §47.
25) Org. d. Spr. Vorrede zur 2-tem Ausg. XVIII.

계가 모든 언어에서 각 언어 고유의 음성적 형식으로 표현되는 것은 아니다. 이처럼 모든 언어는 관계를 구별하며, 우리(독일인)는 그것을 가정법이나 조건법을 통해 지시하지만, 슬라브어나 셈어에는 그것을 위한 특별한 형식이 없다. 또한 술어의 시간적 관계 그리고 목적 보어적 관계는 동일하게 모든 언어가 구분하고 있는 것이지만, 일부 언어에는 다른 언어들에 비해 더 많은 시제와 격이 존재하기도 한다."[26]

베커는 중국어에 굴절이 전혀 없음을 비유기적인 현상으로 보며, 그것에 대한 연구가 언어학에 기여하는 바는 마치 유기체의 변종을 연구하는 것이 생리학에 기여하는 정도일 뿐이라고 했다.[27] 그러나 완전한 언어들이 하나의 규범에 적합하지 않은 경우의 수를 늘려 가면, 언어에 그 어떤 규범적인 것도 남아있지 않게 되는 상태에 도달하게 될 것이다. 예를 들어, 만일 논리에 가장 부합하는 격의 수가 그리스어에서처럼 2개의 직격(주격과 호격)과 3개의 사격(목적격, 소유격, 여격)이라고 한다면, 격을 전혀 가지지 않는 언어뿐 아니라 6개의 격을 가진 라틴어, 7개의 격을 가진 슬라브어, 8개의 격을 가진 산스크리트어도 변종이라고 할 수 있다. 이에 따르면, 만일 5개의 격을 가진 언어가 역사적으로 과거에는 격의 수가 더 많거나 적었었다고 한다면, 그 언어 역시 역사의 한 순간에만 사고가 규범적으로 구현되었던 언어로 보일 것이다.

생각할 수 있는 관계들의 수는 변함없이 유지되고 다만 음성만 변화한다는 가정을 유지한다면, 어떻게 음성들이 때때로(항상 그렇다고 가정하는 것이 더 좋겠다) 사고의 법칙에서 벗어나 독립적으로 발전하는 것인지, 또 말의 논리적 속성에까지 영향을 주는 것인지[28] 이

26) Org. d. Spr. Vorrede zur 2-tem Ausg. XVIII. §49.
27) Ib. §9.
28) Org. d. Spr. Vorrede zur 2-tem Ausg. XVIII.

해가 되지 않는다. 그리고 음성들이 언어가 표현해야 하는 하나의 사고에 종속되지 않는다면, 굴절을 만들어 내거나 없애버린 그 음성적 변화들이 어떤 법칙에 의해 야기된 것인지도 이해되지 않는다. 그러나 베커가 우연한 관계 외에 말의 속성들 간의 다른 관계를 생각할 수 없었다는 점은 분명하다.

베커의 견해에 따르면, 사고는 언어보다 우위에 있는 것으로서 언어 속에서 구현되는 것이 아니다. 사고는 스스로 충분히 발전되어 있으며, 그것을 위한 음성은 필수적인 것이 아니라 단지 장식에 불과하다. 언어의 자의적 창조 이론을 전적으로 부정하는 데서 출발한 베커는 결국에는 자신도 모르게 그 이론과 동일한 결론에 도달했으며, 말이 사고에 종속되어 있다고 보게 되었고 철학적 문법을 인정했다. 그는 말로는 역사언어학과 비교언어학을 존중하지만, 실제로는 언어들 간 비교를 무의미하게 만드는 언어의 '논리적인' 측면을 보고 있으면서도 그런 측면을 단지 연구할 가치가 있는 것만으로 보고 있다.

언어를 자연의 직접적인 창조물과 비교하는 것을 기본으로 하여 베커가 취한 입장의 대부분을 따르지 않는 한 베커의 오류는 우리에게 그리 큰 가르침을 주지 못한다. 언어의 지속적인 운동과, 베커가 언급하지는 않았지만 그의 이론에서 배제될 수 없는, 소위 의지의 자유나 속성의 관계는 그의 사고를 낡은 틀에 머물게 했으며, 그 스스로도 그런 틀을 유지하려 했다. 저명한 언어학자인 슐레이허(Шлейхер)도 거의 그와 유사한 과정을 거쳤다.

슐레이허 역시 언어 없는 사고는 육신 없는 영혼처럼 불가능한 것이라는 입장에서 출발했다.[29] 그러나 이후 그는 사고 내에 실제로 존재하는 개념들 간의 관계가 음성으로 표현되지 못할 수 있다고 주장하

29) Schleicher. Die Sprachen Europas. Bonn, 1850

면서 스스로 모순에 빠지게 되었다. 그런 사고는 그의 언어 분류의 전제가 되었고, 다음과 같이 보았다. 음성으로 관계를 표현하지 않는 중국어와 같은 단음절 언어의 단어는 "수정이라는 자연물처럼 분리 불가능한 단위이다. 변하지 않는 어근에 부착되는 독립적인 단어들을 사용하여 관계를 개략적으로 표현하는 접두언어들의 단어는 구성 성분들의 주관적인 단일체라기보다는 자연의 '식물'처럼 분리 불가한 다른 부분들의 기반이 된다. 독립적이지 않은 어미들과 어근 변화를 통해 관계가 표현되는 인도유럽어와 같은 굴절어에서 단어는 곧 단일음절 언어에서와 마찬가지의 단일체이지만, 그것은 동물 유기체에서처럼 구성부분들의 다양성 속의 단일체다."[30)]

가장 완전한 굴절어들의 구성은 그 언어들이 과거 언젠가는 단일음절 언어였고 접두언어였다는 점을 보여준다. 그것들의 체계 구성 요소들은 곧 그 언어의 삶 속에서 교체된 단계들을 대표한다. 그러나 언어는 동물과 식물 역사를 가진다는 그런 의미에서만 역사를 가지는 것이며,[31)] 역사의 본질적인 속성이 자유라는 의미에서의 역사를 가지는 것이 아니다. 언어의 삶은 지속적인 진보가 아니다.

역사시대에는 언어들의 쇠락만을 볼 수 있다. 예를 들어, 라틴어는 그것에서 파생된 로망스어보다 형태가 훨씬 더 많았기 때문에 앞서 말한 언어의 발전 운동이라는 것은 역사 이전 시대에만 해당되는 것이어야 한다.

"역사와 언어(즉, 언어 창조와 발전)는 상호 교체되는 인간 정신의 활동이다.", "지구 역사에서 인류 발생 이전 시기는 인류 역사에서는 역사 이전 시대에 해당된다. 전자에 자의식(즉, 인간의)이 없었다면, 후

30) Ib. 7-9.
31) Ib. II.

자에는 인간의 자유가 없다. 또 전자에서 정신이[32] 자연에 묶여있었다면, 후자에서는 정신이 음성에 묶여있다. 그리고 이에 따라 전자에서는 자연의 왕국이, 후자에서는 음성의 왕국이 창조되었다. 그러나 우리 시대에 세계정신은 인간에게 집중되었고 인간 정신은 음성을 벗어나 독립하게 되었다. 이전 시대 강력한 활동력과 넘치는 창조력을 가졌던 자연은 이제 재생 수준으로 격하되었으며 세계정신이 인간의 의식에 도달한 이후 아무런 새로운 것도 창조하지 못하고 있다. 이와 마찬가지로 역사의 의식에[33] 도달한 인간 정신은 자신의 구체적인 형상인 언어를 창조하는 생산성을 상실했다. 그 이후로 언어는 세대를 거치면서 점점 더 많은 표현들을 얻으며 재생될 뿐이다."[34]

여기에는 다른 입장, 즉 "역사와 언어의 역사는 상반관계에 놓여 있다.", "정신이 역사 속에서 보다 자유롭게 전개될수록(즉, 민족의 삶에 보다 많은 사건이 발생하고 보다 많은 운동이 일어날수록) 정신은 음성을 떠나게 되며, 그 결과로 굴절이 희미해지며 개별적인 음성들은 자신의 의미를 상실하게 되며, 마치 화학법칙에 따라 죽은 식물이나 동물의 생체가 분해되듯, 창조적 정신이 버려두고 떠난 개별적 음성들은 발성기관들의 물리적 법칙의 지배를 받게 된다." 로망스어와 게르만어에서의 그런 상실은 슬라브어나 리투아니아어에 비해 비교할 수 없을 정도로 커다란 의미를 가진다.

세계정신이 인간에게 집중되었지만 자연이 여전히 생명을 지속하고 있는 것과 마찬가지로, 비록 인간 정신이 지금도 역사 속에서 발전하고 있지만 인간의 첫 번째 창조물인 언어는 아직은 죽은 것이 아니다.

---

32) 즉, 자연의 경우에는 자신의 다른 존재(Anders-sein)에서, 사람의 경우에는 즉자적 자아(Ansich)에서 드러나는 세계관(Der Weltgeist).

33) <Seitdem der Menschengeist... zu sich Kam>

34) Ib. 11-12.

그리고 인간 정신의 두 시대, 즉 자유롭지 못한 역사 이전 시대와 자유로운 역사시대는, 비록 공존할 수 없는 것이지만, 마치 인간 정신의 공존하는 양면처럼 지금도 존재해야만 한다.

슐레이허에 따르면, 그것을 인정한다는 것은 곧 현재 모습에서의 언어가 두 가지 상반되는 성격의 학문인 문헌학(Philology)과 언어학(Linguistics)의 대상이라는 점을 인정하는 것이다. 문헌학은 언어를 민족의 정신활동을 꿰뚫어 보는 수단으로 삼아 문헌이 있는 곳에서만 내용을 탐색하며, 인간의 자유 의지 출현 시기부터 시작된 역사학과 연관되는 만큼 역사적인 학문이다. 그러나 언어학은 언어를 언어 자체로서 연구하며, 민족의 역사와는 직접적인 관계를 가지지 않는다. 그리고 문자가 없는 곳에서도 연구가 가능하며, 연구 방법(직접 관찰, 비교, 종류와 속성에 따른 분류)면에서 자연과학적인 학문이다. 그리고 "인간의 자연적인 속성"[35]에서 나온 것으로 형태처럼 자의적이지 않은 언어 내적인 것들은 충분히 언어학과 연관된다. 개인의 사고와 의지에 보다 종속적인 통사론은 문헌학 쪽으로 기울어져 있으며, 개인의 의지에 따라 규정되는 음절은 언어학에 속한다.[36]

여기에 기술된 슐레이허의 모든 시각에서 이론 구성상 단일성이 결여되어 있음을 그가 간과했다는 점을 엿볼 수 있다.

첫째, 의식과 언어를 대비시키는 데서 말과 사고 간의 관계에 대한 그릇된 이해가 드러나며, 따라서 사고 내에 존재하는 관계들이 말로 표현되지 않을 수도 있다고 주장할 여지를 주게 된다. 그것은 바로 18세기적인 견해, 즉 문법을 논리학과 동일시하고 언어의 자의성을 인정하는 것으로 귀결될 수 있다. 이에 따르면, 사고는 그 무엇으로든지 표현될 수 있으며, 논리적 형식은 변화되지 않기 때문에 단 하나의 언어

35) <Aus dem natürlichen Wesen des M.>
36) Ib. 1-4, 21.

에 대한 학문, 즉 일반문법, "모든 인간의 말에 대한 철학적 이해(로모노소프)"만 존재할 수 있다.

베커와 슐레이허 간의 차이는 슐레이허가 논리학이 아닌 언어학에 공감했다는 점인데, 그가 보는 언어학은 단지 음성만을 제 몫으로 하기 때문에 일반문법과 쉽게 타협될 수 있는 것이다. 그런데 만일 개념들의 관계가 언어적 표현으로부터 독립적으로 존재한다면, 음성적 변화 이외에 그 무엇이 슐레이허 언어학의 내용이 될 수 있겠는가? 만일 접두언어와 굴절언어에 공히 개념들 간의 관계를 배제하면 성립될 수 없는 사고의 단일성이 공히 존재한다면, 외적인, 음성적인 차이 이외에 이 두 가지 언어는 어떤 차이가 있을까?

둘째, 앞에 언급한 가정에서 '음성들의 왕국 창조'가 목적이 없다는 점은 차치하고, 언어와 동식물의 생체 비교를 지지하는데 필요한 것으로 보이는 인간 정신의 창조성 내의 이중성은 슐레이허 자신에 의해서도 부정된다.

그가 문헌학의 대상에 포함된다고 한 통사론과 음절에는 자유가 있다. 그러나 "전제의 구성과 언어의 모든 특징(음절도 포함하여)"은 "개념(Bedeutung)과 개념들 간 관계가 음성들에 의해 어떻게 표현되는가."에 즉, 어근 형성이라는 의미에서뿐 아니라 품사 형성, 격변화, 인칭변화에도 적용되는 "조어(словообразование)에 달려있다."[37] 따라서 슐레이허가 자유를 보는 바로 그곳에 필연성이 있게 된다. 그와는 반대로 "꾀꼬리가 종달새 소리를 내게 할 수 없는 것처럼 언어학의 대상으로서의 언어에 자의성의 영향이 있을 수 없다."고[38] 말하는 것은 전혀 부당하다. 사람들은 다른 민족의 언어로도 말하기 때문이다.

슐레이허는 '자유 의식 속에서의 진보'라는 헤겔의 역사 발전 법칙

37) Schleich. Ib. 6-7.
38) Ib. 2.

을 의식과 자유가 필연성에 대비되는 것으로 이해했지만, 사람들 대부분은 자유를 정신의 불변 법칙에 관한 필연적인 지식으로 이해한다.[39] 이런 일반적인 시각에서 볼 때, 인간 정신의 이중성, 인간 정신의 역사 이전 시대와 역사 시대 활동 간의 대비는 반드시 제거되어야 한다. 그에 따라 언어 내의 이중성도 제거되며, 더불어 언어를 수정 또는 식물과 비교할 가능성도 제거된다.

39) Kuno-Fischer. Gesch. der Philos.l.38.

3

빌헬름 훔볼트

앞서 소개한 이론들은 실질적인 차이보다는 미미한 차이가 있을 뿐이다. 그들의 오류는 언어 발생에 관한 학술적 연구의 모든 가능성을 말살시키고 역사언어학과 비교언어학의 싹을 눌러버린 듯한 것이었다. 만일 인간의 지성이 새로운 자료가 낡은 이론들에 배치된다는 점을 세세하게 파악하는 다행스러운 능력을 갖추지 못했더라면, 그들의 오류는 단 하나, 즉 진보에 대한 몰이해로 귀결되었을 것이다. (언어의) 의도적 발명 이론의 경우 언어의 진보는 불가능하다. 이미 그것이 필요하지 않기 때문이다. 언어가 신의 창조물이라는 이론의 경우 진보는 퇴보가 되기 마련이며, 베커나 슐레이허의 경우 진보는 음성의 운동에만 존재할 수 있다. 이 이론들 모두 언어를 이미 주어진 것(έργον)으로 보며, 그렇기 때문에 언어가 어디에서 온 것인지를 이해할 수 없다. 문법, 나아가 언어학 전체를 논리학과 동일시하려는 그들의 노력도 그것과 맥을 같이하는데, 사고의 역사적 과정에 대한 연구라는 것

은 논리학에도 낯선 것이다.[1])

다른 오류들, 즉 사고가 말을 창조하지만 사고는 언어로부터 아무것도 얻지 못하며, 그 결과 언어는 자의성의 지배를 받게 된다는 생각 역시 언어의 운동에 대한 몰이해에서 야기된 것이다. 그리고 앞서 살펴본 것처럼, 언어를 유기체로 보는 학자들도 알게 모르게 그런 결론에 이르게 된다. 물론, 앞서 살펴본 이론들의 모든 면이 사실에 부합하지 않는다고 말할 수는 없다. 그러나 그 이론들에는 사실 속에 살아있는 모순들에 대한 인식이 결여되어 있다. 그런 점은 다음에 제시하는 빌헬름 훔볼트의 입장에서 분명하게 드러날 것인데, 여기서 그의 이

---

1) 논리학과 언어학이 전적으로 다른 것이라는 점을 확신시켜주는 많은 증거들 가운데(Steinthal. Gram. Log. und Psych. 45-224) 여기서는 논리학의 정의만 제시하려 하는데, 우리 시대의 뛰어난 사상가 가운데 한 명으로서 '논리학은 a) 기원과 b) 내용에 무관하게 사고 존재의 조건을 다루는 학문이다.'고 정의한 헤르바르트의 견해를 기반으로 살펴보고자 한다. (Herbart. Lehrbuch zur Einleitung in die Philos. 4-te Ausg. 19, 51를 이와 비교하라) a) 첫 번째 속성에 따르면 논리학은 가설적인 학문이다. 논리학은 전제에 기반을 두는데, 그것이 곧 알려진 개념, 판단, 결론이며, 그런 사고 형식들의 발생은 탐색하지 않으며 이미 주어진 것으로 받아들인다. 한편, 이와는 반대로 언어학 자료는 역사를 통해 재고되며, 따라서 언어학은 발생학적 학문이다. b) 논리학은 사고가 실제에 적합한지에 대해서는 묻지 않는다. 사고의 내용에 관한 질문은 논리학을 내용에 따라 식물학, 역사학 등으로 변질 시킬 수 있기 때문이다. 논리학은 사고(그 어떤 것이든지)가 그 자체로서 올바른가를 묻는다. 따라서 논리학은 "까마귀의 깍깍 소리는 불행을 예고한다."와 같은 선입견을 부정하지 않으며, 그것을 사고, 진리의 필요조건들 가운데 하나를 포함하고 있는 것으로 여긴다. 그러나 "사고는 언어 없이는 불가능하다.", "민족의 사고 대부분이 표현되지 않는 언어들이 있다."와 같은 판단에 대해서 논리학은 그것들 모두가 사고를 구성하지 않는다고 말한다. 그런 경우에 결여된 논리 형식은 모든 논리 형식과 마찬가지로 모든 내용에 대해 이질적인 것이어서 모든 개념이 그것의 내용이 될 수 있다. 논리학의 그런 형식적 특징이 바로 언어학의 실재성에 대립되는 것이다. 언어학의 경우에는 개념의 특정한 속성들이 실제로 존재하는가를 아는 것이 필수적이다. 문법 형태는 논리학에서 다루는 형식과의 관계에서 이미 알려진 내용을 구성한다.

론을 제시하는 것은 우리 문제에 대한 해결책으로서가 아니라 제거하지 않으면 문제 해결이 불가능한 장애들을 제시하기 위한 것이다.[2)]

훔볼트는 다음과 같이 말했다. "언어는 본질상 지속적으로 매 순간 사라지는 것이다. 언어는 이루어진 것(έργον), 죽어 있는 생산물이 아니라 활동(ένέργεια), 즉 생산 과정 자체다. 따라서 언어의 진정한 정의는 '언어는 분절적 음성으로 사고를 표현하려는 정신의 끊임없이 반복되는 노력'이라는 발생학적 정의뿐이다. 그런데 이것은 언어에 대한 정의가 아니라 매번 발음되는 발화에 대한 정의이며, 그런 발화 행위의 종합이 바로 언어다. 보통 우리가 언어라고 부르는 단어들과 규칙들의 연계성 없는 혼란 속에 우리가 매번 발음하는 그것이 실제로 위치하고 있다. 게다가 그런 산만한 상태에서는 언어에서 가장 섬세하고 수준 높은 것, 연결된 발화에서만 포착하고 느낄 수 있는 바로 그것이 보이지 않는다. 그 점은 고유 의미에서의 언어가 실제 발현 행위 자체에 포함되어 있다는 점을 보여준다."

"언어를 정신의 작용(활동)이라고 부르는 것은 정신의 존재 자체를 행위 속에서만 그리고 행위로서만 파악할 수 있다는 점에서 충분히 올바른 것이다."[3)]

그러나 다른 한편으로 "우리가 매번 행하는 발화라는 의미에서의 언어와 발화 행위의 산물로서의 언어를 구분해야 한다. 언어는 자신이 음성으로 바꾼 모든 것," "이미 형태를 부여 받은 모든 속성들을

---

2) 훔볼트의 안티모니 기술에서 우리는 슈테인탈을 따른다(참조: Der Ursprung der Sprache v. Dr. H. Steinthal. 2-te Ausg. Beri., 1858. 61~, 118~). 인용하는 훔볼트의 글(Ueber die Verschiedenheit des menchlichen Sprachbaues ect)은 그의 논문 모음집(Wilhelm v. Humboldt's gesammelte Werke) 제6권에 따른 것이다.

3) Ueb. die Versch. 41-2.

내포한다."[4] 언어에서 어휘 목록과 규칙 체계가 형성되며, 그것을 수단으로 언어는 수천 년에 걸쳐 독립적인 힘이 되어가고 있다.[5] 비록 살아있는 언어의 발화 또는 문자로 형상화된 죽은 언어가 단지 발음되거나 읽혀지는 경우에만 생기를 가지게 되고 단어와 규칙의 총합이 오직 생생한 발화 속에서만 언어가 되는 것이지만, 미라가 되었거나 문헌 속에 화석화된 발화가 그렇듯이, 어휘 목록과 문법도 실제로 존재하는 것이고 언어는 산물인 것만큼 활동이기도 하다.

훔볼트의 견해가 이전의 모든 이론들보다 우월한 점은 언어를 정신 활동으로 규정하고 언어의 본질적인 속성을 운동과 진보라고 보는 것이다. 그러나 여전히 사고에 대한 언어의 관계는 불명확한 상태로 남아 있는데, 그런 불명확성은 훔볼트가 언어학에 제시한 새로운 방향에 기반을 둔 입장, 즉 '언어는 사고를 형성하는 기관'이라는 입장에 의해 제거된다.[6]

그러나 그런 입장에 대한 해명은 새롭고 중요한 모순들로 이어진다. 그 모순들이라는 것은, 앞으로 우리가 보게 되겠지만, 행위와 산물 간 모순 관계 속에 놓여 있으며 그 관계의 변형으로 보일 수도 있다. 사고, 즉 행위는 다분히 내적이고 주관적인데, 말 속에서는 그 어떤 외적이고 지각 가능한 것이 되며, 청각을 통해서 스스로에게도 객체, 즉 외적인 대상물이 되어 자신의 기원으로 돌아간다. 이때 사고는 자신의 주관성을 잃지 않는데, 내가 발음한 말은 나의 것으로 남기 때문이다. 단지 말을 통해 사고를 객관화하는 과정을 통해서만 사고의 낮은 수준의 형식들에서 개념이 형성될 수 있다.[7]

---

4) Ib. 62.
5) Ib. 63
6) Das bildende Organ des Gedankens.
7) Ib. 53. 말이 어떻게 고차원적 사고 형식을 만들어내는가에 대한 필요한 설명은 차후에 제시할 것이다. 여기서는 다만 훔볼트의 견해가 이후의 심리

이처럼 말이 생성되는 순간에 이미 그 속에 객관성과 주관성의 대립이 발생한다. 이 대립은 다른 대립, 즉 언어와는 분리될 수 없는 발화와 이해 간의 대립과 연관되어 있다.

언어는 완전히 고립된 인간을 포함하여 모든 개인이 사고하는 데 필수적인 조건이다. 개념은 언어를 통해서만 형성되며, 개념 없이는 진정한 사고가 불가능하기 때문이다. 한편, 실생활에서 언어는 사회 속에서만 발전한다. 그것은 인간이 항상 상호이해가 필수적인 사회적 조직들, 즉 종족, 부족, 인류 등 그가 속한 전체의 일부이기 때문일 뿐 아니라, 인간은 자신의 말이 타인에게 이해된다는 것을 아는 경우에만 자신을 이해하기 때문이다.[8)]

발화와 이해 간의 상호관계는 객관성과 주관성의 대립을 강화시킨다. 화자가 타인의 입을 통해 자기 자신의 말을 듣는 경우 객관성이 강화되며, 이때 주관성은 상실되지 않을 뿐 아니라(왜냐하면 화자는 항상 청자와의 동질성, '단일성'을 느끼기 때문이다.) 강화되기까지 한다. 말 속의 사고가 한 사람에게 배타적으로 귀속되는 상황이 중단됨에 따라 소위 주체의 확장이 발생하기 때문이다. 이제 개인의 사고는 다른 사람들의 향유물이 되어 인류 공동의 것에 포함되며, 각 개인에게는 다른 이들의 보충을 요구하는 변형된 형태로 존재하게 된다. 가장 단순한 것을 비롯한 모든 발화는 개인적 느낌을 인류의 공통적인 속성과 연결시키며, 이에 따라 발화와 이해는 곧 부분과 전체의 대립이 된다.

"사고를 형성하는 가장 단순한 행위에서도 언어가 필수적인 것이 되게 만드는 바로 그것은 인간의 모든 정신활동 속에서도 끊임없이 반복된다. 사고 활동을 위해서는 사고와 동일하지만 여전히 사고와는

학적 연구들에 의해서 충분히 확인된다는 점만 밝혀둔다.

8) Ib. 30, 54.

다른 그 무엇이 필요하다. 사고는 바로 그 동일한 것에 의해 야기되며, 저 다른 것 속에서 자신의 생산물의 정확성과 본질을 체험한다. 비록 견고한 진리 인식의 기반이 인간을 위해 바로 인간 내부에 포함되어 있을 수 있다고 해도, 인간이 급격하게 진리에 접근하는 것은 다양한 혼란에 빠질 위험이 가득한 일이다. 자신의 가변적인 한계만을 명확하게 그리고 직접적으로 인식하는 인간은 진리가 자신의 내부에 있는 것이 아니라 외부 어딘가에 있다고 생각하게 마련이다. 그러나 진리에 접근하고 진리와 자신 간의 거리를 측정할 수 있는 가장 강력한 수단 가운데 하나가 사고를 서로 교환하는 것이다." 즉, 개인의 사고를 모든 이의 공통적인 사고와 비교하는 것은 발화와 이해를 통해서만 가능하며, 그것이 바로 사고의 객관성 확보, 즉 진리에 도달하는 가장 좋은 수단이다.

한편으로 발화와 이해의 모순, 다른 한편으로 주관적인 것과 객관적인 것 간의 모순이 상응한다는 점에서 발화는 주관적이고 독자적이며, 이해는 객관적이고 수동적이라는 결론이 나오지는 않는다. 정신 속에 있지 않은 모든 것은 단지 정신 자체의 행위에 의해서만 얻어질 수 있을 뿐이다. 발화와 이해는 발화의 한 가지 능력이 단지 서로 다르게 발현된 것일 뿐이다. 발화와 이해를 교환하는 것은 주어진 내용을 (손에서 손으로 넘기듯이) 전달하는 것이 아니다. 말하는 사람의 내부에서 그러하듯이 이해하는 사람의 내부에서도 그 내용이 그 사람 자신의 내적 힘에 의해 전개되어야 한다. 이해하는 사람이 받는 것은 단지 말하는 사람이 제공하는 조화롭게 구성된 자극뿐이다.[9]

발화와 이해의 대립 측면에서 볼 때 언어는 사람들 간 소통 수단으로서 인간 사고의 순수 주관적인 범위 내에서 진리를 아는 데 도움을

9) Ib. 54-55.

주며, 다른 측면에서 볼 때 언어는 인식되는 대상물의 세계와 인식하는 인간 사이의 중간 고리 역할을 하며, 그런 의미에서 언어는 객관성도 주관성도 포함하고 있다.

"인식되는 것의 통합체는 언어 외부에 위치한다. 인간은 다른 것이 아니라 바로 자신의 고유한 인식과 지각 수단을 통해서, 즉 오로지 주관적인 방법으로만 그 순수 객관적인 영역에 접근할 수 있다." 즉, 언어를 수단으로 해서만 접근할 수 있다. 언어는 이미 알려진 진리를 표현하는 수단일 뿐 아니라, 인식 주체와의 관계에서 이전에 알려지지 않았던 것을 열어주는 그 어떤 객관적인 수단이며, 인식되는 세계와의 관계에서는 주관적인 수단이다. 전자와 관련하여 "모든 언어는 인간의 공통적인 본성의 반향이다. 비록 특정 시대의 모든 언어들의 총합(내용, 본질)도 인류의 주관성의 완전한 흔적이 될 수는 없지만, 모든 언어들은 지속적으로 그런 목표에 접근하고 있다. 그런데 인류의 주관성은 그 자체가 또다시 그 어떤 객관적인 것이 되어가고 있다."[10)]

인식 대상과의 관계에서 언어의 주관성에 대해 말하자면, 그것은 모든 경우에 단어(예: 나무)의 내용이 사물에 대한 가장 빈약한 개념에도 미치지 못하며 사물 자체의 무한한 속성에는 더더욱 미치지 못한다는 점으로 보다 명확하게 그리고 경험적으로도 입증된다. 이를 다음과 같이 설명할 수 있다. 낱말은 주관적인 지각에서 형성되며, 사물 자체의 흔적이 아니라 사물이 마음속에 반영된 것이다.

"모든 객관적인 지각에 주관적인 것이 혼합되어 있는 간큼, 언어와 무관하게 각 개인은 세계에 대한 특별한 시각을 가지는 존재라고 할 수 있다." 이런 관점은 언어에 주목하면 더욱 근거가 있는 것이 된다. "왜냐하면 낱말은 사물에 대한 사고를 객관화하면서 거기에 새로운

10) W.Humb. Gesam. W. III. Ueb. das vergl. Sprachst. 263.

특성을 부여하기 때문이다."(아래에서 우리는 감각적 지각과 비교하여 단어의 그 이중적인 주관성에 대한 설명을 시도해 볼 것이다.)

"개별적인 낱말이 인간과 사물 사이에 등장하는 것처럼, 언어 전체도(마치 상급 단위인 민족의 세계관처럼) 인간과 인간에게 작용하는 자연 사이에 등장한다. 인간은 사물의 세계를 자신 안에 받아들여 가공하기 위해 자신의 주위를 음성의 세계로 둘러싼다. 이 말에는 조금의 과장도 없다. 인간의 감각과 행위가 표상들에 종속되며 표상들은 언어에 종속되는 만큼, 인간의 외부 사물에 대한 태도 전체는 그 사물들이 언어 속에서 그에게 어떻게 표상되는가에 따라 달라진다. 인간은 자신으로부터 언어를 만들어내는데, 바로 그 행동을 통해서 자신을 언어의 직물 속으로 엮어 넣는다. 각 민족은 자신의 언어에 둘러싸이게 되며, 오로지 다른 언어로 전환한 사람만 그것을 벗어날 수 있다."[11)]

그렇게 이해되는 주관성과 객관성의 모순은 언어가 일반적으로 사람과 세계 간 매개체 역할을 한다는 데서 볼 수 있을 뿐 아니라, 바로 언어가 인간에게 이 세상을 가르쳐준다는 점에서도 드러난다. 극히 다채로운 감각적 인상들 속에서 사고는 우리 정신의 형식과 일치하는 법칙을 열어주며, 그것과 연관된 외적인 아름다움의 매력을 알려준다.

"우리는 언어에서 그 두 가지와의 공명을 만날 수 있다. 우리는 언어의 음성 세계로 들어가면서 동시에 실제로 우리를 둘러싼 세계를 떠나지 않는다(주체와 객체의 대비는 언어의 법칙성과 아름다움 속에서 다시금 교차된다). 언어의 법칙성, 자연법칙과 유사한 정신의 주관적 상태는 인간의 숭고한 힘을 격동시켜 인간을 자연의 형식적인 인상을

11) Ueb. die Versch. 59-60.

이해하는 방향으로 접근시킨다. 언어의 법칙성도(언어와 마찬가지로) 정신적인 힘의 발전을 통해서만 표상될 수 있다." 그것과 마찬가지로 "언어는 음성 결합체의 속성인 운율 형식을 수단으로 하여 자연의 미학적 인상을 격상시켜 다른(즉, 주관적인) 영역으로 이전시키지만, 그 인상과는 별개로 작용하여 마음이 하나의 발화의 흐름을 구성하게 한다."[12]

객관성(사고와 그 대상 간의 일치)은 인간 노력의 지속적인 목표다. 무엇보다 먼저 인간은 언어의 주관적인 방법을 통해 그 목표에 가까워진다. 그 후 인간은 주관성마저 분리해 내려 노력하며, 그 주관성을 개인적인 주관성 등 다른 것으로 교체하려 시도하는 등 가능한 한 사물을 그 주관성으로부터 해방시키려고 한다.[13] 그런데 최종 목적과는 별개로, 그런 교체는 이미 언어의 위대한 역할이 된다. 왜냐하면 그런 교체는 세계 인식뿐 아니라 자아 인식으로도 이어지기 때문이며, 이 두 가지는 상호 종속적이다.

이제 개인과 민족의 자유와 필연성이라는 모순으로 넘어가 보자. "앞에서 우리는 사고가 언어 속에서 마음의 대상물이 되며, 그런 의미에서 마치 그 어떤 제3의 요소처럼 마음에 작용하는 것을 보았다. 한편, 우리는 객체를 주체로부터의 발생이라는 측면에서 살펴보았으며, 객체의 마음에 대한 작용을 마음이 스스로에 대해 회귀적인 작용을 하는 것으로 보았다. 이제 그것과는 반대되는 시각을 살펴보겠다. 이에 따르면, 언어는 마음과의 관계에서 실제로 별개의 것이며, 언어의 작용은 그것이 향한 바로 그곳으로부터 나오는 것이 아니다."[14]

"만일 언어가 이전 시대에 겪었던 모든 것들이 각각의 세대에 어느

12) Ib. 61-2.
13) T. III. 263-4.
14) Ib. 63.

정도 작용하며, 개별 세대의 힘만이(세대는 성장하고 소멸하며 교체되므로 모든 세대의 힘이 아닌) 언어의 과거와 접촉한다고 상상해본다면, 언어의 강력한 힘 앞에서 각 개인의 힘이란 것이 얼마나 보잘것없는 가가 분명해질 것이다. 한 번도 들어보지 못한 말이 창조된다는 것은 오로지 관찰의 범위를 넘어서는 언어 최초 발생 단계(즉, 인류의 발생 단계)에서만 가정될 수 있는 것이다. 역사를 거슬러보면 인간은 항상 이미 주어진 기반 위에서 언어를 만들어 왔다. 인간은 과거에서 유추하는 범위를 넘지 않고 말을 변형시켜 사용한 것이지 그것을 발명한 것이 아니었다."[15] 인간 각자는 그 어디에서보다 바로 언어에서 자신이 인류로부터 파생된 존재임을 확실하게 느낀다. 그리고 각자는 산발적, 간헐적으로 언어에 영향을 주며, 각 세대는 단어와 형태는 아닐지라도 사용면에서 언어를 변화시킨다. "분리 불가한 개인이 언어에 어떤 작용을 하느냐 하는 점은 언어의 개인성이 단지 상대적인 것이고 진정한 개인성은 단지 특정 시대에 말을 하는 개인에게만 있는 것이라는 점에 주목하면 자명해진다. 그 누구도 다른 사람이 말을 이해하는 것과 동일하게 이해할 수 없다. 모든 이해는 곧 몰이해이며, 모든 사고의 일치는 곧 불일치다. 각각의 분리 불가능한 개인 내부적인 언어 변화에서 앞서 말한 언어의 영향과는 반대로 인간의 언어에 대한 위력이 드러난다. 언어의 인간에 대한 작용은 언어의 법칙성과 형태에 있으며, 인간의 언어에 대한 작용은 자유의 원리에 있다. 인간 내부에서는 그 누구도 이전 상황에서 원인을 찾아낼 수 없는 일들이 발생할 수 있기 때문이다."[16] "자유는 그 자체가 규정되거나 설명될 수 없는 것이다." 그러나 그것의 존재는 반드시 언어 속에서 인정되어야 한다. 언어가 마음에 낯선 것임과 동시에 마음에 속하며, 마음에 종속

15) Humb. Ueb. das vergl. Sprachst. Ill, 261-2.
16) Ueb.die Versch. 65-6. Cp ib. 36.

적이기도 하고 아니기도 하다는 모순은 실제로 언어 내에서 결합되어 언어의 특징을 만든다. 이 모순들은 언어가 부분적으로 마음에 낯선 것이고 독립적인 것이지만 또 부분적으로 그렇지 않기도 하다는 말로 해소될 수 있는 것이 아니다. 언어는 객체로 작용하는 그만큼 독립적이며, 주체에 의해서 창조되는 그만큼 주체에 종속적이다. 그것은 소위 언어의 죽어있는 부분(과거에 속하며 개인의 자유를 복속시키는)이 그 어디에도, 문헌에 조차, 항구적인 자리를 가지지 못하고 사고 속에서 매번 다시 창조되어 발화와 이해 속에서 생명력을 얻으므로 전적으로 주체에 귀속되기 때문이다.[17)]

말하는 것은 단지 개별적인 인간들이며, 그런 측면에서 언어는 분리 불가한 개인들의 창조물이지만, 그런 개인들의 행위로서의 언어는 이전 세대들의 창조적 활동(언어의 최초 상태에서는 존재할 수 없는)만을 전제로 하는 것 아니라, 현재의 매 순간 언어가 화자와 청자 양자에 속해있으며 화자도 청자도 해당 민족을 대표하는 사람들이라는 점도 전제로 한다.[18)] "언어들의 존재는 언어가 한 사람으로부터 다른 모든 사람들로 이전되는 정신적인 창조가 전혀 아니고 모든 이들의 동시적인 자발적 행위로부터 발생하는 것이라는 점을 입증해준다. 항상 민족적인 형식을 가지는 언어들은 민족들의 직접적인 창조물일 수 있을 뿐이다."[19)] "언어 구성과 다른 모든 종류의 정신적 활동의 성과들 간에 관계가 있음은 논란의 여지가 없다." "잘 알려진 정신의 방향성과 정신이 지향하는 힘은 특정한 구조의 언어가 발생하기 전에는 생각할 수 없는 것이다. 그리고 그런 의미에서 민족들의 창조(언어)는 반드시 개인의 창조에 선행되어야 하는 것이다. 물론 개인들의 이런 저

17) Ib. 66.
18) Ib. 63, 35를 참조하라.
19) Ib. 33.

런 행위가 동시에 민족들의 창조 속에 뒤섞이게 마련이다."[20]

분리 불가능한 개인과 민족의 모순에서 민족 내에서는 앞서 말한 자유와 필연의 대비가 반복되며, 그것은 신적인 것과 인간적인 것이라는 새로운 대비와 그것의 언어 내 병존으로 이어진다.

언어가 정신적인 단위로 보아야 할 민족의 창조물이라는 주장 속에는 민족의 정신적 특성과 언어라는 두 가지 요소가 들어 있는데, 이들의 상호 관계가 규명되어야 필요가 있다. 한편으로, 언어가 민족의 생산물임과 동시에 개인의 생산물이기도 하지만, 언어들의 구조적 다양성이 민족정신의 특수성에 종속적인 것으로 보이므로 그런 특수성들로 설명되어야 한다.[21] 그러나 다른 한편으로, 언어는 민족 고유의 창조물이라고 여길 수 없을 만큼 인류의 저 깊은 곳에서 발생한다. 언어는 본질적으로 설명될 수 없는 것이기는 하지만, 언어 속에는 우리가 명백히 알 수 있는 자생적인 것이 있으며, 그런 시각에서 언어는 정신 활동의 산물이 아니라, 정신의 비 자의적인 유출이며, 민족이 만들어 낸 것이 아니라 민족에게 주어진 것이다.[22] "민족들은 언어가 어떻게 형성되었는지 모르는 채 그것을 사용한다. 언어는 단지 자신으로부터 스스로 발생하지만 자유롭지 않으며 민족에 종속적이라고 말하는 것은 단순한 말장난이 아니다."[23] "언어가 인간의 내면적 본성과 유착되어 있고 자발적으로 그곳에서 나오는 것이지 인간 본성에 의해 자의적으로 창조되는 것이 아닌 만큼, 그것을 기반으로 민족의 정신적 특

20) Ib. 36-37.

21) ...<M ssen wir als das reale Erklarungsprincip und als den wahren Bestiinmungsgrund der Sprachverschiedenheit die geistige Kraft der Nationen ansehen>. 38.

22) <Eine ihnen (den Nationen) durch ihr inneres Geschick zugefallene Gabe.> 5.

23) Ib. 5-6.

성을 언어의 작용(그 반대로 언어를 민족정신의 작용이라 부르는 것처럼)이라고 부를 수 있을 것이다. 진리는 양쪽에 공히 들어 있다. 민족의 성격과 그 민족 언어의 특성은 함께 상호 일치하여 확인할 수 없는 정신의 저 깊은 곳에서 흘러나온다."[24]

바로 그것이 언어가 "신적으로 자유로운 것이고 스스로의 내부에서 흘러나온다."는 주장의 실질적인 의미일 것이다. 언어와 정신과의 관계는 의심할 여지가 없지만 언어는 민족정신에서 도출될 수 없기에 언어도 정신도 보다 높은 차원의 시발점과 내적 단일성을 가져야 한다는 것이 분명하기 때문이다. 그러나 그런 고차원적인 단일성에 대한 요구는 단지 요구일 뿐이다. 연구자 자신이 언어들의 구성상의 차이점을 발견하면 그것을 단지 민족적인 성격의 차이로만 설명하기 때문이다.[25] 이것은 곧바로 이론적인 입장에 모순된다. 즉, 언어가 정신의 산물이지만 신으로부터 자유로운 것은 아니라고 한다면, 첫째로 언어는 정신과의 관계에서 독립적이지 않고 정신과 연관되어 있다는 것이며, 둘째로 언어는 정신과의 단일성이 필요 없는 별개의 것이고, 셋째로 민족정신에서 언어가 발생하는 것은 순수 인간적인 것이 된다.

언어의 기원이 인간에게 있다고 다음과 같이 주장하는 훔볼트의 노력은 실제적인 면이나 이론적인 면에서 성공적이지 못하다. "언어가 그 어떤 숭고한 것이어서 정신의 다른 산물처럼 인간이 창조한 것일 수 없다고 하는 것은 우리가 인간의 정신적인 힘을 그것이 발현된 단지 몇 가지 개별적인 것들에서만 발견하는 것도 아니고 또 우리가 정신적 힘의 깊은 본질을 인식할 수 있고 언어가 지시하는 정신적 힘과 인간의 모든 개별적인 것들과의 관계도 인식할 수 있다는 점에서 올

24) Ib. 33.
25) Ib. 38.

바르지 않다."[26] 그러나 인류의 그런 정신은 우리가 인식할 수 없는 것이고, 우리는 그 정신 속에서는 그것 자체보다 숭고한 것, 언어와 민족의 정신적인 특성이 공히 도출될 수 있는 그런 것을 생각할 수 없다. 따라서 언어는 신적인 것인데, 인간 정신의 속성에서 필연적으로 발생하는 모든 것(예: 시)은 신적인 것이라는 말에서와 같은 의미의 신적인 것이 아니다. 정신 자체 이외에는 언어와 동등한 것이 없으며, 언어는 정신과 함께 신적인 기반에 해당된다.

그러나 정신과 언어가 단일하거나 분리되어 있다는 것, 언어가 신적이기도 하고 인간적이기도 하다는 모순은, 훔볼트 자신이 그것을 이론과 실제의 모순으로 인정함에 따라 그의 고유한 사고 발전의 결과이고, 그가 과학적인 입장으로 가공하지 못한 재료로 보게 한다는 점에서 앞에서 언급했던 모순들과 다르다.

잘 알려진 훔볼트의 이율배반적 입장을 베커에게서 볼 수 있는 것과 같은 비자발적이고 무의식적인 논리적 오류와 비교하는 것은 극단적인 오류가 될 것이다. 훔볼트와 베커의 차이는 다음과 같다. 훔볼트는 위대한 사상가로서 자신의 사고의 강렬한 비약도 과제의 어려움 앞에서는 무력하다는 것을 지속적으로 느끼면서, 알 수 없는 것 앞에서는 계속 멈추어 선데 반하여, 베커는 몇 가지 작은 문구들에서 인생과 언어의 모든 비밀들에 대한 열쇠를 발견한다. 그리고 훔볼트는 혼란스러워하면서도 학문에 새로운 길을 제시하는데, 베커는 단지 자신의 사고 범위 내에서만 낡은 것들의 무용성을 제시한다. 언어의 발생과 언어의 사고에 대한 관계라는 문제를 해결하는 방식으로서 베커는 언어를 유기체라고 불렀고, 훔볼트는 발화와 이해, 주체와 객체, 분리 불가능한 개인과 민족, 인간적인 것과 신적인 것 등 언어 내에 존재하

26) Ib. 38-9.

는 모순을 해소하려 했다.

그리고 훔볼트는 발화와 이해 간의 모순을 인간 본성의 단일성으로 해결한다. 개인들의 차이가 단지 인간 본성의 단일성이 다양하게 발현된 것이 아니라고 한다면, 발화도 이해도 불가능한 것일 테고, 말을 수단으로 한 의사소통도 단지 청자와 화자 간의 상호 자극만은 아닐 것이고, 분절적 음성도 발화와 이해를 조율하지 못할 것이기에 청자는 음성 자체에서 발생하여 자발적으로 발전하는 사고를 수단으로 하여 발화의 의미를 파악하지도 못할 것이다.[27]

주체와 객체, 자유와 필연성 간의 모순도 바로 그렇게 설명된다. "주체와 객체 개념, 종속성(마음에 대한)과 자유 개념은 나와 고유한 단일체를 이루는 것에서 발생한 그것 내부에서 상호 침투한다. 언어는 나에게 속해있다. 왜냐하면 내가 언어로 바로 그렇게 말을 하기 때문이고, 그와 더불어 모든 이전 세대 사람들도 끊임없이 다음 세대로 전하면서 그 언어로 말을 했기 때문이다. 그렇지 않다면 나의 발화는 언어 자체에 의해 위축될 것이다. 그러나 그런 나의 행위를 제약하고 조건 지우는 것이 나와 내적 관계를 구성하는 인간 본성으로부터 언어로 들어갔는데, 그 가운데 낯선 것은 단지 나의 일시적이고 개인적인 속성에만 낯선 것이지 원초적인 진정한 본성에 낯선 것이 아니다.[28] 그렇기 때문에 나의 행위는 나 자신에 의해 위축되는 것이다.[29] 발화와 이해, 개인과 민족 간 이율배반에 의해 전제되어 실제로는 서로 다르게 분리되어 발현되는 분리 불가한 것들의 내적 단일성을 어떻게

27) Ib. 55, 57, 58.

28) Ib. 64-5.

29) 이처럼 동일한 모순의 다른 형태, 즉 인식하는 인간과 인식되는 세계 사이의 언어의 중간적인 위치는 진리 인식 가능성이 인간과 세계 간의 최초의 합의(내적인 단일성?)에 기반을 둔다는 점으로 해소된다(Gesam.w. III. 263). 그러나 훔볼트는 이 문제를 약간 언급하는데 그치고 있다.

보아야 할 것이냐는 질문에 대해서는 훔볼트의 견해에 따라 우리는 개인적인 의식 이외에는 그 어떤 의식에 대한 가장 어렴풋한 감각조차 가지고 있지 못하기 때문에 그것을 생각해보는 것도 불가능하며 그것은 인식될 수도 없는 것이라고 답할 수 있다."[30] 그러나 "개별적인 인격은 단지 정신적인 존재들의 특정 조건에 따른 발현"이라는 확신은 우리의 인간적인 본성에 내재하는 전일성을 향한 식을 줄 모르는 갈증에 의해 지지된다. "전일성에 대한 예감과 그에 대한 갈구는 개인성이라는 감각과 함께 직접 주어진 것이고 개인성이 강해질수록 그것도 강해진다. 각 개인 내부에서 인간의 공통적인 본성은 단지 일방적으로 발전하기 때문이다."[31] 개인과 마찬가지로 민족에 대해서도 인류라는 고차원의 정신적 단위에 의한 보충을 요하는 특별한 발전 과정을 거치는 것으로 볼 수 있다. 시민성과 교육의 성공은 부지불식간에 민족들 간의 뚜렷한 차이를 희석시킨다. 도덕, 학문 그리고 예술은 항상 민족적 기호를 벗어나 공통의 이상을 추구한다.[32]

우리는 앞에서 단지 제한적인 발현을 통해서만 우리에게 알려지는, 분리 불가능한 것들이 그 안에서 융합되는, 단일한 본질을 전제하는 것이 훔볼트의 경우에 정신에 대한 언어의 독립성과 언어의 신적인 발생에 대한 주장과 연관됨을 보았다. 언어의 신적 특성과 인간적 특성 간의 모순은 아마도 객관성과 주관성의 대비를 해소시키는 방법, 즉

30) Ueb. die Versch. 31.

31) Ib.

32) 그러나 일반적인 것, 모든 이에게 동일한 것을 향한 노력은 다만 다양한 방법으로 실현되며, 거짓된 일면성과는 거리가 먼 인간(공통의) 속성 표현의 다양성은 끝이 없다(Ueb. die Versch. 32). 이것으로 설명될 수 있는 민족적 특성의 결정성 증가는 위에 제시한 사고, 즉 인간 내부의 전일성에 대한 열망이 개인성 지각과 더불어 커진다는 사고와 전적으로 조화된다. 그런데 이 개인성은 삶의 과정에서 처음에는 별로 두드러지지 않았던 개인의 정신적 특징이 심화되어가는 만큼 자라나게 된다.

인간 정신과 신성(神性)의 단일성을 주장하는 방법으로 해소할 수 있을 것이며, 그런 주장은 언어 내 객관성과 주관성의 단일성에 전적으로 부합하는 것일 수 있다. 이에 대해 다음과 같이 말할 수도 있을 것이다. 즉, 언어가 신으로부터 발생하지만 그 원인이 인간 내부에도 공히 포함되어 있는 만큼 여기서 신은 인간에 의해 위축된다. 그러나 여기서 신적 창조에 대한 제한이 신과 내적 관계를 가지는 신적 본성에서 발생하며, 그런 제한 속에서 신에게 낯선 것은 신의 순간적 개별적 속성에 낯선 것일 뿐, 신의 원초적이고 진정하며 영원한 본성에 낯선 것이 아니니다. 따라서 언어 창조에서는 바로 신 자체가 자신에 대한 제한이 되는 것이다.[33] 한편 훔볼트는 언어 내의 신적인 것과 인간적인 것 간의 모순을 신 안에 순간적이고 개별적인 속성과 무한한 본성이 함께 한다고 전제하는 이상한 방법으로 해소하려 하지 않고 그냥 해결되지 않은 상태로 두었다.

언어가 정신에 종속적이기도 하고 독립적이기도 하다는 또 다른 모순도 형이상학적 변형에 별로 들어맞지 않는데, 여기서 훔볼트의 오류가 보다 뚜렷하게 드러난다는 것만이 앞의 것과 다른 점이다. 그런데 만일 언어의 독립성이 인간 활동의 일반 법칙, 즉 인간의 모든 창작은 창작자 자신이 그 다음 행위를 하는 전제 상황들 가운데 하나가 된다는 인간 활동의 일반 법칙의 경계를 넘어서지 않는다면, 언어의 독립성은 조금의 의심도 불러일으키지 않을 것이다.[34]

그러나 만일 훔볼트가 언어와 정신의 동일성(고차원적인 의미에서일지라도)을 주장한다면, 그리고 만일 그가 정신과 언어를 공히 최고의 근원으로 격상시키는 방법을 통해 "언어 없이는 정신이 없고, 반대로 정신없이는 언어도 없다."는 순환론에서 벗어나려고 애쓴다면, 그

33) Steintal. Der Ursp. d. Spr. 2-te Ausg. 81.
34) Humb. Ueb. die Versch. etc. 305를 이와 비교하라.

것은 틀림없이 그 어떤 오해의 결과일 것이다. 언어에 대한 실질적인 연구를 통해 점차 강화되는 신념, 즉 이 문제들은 동등한 것이 아니라 서로 별개의 것이라는 신념을 억압해서는 안 되는 만큼, 그런 해결책은 언어의 기원과 정신의 기원에 관한 문제를 동일시하여 이후의 모든 연구를 막는 것이 된다. 훔볼트는 언어와 동등한 그 무엇도 발견하지 못한다. 우리는 그 점을 부정하지 않지만, 많은 사람이 인정한 민중의 시적 창작과 언어 창조가 많은 면에서 일치한다는 생각을 용기를 내 다시 한 번 반복한다. 만일 그런 일치가 실제로 존재하여 형이상학적 문제 해결에 몰두하지 않고서도 신화와 민중 시가의 발전 과정뿐 아니라 발생 자체를 연구할 수 있다면, 언어의 기원에 대한 비 형이상학적 연구도 가능해야 할 것이다. 이미 그 한 가지만으로도 형이상학 분야가 우리 문제를 포함하지 않으며, 그 문제가 끝나는 곳에서 형이상학이 시작되는 것으로 보일 수 있고,[35] 언어에 관한 문제에서 형이상학에 의존하는 것은 아직은 너무 이른 것으로 보일 수 있다. 게다가 비록 우리가 언어 없는 민족을 생각할 수 없기에 언어를 민족의 창조물로 보아 언어의 독립성과 언어와 정신의 고차원적 동일성을 인정할 수 있다고 할지라도, 분리 불가한 개인의 삶은 그 독립성이라는 것과 단일성이라는 것에 대해 의심하게 만드는 많은 사실을 제시해준다.

훔볼트의 이론에서 정신이라는 말을 살펴보면, 그것은 가장 넓은

35) 아마도 여기서 다음과 같은 이해하기 쉬운 형이상학에 대한 정의를 제시하는 것이 적당할 것이다. "세계 및 우리 자신에 대한 인식은 많은 개념들의 발생을 동반하는데, 그 개념들은 요해가 되면될수록 그만큼 사고 내부에서 하나로 결합되기 어려워진다. 따라서 철학의 중요한 과제는 그 개념들을 각각의 특성에 맞추어 변형시키는 것이다. 그런 변형 시에 그 어떤 새로운 것이 개념들에 부가되며, 그것을 수단으로 하여 개념들의 부조화가 제거된다. 그 새로운 것을 부가 요소라고 부를 수 있다. 그렇게 개념을 가공하는 학문이 바로 형이상학이다."(Herbart. Lehrbuch zur Einleitung in die Philosophic).

의미에서, 아마도 인간의 정신생활 전체라는 전혀 올바르지 않은 의미에서, 아주 중요한 역할을 하는데, 그 정신이라는 말과 관련하여 우리는 정신생활과 언어가 어느 정도까지 분리될 수 없는가를 자문하게 된다. 그런 질문에 대답하기 위해서는 먼저 우리 사고의 내용이 된 정도만큼 언어로 표현되는 감정과 의지가 가지는 언어와의 불가분성(관계가 아니라)을 제거해야 한다. 그 후에야 사고 내에서 언어가 필요하지 않은 많은 것을 포착할 수 있다. 어린아이는 적당한 나이가 될 때까지 말은 하지 못하지만, 특정한 의미의 사고를 한다. 즉, 감각적 형상을 동물보다 훨씬 더 완전하게 수용하며, 그것을 회상하고 부분적으로 종합하기도 한다. 이후 언어를 습득하고 나면, 직접적인 감각적 지각은 말과 결합할 때까지 남아있거나 또는 결코 결합하지 못하기도 한다. 대부분의 경우 감각적 지각에 대한 기억에서 만들어지는 꿈도 바로 그런 식으로 큰소리로 하는 말이나 소리 없는 말이 동반되지 않는 경우가 많다. 화가, 조각가, 음악가의 창조적 사고는 말로 표현될 수 없으며 말없이 실현된다. 물론 높은 수준의 발전은 말에 의해서만 이루어진다. 농아도 지속적으로 사고를 하는데, 화가처럼 형상으로 사고할 뿐 아니라 음성 언어 없이 추상적인 대상에 대해서도 사고한다. 마지막으로, 형식적인 면에서 가장 완벽한 학문인 수학에서도 말을 할 줄 아는 사람도 말을 하지 않고 임의적인 기호들만의 도움으로 가장 복잡한 판단을 한다.

이 모든 것에서 언어의 영역이 사고의 영역과 전혀 일치하지 않는다는 것을 볼 수 있다. 사고는 인간 발전의 중간 단계에서 언어와 연관될 수 있지만, 초기 단계에서는 아직 사고가 언어에 도달할 만큼 성숙하지 못하며, 높은 추상적 단계에서는 사고가 자신의 요구에 부응하지 못하는 언어를 버리고 임의적인 기호들에서만 외적인 발판을 찾는데,

그것은 사고가 감각에서 완전히 벗어날 수 없어서인 듯하다.[36)]

이처럼 사고와 언어가 동일하지 않음에도 불구하고, 만일 우리가 훔볼트가 기반으로 삼았던 이론의 오류에 빠지지 않기 위해서 사고에는 말이 필수적이라는 생각을 전적으로 유지한다면, 그리고 언제, 어떤 지적 행위에 말이 필수적인가를 질문한다면, 훔볼트의 견해에 따라 말은 사고의 저급한 형식을 개념으로 변형시키기 위해서 필요하며, 따라서 마음속에 이미 그런 변형이 전제된 재료가 있는 경우에 말이 등장해야 한다고 대답할 수 있을 것이다. "언어는 사유의 필수적인 완성(보충)이자 인간만이 가진 능력의 자연스러운 발전이다. 그런 발전은 생리학적으로 설명될 수 있는 본능의 발전이 아니다."라는 입장도 바로 그런 의미에서 이해해야 한다(벌집의 올바른 구조에 벌의 그 어떤 인식이 전제되지 않는 것과 마찬가지로, 비록 극히 원시적인 민족에게도 정연하고 세련된 언어 구조가 있을 수 있지만, 언어는 본능이 아니다). "한편, 언어는 직접적인 인식도, 자유도 아닌 것이지만 의식과 자유를 부여 받은 존재에게만 속할 수 있다. 언어는 그 존재 내부에서 그의 개별성의 깊은 심연으로부터 흘러나온다. 따라서 언어는 인간이 어느 정도의 힘과 어떤 형태로 자신의 모든 정신적인 개별성을 무의식적으로 끌어 올려 작동시키느냐에 달려 있다."[37)] 여기에 내재된 모순은 정신적 활동이 의식적인 것이 될 수 있도록 하는데 말이 필요하며 말은 의식으로 이행되는데 필요한 기타 모든 조건들이 이미 갖추어져 있는 경우에야 보충적인 요소로 나타나는 것으로 볼 때 해소된다.

그 후 말을 수단으로 해서만 형성되는 개념의 전제가 되는 의식적

---

36) Steintal. Gr. L... und Psychol. 153부터.

37) <Seiner gesammten geistigen Individualit t der, treibenden Anstoss erthetit> (Ueb. die Versch. etc. 303-4).

인 지적 활동이라는 의미에서의 정신을 인정하면, 우리는 정신이 언어 없이는 불가능하다는 점을 보게 된다. 정신 자체가 언어의 도움으로 형성되며, 정신 속의 언어는 바로 시간적으로 최초의 사건이 되기 때문이다. 우리는 언어가 정신과의 관계에서 독립적이라고 인정할 수도 있다. 고차원적 인식 활동인 정신이 다른 지적 현상들로부터 독립적이라는 의미에서 그러하며, 그리고 언어 내에서의 사고의 창조 형식이 고유의 정신적인 것들과 다르다는 점을 인정한다면 그렇다. 정신활동의 지속적인 현상들이라는 의미에서의 언어와 정신을 우리는 함께 '개별성의 심연'으로부터, 즉 그 현상들을 만들어 자신의 유현한 본질로 삼는 근원으로서의 정신(마음)으로부터 도출할 수 있다.

언어의 민족정신에 대한 관계에 대해서도 동일하게 말할 수 있다. 언어는 민족정신과 동일한 것이 될 수 없다. 개인의 생활에도 민족의 생활에도 언어에 선행하는 현상과 후행하는 현상이 반드시 있어야 한다. 언어가 무의식에서 의식으로의 전환이라는 것을 염두에 둔다면, 언어와 문법 형식 체계의 민족정신에 대한 관계를 잘 알려진 철학 체계의 민족정신에 대한 관계와 비교할 수 있다. 앞의 체계도 뒤의 체계도 하나의 발전 시기를 마쳐서 의식에 복종시키면서 다른 상위적인 것의 기원과 기반 역할을 한다. 그런 과정 전체에서 언어의 신적 특성은 한편으로 물러나며, 그것의 기원 문제도 언어에 선행하는 정신 현상들에 관한 질문, 언어 형성과 발전 법칙에 관한 질문, 언어에 후행하는 정신 활동에 대한 언어의 영향에 관한 질문, 즉 순수 심리학적 질문이 된다. 훔볼트 자신도 형이상학적 시각에서 벗어날 수 없었지만, 언어를 사고 기관인 정신의 활동, 작업으로 규정함으로써 질문이 심리학적 기반으로 이전되는 토대를 제공했다. 언어의 기원에 관한 문제를 심리학적 문제로 인정한다는 것은 이미 어디에서 그 해답을 찾을지 그리고 어떤 언어 창조를 염두에 두는 것인지를 규정하는 것이 된다.

즉, 자의적 언어 발명 이론과 신적 언어 발견 이론이 말하는 언어 창조인지, 아니면 훔볼트가 "언어는 이미 갖추어진 그 무엇이거나 전체적으로 조망되는 그 무엇이 아니다. 언어는 끊임없이 창조되는데, 언어가 창조되는 법칙은 규정되어 있지만 언어 창조의 규모나 종류조차 규정되지 않고 있다."[38]라는 말로 지시한 언어 창조인지를 규정하는 것이 된다.

정신적 활동의 법칙은 모든 시대 모든 민족에게 동일한 하나이며, 우리와 최초의 인간들과의 차이가 그 법칙에 있는 것이 아니다(적어도 신체 구조가 확실하게 차이가 난다는 것이 우리가 그 반대로 주장할 충분한 근거가 되는 것으로 보이지는 않는다). 차이는 그들의 행위 결과에 있다. 왜냐하면 진보는 두 가지 생산자를 전제로 하는데, 그 중 하나인 정신 활동 법칙이 상수가 되며, 다른 하나, 즉 정신 활동의 결과가 변수가 되기 때문이다. 따라서 만일 언어 발전 법칙을 규정할 수 있다면, 그리고 언어가 사고의 영향 하에 수 세기에 걸쳐서 어떻게 변화하는가, 그리고 언어 발전에서 어떻게 가변적 작인(作因)이 지속적으로 커지는가를 알 수 있게 된다면, 즉 이미 형성된 많은 언어들이 새로운 창조 행위에 대해 가지게 되는 지속적인 관계를 발견하게 된다면, 우리는 우리 내부에서 찾을 수 있는 그런 형태의 지속적인 관계 속에서 우리와 최초로 말을 한 사람들과의 공통적인 면모를 찾아낼 수 있을 것이다. 이처럼 언어의 역사 속에, 즉 우리 시대의 발화 과정에 대한 심리적 관찰 속에 인류 초기에 그 과정들이 어떻게 이루어졌는가에 대한 해답이 들어 있다. 그리고 그로써 언어 창조의 시기가 지나갔고, 언어 창조에는 우리가 알지 못하며 현재는 존재하지 않는 특별한 힘이 필요하다는 슐레이허 등의 주장[39]이 배제된다. 슐레이허가

38) Ueb. die Versch. 56.
39) 셸링, 르낭. Steintal. Der Ursp. der Spr.를 참조하라.

언어의 지속적인 사멸로 본 소위 언어의 쇠락은 훔볼트의 시각에서는 최초 언어 창조 행위의 지속적인 반복이 된다.

분리 불가능한 개인은 스스로 자신의 발전을 이루지만, 그 발전은 그가 속한 민족이 지나온 길의 방향에 의해서 제한된다. 그것을 언어에 적용하면 "언어는 민족의 창조물인 것만큼 개인의 창조물이기도 하다."라는 이율배반적 표현이 된다. 분리 불가능한 개인 내적인 언어 발전 법칙은 개인의 심리와 연관된다. 언어학에 의해 발견되는 민족의 생산물로서의 언어 발전 법칙은 개인 발전의 민족 발전에 대한 관계를 연구하게 될 심리학 신설 분과가 보충해 줄 필요가 있다. 개인에 관한 심리학이 모든 사람에게 공통적인 정신활동 법칙을 제시할 뿐 아니라 분리 불가한 개인의 다양성과 독창성을 제시하는 것처럼, 민족 심리학도 민족 생활 일반 법칙의 결과로 나타나는 민족적 특성과 언어 구조를 구별할 가능성을 제시해 주어야 한다. 그러면 그 학술적 방향이 민족의 특수성을 논리 문법적 원리에서 귀결되는 기형적인 것으로 제시하지 않고 필수적이고 규범적인 현상으로 보게 할 전제를 마련해 줄 것이다.

그러나 여기서는 개별 언어의 역사와 밀접한 관련을 가지는 민족심리 문제는 거의 다루지 않을 것이고, 보다 쉬운 것, 즉 분리 불가한 개인의 발전 속에서 말이 가지는 의미에 대해 살펴볼 것이다.

4

언어학과 심리학

언어학과 심리학을 근접시킴에 따라 언어에 관한 문제의 해답을 심리학에서 찾아볼 생각을 할 수 있게 되었고, 그 반대로 언어에 대한 연구에서 심리학적인 새로운 발견을 기다리거나 기대할 수 있게 되었다. 그리고 이 두 학문이 각각 괄목할만한 발전을 이루었다는 것도 확실하다. 언어학은 심리학의 도움을 필요로 하게 되기 이전에 언어가 자신의 역사를 가지며 언어 연구는 현재와 과거를 비교하는 것이어야 한다는 생각을 가다듬게 되었으며, 한 언어 내적으로 시작된 그런 비교는 다른 모든 언어들도 포함시키므로 역사언어학은 비교언어학과 불가분의 관계가 된다. 모든 언어를 비교한다는 생각은 역사학에서 인류라는 개념이 만들어진 것처럼 언어학의 대단한 발견이다. 언어학도 역사학도 많은 이가 인식하지 못하는 명백한 진리, 즉 개별 언어와 민족의 삶에 의해 발전되어가는 언어학과 역사학의 기원이 서로 다르고 상호 대체가 불가능한 것이지만, 각각은 다른 것들의 존재를 증명하면서 그것들이 자신을 보충해 줄 것을 요구한다는 진리에 기반을 두고 있다. 그렇지 않은 경우, 즉 언어들이 동일한 것이 서로 다른 형식으로 반복되는 것이라면 그들 간의 비교는 아무런 의미가 없을 것이다. 그것은 역사학이 인류의 삶에 아무런 새로운 것을 제공하지 못하고 민족들의 지나간 일만 재삼 확인한다면 역사가 그저 하나의 거대하고 따분한 동어반복이 되는 것과 마찬가지다. 보통 언어학의 비교 역사적 방법에 대해 말하는데, 그것은 연구 방법론이기도 하지만 학문의 기본적인 진리이기도 하다. 비교 역사적 연구는 그 자체가 일반 논리문법에 대한 저항이었다. 비교 역사 연구가 일반 논리문법의 기반을 파헤치고 언어의 수많은 개별 법칙들을 찾아내면서 낡은 이론은 새로운 사실 자료들에 부합하지 않게 되었다. 새 술은 새 부대에 담아야 하게 되었다. 이 두 가지 학문적 경향의 경계에 옛 시각에서 완전히 벗어나지 못했지만 새로운 언어이론을 예고한 천재적인 훔볼트가 서있다. 그리고 슈테인탈이 처음으로 훔볼트에게서 이론과 실제 간의 투쟁, 좀 더 정확히 말하자면 대립적인 두 가지 이론의 투쟁을 발견했는데, 그는 그것과 더불어 우리 시대의 기준에서 어떤 방향으로 승리가 기울게 될지도 밝힌 것으로 보인다.

다른 한편으로, 만일 아직도 심리학이 기술적인 학문으로 남아있었다면, 언어학자들은 심리학에서 아무런 기대도 할 수 없었을 것이다. 모든 학문은 일상생활의 속성인 관찰과 사고에 뿌리를 두는데, 학문의 지속적인 발전이라는 것은 최초 자료들에서 불일치를 발견하는 정도에 따른 일련의 변형일 뿐이다. 초기 심리학 이론들도 마음에 대한 일상적인 시각에 근접해 있다. 자기관찰은 언어 수준을 넘지 못하는 사람들의 지적 발전 수준에 따른 대규모 심리학적 사실들을 우리에게 제공한다. 어떤 사람은 자기 자신이 겪은 또는 남들에게서 파악한 다양한 애정 표출 현상을 하나의 단어로 지시하고, 어떤 사람은 그것을 분노, 슬픔 등 다른 것들과 함께 감정이라는 단어로 지시하는데,

후자의 경우 유사한 개념의 개발과 관계가 없는 것이 아니다. 심리학은 이런 과정을 거쳐 개별 현상들을 종합적인 구도로 묶으면서 잘 알려진 개념들에 도달했는데, 그 개념들의 공통점은 심리학적 관점에서 개념들에 의해 포괄되는 현상들이 마음에서 발생한 것이라는 점뿐이었다. 심리학은 그것을 기반으로 마음이 다양한 개별적인 능력을 가지거나 또는 다양한 상태를 경험하는 것으로 규정했다. 마음이 가지는 개별적 능력은 하나의 공통된 그룹으로 묶이지 않는 것들로, 기쁨과 슬픔은 감정, 결단성과 우유부단은 의지, 기억과 이지 그리고 이성은 인식 활동 등으로 무리 지을 수 있다. 그러나 감정, 의지, 이성은 마음이라는 개념 이외에 공통된 개념을 가지지 않으므로, 마음이 이해하고 느끼고 의지를 가지는 개별적인 능력을 가지는 것으로 규정했다. 만일 모든 학문의 목적이 연구 대상이 되는 현상을 설명하는 것이라면, 마음이 능력을 가진다는 이론은 학문적인 성격을 가지지 못한다. 일반적으로 다양한 현상들에 공통적인 속성으로부터 만들어진 개념들은 우리가 검토한 현상들에 어떤 공통적인 속성이 들어있다는 것보다 더 많은 것을 말해줄 수 없으므로, 이성, 감정, 의지 개념도 공통적인 것일 수밖에 없고 따라서 자기관찰을 통해 명확하게 형상화된 반복적인 사건의 불명료한 묘사가 될 수밖에 없다. 개별적인 것에서부터 단계적으로 올바르게 형성된 자연과학의 일반적인 개념들은 그 누구에게도 실제적인 의미를 가지지 않으며, 모두에게 다만 사고에 의해 형성된, 다양한 현상을 조망하는데 필요한 수단으로만 보일 것이다. 예를 들어, 동물학자는 일반적인 개라는 추상적인 개념에서 그 개의 이런저런 속성들의 원인을 찾으려하지 않을 것이다. 만일 경험 많은 심리학자가 인식능력이 표상과 개념들을 만들어내며 사람은 기억능력이 있기 때문에 기억한다고 주장한다면, 그는 우리 내부에서 발생하는 것을 현상들 자체의 실질적 기원으로 논리에 맞지 않게 받아들인 것이며, 헤르바르트(Гербарт)의 표현대로, 경험과학에서 신화로 바뀐 것이다.

한편, 마음의 현상들의 원인을 찾아야 한다는 필요성이 실제로 우리를 괴롭힌다. 민중의 평균적인 이해 수준에 맞는 언어는 마음의 현상들을 감각이나 다른 마음의 현상들과 비교하는 방법으로 지시해야 한다는 제약을 받지 않는다. 사랑을 불길이라고 칭하는 경우, 언어는 비교에서 원인으로 넘어가 불길로 인해 우리 안에 사랑이 있다고 말하는 것인데, 그것은 민중시가에서 물리적 현상과 심리적 현상의 비교, 밤과 생각의 비교에 만족하지 않고, 또는 그 반대로, 우리의 어두운 밤은 신의 생각에 의한 것이라고 주장하는 것과 마찬가지다. 몽매한 사람은 결과적으로 학문을 만들어내게 되는 '필요'를 나름대로 충족시킨다. 그는 비교 속에서 현상 자체를 만들어낼 수단을 찾으며, 다른 이의 마음속에 사랑을 심기 위해 그의 발자국을 거둬 불에 태우는 주술적 행동을 한다. 그리고 높은 발전 수준에서 마음에 대한 영향력이 필요한 모든 사람은 마음의 상태를 알 수 있는 열쇠를 탐색한다. 정신활동 현상들 간의 진정한 또는 거짓된, 의식적인 또는 무의식적인 인과관계 이론이 없는 양육자는 생각할 수 없는데, 그것은 병의 원인을 알지 못하면 단지 수동적인 관찰자가 될 수 있을 뿐이고 의사가 되지는 못하는 것과 동일하다. 마음의 능력 이론은 현상들의 공통적인 구도를 현상들의 실제 기원으로 여기게 되면서 일상생활이 지시하는 궤도를 벗어났고, 실질적인 원인적 시각에서도 벗어났다. 따라서 만일 욕망이 사람을 눈멀게 한다, 즉 사람의 판단에 일방적인 방향만 제시한다고 말하는 것이 다양한 그룹의 심리적 현상들이 서로 영향을 주어 상호 변형시킨다고 보는 일반적인 무의식적 신념을 표현하는 것이라면, 동일한 말로써 우리는 능력 이론으로 설명될 수 없는 현상을 지시하는 것이 된다. 이 이론에서 이성, 감정, 의지는 단지 논리적으로만 상호 종속적이며 다른 종속성을 가질 수 없다. 단일 인식, 감정, 의지를 정신적 능력이라고 부르는 자체가 그것들을 하나의 분모로 통합할 수 없기 때문이라면, 어떻게 인식의 감정에 대한 영향, 감정의 의지에 대한 영향이 가능할 것인가?

현상들 간에 인과관계가 없다는 것은 정신적 능력 이론의 또 다른 중요한 결함, 즉 현상들을 체계의 동시적이고 비유동적인 구성성분으로 보는 그 이론의 결함과 맥을 같이 한다. 실용문법이라고 불리는 문법이론의 대상은 문학어(표준어)인데, 그것은 실질적인 언어가 아니다. 왜냐하면 이 경우 문법이 각 언어 내의 서로 다른 시간 층위 때문에 역사적인 것이 되어야 하므로 대상 언어는 이상적인 언어가 되기 때문이다. 이것은 실험심리학의 대상이 실재하는 사람이 아니라 그 어떤 가상의, 존재 불가능한 사람인 것과 마찬가지다. 우리가 현대적인 인간 내부에서 발견한 것을 기술한다고 가정할 때, 야만인 또는 이전 시대 사람들의 내적 현상들과의 융합이 발견되는가하는 문제를 배제할 수 있을까? 또 현대적인 교양인 내부에 항상 그런 융합적 특성이 존재하는가라는 또 다른 문제를 회피할 수 있을까? 항상 그런 것이 아니라면, 우리가 교양이라고 부르는 그런 상태가 그 사람 내부 어디에서 시작되는 것일까? 실험 결과가 말해주는 바, 우리는 잘 알려진 현상들을 많은 교양인들에게서 발견하지 못하며, 동일한 사람 내부에서도 그 현상들은 끊임없이 변화된다. 감정과 의지에 따른 행위만 순간적으로 나타나거나 사라지는 것이 아니라, 인식 능력도 다양한 시간에 다양한 세기로 작용한다. 그런 지속적인 변동은 비유동적인 스키마로 모두 담아낼 수 없다. 실험심리학이 실험과 유리되지 않기 위해서는 반드시 능력이 실제로 발현되기 전까지는 가능성으로 존재한다고 전제해야 한다. 예를 들면, 이성은 인식 대상 없이도 가능하며, 감정은 그 대상 없이도 가능하다고 전제해야 한다. 그러나 가능성과 실제 사이에는 그 무엇으로도 채워지지 않는 심연이 존재한다.

그런 상태의 학문을 언어학에 근접시키는 것은 불가능한 일이라는 점은 분명하다. 현상의 조건에 대한 연구 노력을 모르는 학문이라면, 그런 학문에 언어 발생의 조건이 무엇이고 그 조건이 이후 언어 발전에 어떤 영향을 주었는가하는 문제를 연구하도록 제안하는 것은 공연한 일일 것이다.

정신 활동에 인과적 시각을 도입하는 것이 필요하다고 볼 때, 그것의 모든 현상들이 동등하게 원초적인 것이라고 할 수 없다는 점을 쉽게 알 수 있다. 그리고 인식과 관련해서도 이미 오래전부터 "감각 속에 존재하지 않았던 것은 지성 속에 존재하지 않는다(nihil est in intellectu, guod non prius fuerit in sensu)."는 것은 잘 알려져 있다. 즉, 인식, 지성 등의 변별적인 능력들로 귀결되는 모든 행위들이 단지 감각에 주어진 재료의 변형체들일 뿐이라는 점은 잘 알려져 있다. 만일 마음과 감각적 지각 시에 마음이 만들어내는 세계 간의 인과관계를 부정하고자 한다면 그렇게 말할 수 있을 것이다. 이에 따르면 인상들과 그것들을 이상하게 분류하는 환상, 그것들을 개념으로 변형시키는 이지, 판단을 유지하고 재생시키는 기억과 회상은 마치 자신의 피조물과 동시에 태어나는 신화적 존재들처럼 실질적인 의미가 없는 의인화이기에 제거될 수 있는 것이다. 감각적 인상의 변형은, 물체 내의 물리적 힘이 발현되지 않고 있다가 다른 것과의 상호 작용 시 물체 내에서 발생하는 것과 마찬가지로, 일정 시간까지 그 해당되는 지각 속에 들어 있지 않다가 정해진 조건이 마련되면 실제로 발생하는 힘으로부터 도출될 수 있다. 지각을 변형시키는 힘의 발현 조건은 지각들의 상호작용이 될 것이다. 만일 어떤 표상이 잊혀지고 다른 것이 기억된다면, 그것은 우리가 기억하고 망각하는 능력이 있기 때문이 아니라(잊는다고 해결되는 것이 아니다), 하나가 다른 하나로부터의 더 큰 압력을 겪기 때문이다. 이것은 양팔저울의 접시 하나가 내려가고 다른 접시가 올라가는 것이 접시들이 그럴 능력이 있어서가 아니라 접시 하나에 추가 놓여 있고 다른 하나에는 놓여있지 않기 때문인 것과 유사하다. 우리가 방금 사용한 '압력'이라는 말이 물질적 의미가 있다는 점에 당혹할 필요가 없다. 다른 모든 학문처럼 심리학도 언어를 사용할 필요가 있는데, 언어는 애초에 감각에 속하는 것을 지시했던 말로 비물질적인 것도 지시한다. 힘은 말 속에 있는 것이 아니다. 힘은 앞의 시각에서처럼 단순한 자연현상과 그것들을 조절하는 법칙들로부터 복잡한 현상들이 발생하는 심리 기계적 메커니즘을 규정할 가능성이 주어지며, 화학에서 플로기스톤(phlogiston), 생리학에서 생명력처럼 불필요한 소소한 정신적 능력들이 배제되는 데 있다. 이것은 경험에 전혀 모순되지 않는다. 표상들은 마음 깊은 곳에서 솟아올라 서로 얽히고설켜 줄을 이루며, 괴상한 형상이나 추상적인 개념으로 결합된다. 이 모든 것은 천체가 뜨고 지는 것처럼 저절로 이루어지기에 인형 극장에서 인형을 조종하는 그런 연기자가 필요하지 않다.

정신활동의 다른 두 가지 영역인 감각과 의지도 이와 마찬가지로 분리될 수 있다. 감각과 의지가 일차적인 것임을 인정한다면, 그것들을 설명하려 하지 말아야 할 것이다. 설명이란 그것들을 보다 단순한 표상들로 분리하는 것이기 때문이다. 그러나 관찰 결과가 보여주는 바, 감각은 사고에 동반될 뿐 아니라 그것에 종속되어 있기도 하다. 그 점은 서로 다른 발전 수준의 인간들에게서 발현되는 감각과 의지를 비교해보면 확인할 수 있다. 지성의 발전은 새로운 감각과 의지를 발생시키며 낡은 것들을 압박한다. 성인에 비해 어린아이의 욕망은 더욱 집요하고 감각은 세밀하며, 전반적으로 정신 상태가 더욱 다변적이다. 사고를 매개로 하는 의지는 감정을 완전히 파괴시키기도 하고 일순간 동안만 잠재우기도 하며 이후 더욱 강하게 발현될 가능성을 준다. 일반적으로 지적 발달이 감정과 의지에 주는 영향을 의심한다는 것은 발전의 전면성을 의심하는 것이고, 야만인들과 비교할 때 문명사회에서 억제할 수 없는 감정 분출이 덜 가능하다는 점을 부정하는 것이다. 우리가 지적 발달 하나만이 아니라, 앞에서 말한 대로 사고에 의해 이루어지는 자아 억제 수준으로 사람을 평가하는 것은 전혀 근거가 없는 일이 아니다.

미학적, 도덕적 감각은 표상들의 내용 자체에 종속적이지만, 다른 표상들에 대해서는 그렇게 말할 수 없다. 그러므로 보통 감정의 원인을 일반적으로 표상되는 것 속에서 찾을 수 있는 것이 아니라 표상들이 상호간에 어떻게 작용하느냐에서 찾을 수 있다.

예를 들어, 기대감을 살펴보자. 먼저 알려진 조건에서 다양한 지각이 상호 결합하고 이에 따라 우리가 회상하는 하나의 지각이 다른 것들에 대한 기억도 불러온다고 가정하고, 이어서 동일한 표상들이 상호 융합된다고 가정해 보자. 그리고 우리가 잘 아는 길을 따라 차를 타고 가고 있다고 가정할 때, 우리가 먼저 지각한 사물들의 표상은 우리 안에서 열을 이루며, 그 열의 맨 첫 번째 요소가 의식 속에서 나머지 모든 것들을 불러온다. 우리는 강을 가로지르고 있는 다리를 보면서 다리를 지나면 모래사장이 시작되고 이어서 숲이 나오고 그 다음에 수도원이 있는 산이 나온다고 생각한다. 만일 이전의 표상들이 우리가 그 사물들을 보고 있을 때만 발생했다면, 우리가 다시 얻은 그것들의 형상은 이전의 것들과 뒤섞였을 것이며 그 어떤 감각도 일어나지 않았을 것이다. 그러나 우리의 사고는 앞서 나가면서 우리 앞에 아직 모래사장이 있는 동안에 우리에게 산과 수도원을 제시하는데, 산의 표상은 그것과 관련이 있는 다른 것들에 의해 의식된 것이다. 이때 사고는 우리가 실제로 보고 있는 것에 의해 위축되기도 하고 다시 솟아오르기도 한다. 그러한 표상들의 동요 속에서 그 자체가 유쾌하지 않는 기대감이 발생한다. 기대감과 동종인 유쾌하지 않은 감정으로 소망을 들 수 있다. 그것은 우리가 만족을 얻을 수 있을 것으로 기대하는 것을 표상할 때 발생하지만, 그와 동시에 우리는 우리를 만족시킬 그것이 실제로는 존재하지 않는다는 것을 인식한다. 우리가 무엇을 먹고 싶다고 소망하는 것은 어느 정도 매혹적인 모습의 음식을 표상하지만 음식에 동반되는 감각적 인상이 결여되어 있음을 느낄 때이다. 이처럼 우리는 대상 자체를 소망하는 것이 아니라, 우리가 알고 있는 그 표상들의 변형들, 우리가 알고 있는 즐거운 만족감을 소망한다. 존재하지 않는 즐거움의 대상을 표상하면서도 그것을 소망하지 않을 수 있지 않느냐고 부정하는데 대해서는 그런 순간 그것은 우리에게 즐거운 것으로는 전혀 표상되지 않는다고 답변할 수 있다. 그것이 언젠가 우리에게 만족을 준 적이 있다고 생각할 뿐이다. 이 예를 통해서 우리는 감각이라는 것이 일반적으로 알려진 표상들의 움직임과(넓은 의미에서의) 표상들의 상호관계 변화 속에서의 마음의 상태라고 불릴 수도 있다는 점을 밝혀 두고자 한다.

정신 현상의 세 번째 요소인 의지의 기반에 소망이 위치한다. 그러나 의지와 소망 간에는 차이가 있다. 나는 나의 의지와 전혀 무관하게 내가 생각해도 전혀 이루어질 수 없는 것을 소망할 수 있다. 예를 들어, 바람이 불어도 나에게만은 불지 않기를 소망할 수도 있고, 어떤 별을 보고 운명이 나에게 물질적 부를 가져다주기를 소망할 수도 있다. 실현이 불가능한 것이라는 점은 소망의 강도를 전혀 약화시키지 않는다. 소망은 종종 의지에 반한 것이기도 하다. 예를 들어, "그놈이 뒈져버렸으면 좋겠다."고 혼자 생각하면서도 그를 만나면 그의 머리에 돌을 던지는 것이 아니라, 이것은 분명 의지에 달려있는 것일 테지만, 오히려 모자를 벗고 그에게 인사를 하기도 한다. 내가 원하는 그것은 분명 내가 보기에 가능한 것이어야 한다(물론, 나의 착각일 수도 있다).

내가 원하는 것을 달성하기에 앞서서, 그것은 이전 나의 행위 속에 반드시 존재하는 표상들, 과거에 그것과 연상이 형성된 적이 있는 이미 알려진 표상들을 나의 의식 속에서 불러내야 한다. 이런 방식으로 우리가 무엇을 소망할 때 간접적으로 실현 가능성을 보거나 또는 직접적으로 소망하는 것을 실현할 가능성이 보일 때, 의지가 발생한다. 의지는 소망과 마찬가지로 표상들 간의 알려진 관계의 결과이다.[1)]

지금까지 살펴본 것이 정신활동 법칙을 인식하려는 노력에 근거한 헤르바르트의 이론으로서 현재 주도적인 표상 이론이다. 이 이론이 심리학을 조악하고 실용적인 면에서도 쓸모없는 경험주의와 몇몇 그릇된 전제들로부터 심리학을 해방시켜 학문의 단계에 오르게 했다. 이 이론에 부정할 수 없는 많은 면이 있다는 점을 인정하며 정신 메커니즘에 대한 사고 자체에 대해 이의가 없다. 그러나 이 메커니즘이 모든 것을 설명할 수 있고, 정신적 힘의 평행사변형에 우리가 규정하지 않은 그리고 규정할 수도 없는 정신적 힘이 존재하지는 않을까? 이 문제에 대해 로체는[2)] 다음과 같이 대답한다. "우리의 학문이 우리 인식의 도구보다 우위를 차지하지는 못하게 될 것이며, 하나의 기반으로부터 도출할 수 없는 것을 일련의 주어진 사실로 인정해야만 한다는 것은 의문의 여지가 없다. 그 어떤 노력일지라도 모두 하나로 귀결된다. 즉, 사실들의 내용 가운데 그 무엇을 무의식적으로 배제시켜 나머지를 보다 쉽게 설명하려는 유혹으로 이어질 뿐이다. 우리는 한 가지 존재의 모든 발현 속에서 단지 그 존재의 고유한 속성의 다양한 결과들만을 보려고 하는 모든 요구를 타당한 것이라고 인정하지만, 학문

1) Lehrbuch der Psychologie als Naturwissenschaft v. Th. Waitz. Braunschweig, 1849.
2) Mikrokosmus. Ideen zur Naturgeschichte und Geschichte der Menschheit. Versuch einer Antropologie v. Herm. Lotze. Leipzig, 1856-7.

적으로는 그런 요구를 충족시켜 줄 수 있는 상황이 아니다. 우리는 다양한 시기의 혜성들의 위치에 따라 혜성들의 향후 이동 방향을 파악한다. 특정한 밤에 지나간 혜성은 천체운동 법칙에 따라 그 밤과 더불어 동일한 곡선에 속하는 다른 밤에도 지나가게 된다. 우리는 마음속에도 바로 그런 일관성이 있다고 본다. 만일 마음의 본성이 다른 방식이 아닌 바로 그런 방식으로 특정한 자극에서 발현되었다면, 마음의 다른 자극에 대한 반응인 그다음 번 발현은 이미 마음의 자의성을 벗어난 것이 된다. 외적 자극이 아무리 다양하다고 해도 한걸음 뒤에 이어지는 모든 것을 규정하며, 마음이 첫 번째 자극에 보였던 반응이 마음의 그 외적 자극들에 대한 태도의 조건이 된다. 외적 자극들에 대한 마음의 다양한 반응들은 상호 관계가 상실된 것이 아니며, 마음의 순차적 다면성의 종합적인 표현으로 융합된다. 그러나 천문학이 혜성의 이동 궤도상의 한 지점에 근거해 혜성의 속도나 방향을 판단할 수 없는 것처럼, 우리도 마음이 발현된 한 가지 방식에서 마음이 다른 조건에서는 어떻게 발현될지 예측할 수단이 없다. 그런데 천체에 매 순간 다음 노선을 규정하는 운동이 있는 것처럼, 마음의 개별적인 각각의 발현 속에 이미 특정한 발현이 다음에 이어지게 될 내적인 필연성이 포함되어 있을 수 있다. 혜성 이동 궤도의 모든 지점들 간의 관계가 인력과 관성 법칙에 따르는 것처럼, 비록 형식적인 면에서 차이가 있을지라도, 마음의 모든 다양한 활동을 하나의 발전 사슬의 고리로서 우리에게 제시해주는 법칙은 훨씬 더 깊은 곳에서 탐색해보아야 할 것이다. 그런데 그런 법칙은 파장에 의해 대기가 진동할 때 빛과 색을 보는 존재가 왜 공기의 진동이 귀에 작용할 때도 소리를 듣게 마련인지, 또는 왜 그 존재의 본성은 어떤 인상에 대해서는 시각적 지각을 형성하면서 다른 인상들에 대해서는 무차별적인 지각을 하는지, 즉 왜 만족과 불만족을 느끼는지에 대한 지식을 전제로 한다. 그런 과제는 해결된 적이 없고, 해결이 될 가능성도 전혀 보이지 않는다는 점은 말할 필요도 없다. 모든 심리학이 마음의 본성에 그런 연속성이 있다고 확신하지만, 그 어떤 심리학도 그것의 법칙을 표현하지 못한다. 마음의 그런 단일성에 대한 요구는 항상 우리 연구의 길잡이가 될 수 있지만, 막상 연구를 수행하면서 우리는 마음의 다양한 발현을 주어진 사실로 인정하는데 만족할 수밖에 없다.[3)]

이성, 감성, 의지의 전적인 독립성을 인정하는 것은 오류일 것이다. 관찰 결과가 명백히 보여주는 바, 표상들의 흐름과 감정이 연관되어 있으며, 만족과 불만족으로부터 소망하는 것을 달성하고 원하지 않는 것을 배제하려는 욕구가 발전한다. 그러나 그런 명백한 종속성이 선행 사건이 후행 사건을 만드는 힘으로서 전적으로 만족할만한 원인을 제시해주는가, 또는 선행 사건은 오직 후행 사건 발생의 상황일 뿐이며 우리 관찰을 벗어나는 다른 힘과 함께 작용하는 것인가라는 의문을 해결해주지 못한다. 사실을 정확히 파악하는 것이 그런 의문을 해소해줄 것이다. 만일 우리가 주어진 것 속에서 미래의 모든 싹과 속성 그리고 더불어 미래를 형성시키는 그것들의 움직임을 완전히 발견해낼 수 있다면, 우리는 선행 사건을 후행 사건의 충분한 원인으로 여길 근거를 가지게 되는 것이다. 그런데 만일 결국 이전 상황들로 설명이 되지 않는 부분이 남게 된다면, 우리는 그 상황들 속에 후행 현상의 전적인 근거가 없었고, 그 상황들에 우리가 파악하지 못한 또 하나의 조건을 추가시켜야한다는 결론을 내려야한다.

"앞서 언급한 마음의 현상들 간 비교는 우리로 하여금 그런 결론을 받아들이게 만드는 것으로 보인다. 만일 인식하는 존재로서의 마음을 살펴본다면, 우리는 마음이 그런 인식 활동을 통해 포함될 수

3) Lotze Mikr. 1.189-191.

있는 여러 상태들 가운데 그 어떤 상태에서도 마음으로 하여금 이전의 발현 방식을 벗어나 자신 안에서 만족과 불만족의 감정을 발전시키게 만드는 충분한 근거를 발견하지 못할 것이다. 물론, 해소되지 않은 표상들 간의 대립이 마음을 강압하여 그 속에 불만감을 간들어 내고, 그로부터 치유를 향한 욕망이 발생하게 된다고 하는 것만큼 자연스럽게 보이는 것은 없을 것이다. 그러나 그것은 인식하는 존재 이상인 우리에게만 그렇게 보이는 것이다. 위와 같은 순차성은 저절로 이루어지는 것이 아니라 내적 경험에서 도출되는 것이다. 이 내적 경험은 오래전부터 우리에게 그런 순차성이 피할 수 없는 것이라고 가르쳤고, 우리로 하여금 일련의 선행하는 요소와 후행하는 요소 사이에는 우리가 아직 파악하지 못한 새로운 조건을 받아들여야만 보충될 수 있는 간격이 있다는 점을 간과하게 만들었다. 경험으로부터 독립적이라면, 인식하는 마음은 자신의 존재를 위협하기까지 하는 내적 변화를 제 3자의 싸움을 바라보는 듯이 정확하지만 무관심하게 관찰하는 것 외에 달리 받아들여야 할 이유를 자신 안에서 발견하지 못할 것이다. 그리고 만일 그런 냉정한 지각이 이루어지는 동안 다른 근원에서 감정이 발생한다면, 아주 험한 고난 속에서도 단지 느끼기만 하는 마음은 자신의 상태를 바꾸기 위해 노력할 이유나 능력을 자신 안에서 발견하지 못할 것이다. 마음은 자신을 격동시켜 의지로 전환되지 못하고 그저 고통을 느낄 뿐일 것이다. 실상 마음속에 처음부터 만족과 불만족을 느끼는 능력이 들어있어야 하는 것이 아닌 만큼, 마음의 본성에 작용하는 표상들의 흐름이 그런 능력을 자신으로부터 만들어 내는 것이 아니라 단지 그런 능력의 발현을 자극하는 것이 되어야 한다. 나아가 모든 감정은 단지 마음속에 있는 의지의 능력들에 대한 모티브가 될 뿐이고, 마음속에 의지가 없다고 해도 감정이 마음에 의지를 줄 수는 없는 것이다. 이런 확신은 우리가 양보를 받는다고 해서

바뀔 것이 아니다. 물론 표상들 간의 관계 자체는 아직 표상에서 나오는 만족이나 불만 또는 의지가 아니며, 감정과 욕망은 다름이 아니라 의식이 그 관계를 지각하는 형식이다. 우리는 바로 그 지각 형식들이 부차적인 부가물이 전혀 아니라는 점을 덧붙일 수 있으며, 상황의 핵심을 구성하는 표상들의 분포에 대해서만 언급할 수 있을 것이다. 여기서 본질적인 것은 바로 그 표상들이 어떻게 마음 앞에 드러나느냐에 있다. 감정과 욕망은 바로 감정과 욕망 그 자체로서 정신활동에 대한 가치를 가지며, 그것의 의미는 감정과 의지라는 형식 속에서 의식에까지 도달하는 표상들의 다양한 결합이 있다는 데 있는 것이 아니라, 마음의 본성이 그 어떤 감정과 욕망도 겪으려고 하는 상태라는 데 있다."[4]

이와 같은 방식으로 수용되는 세 가지 능력은 '마음의 저변으로부터 서로 분리되지 않은 뿌리에서 자라 오르지만,' 마음의 활동의 세 가지 단계로 나타난다. 의지는 감정에 의해 촉발되고, 감정은 표상들에 의해 촉발된다. 능력들이 가능성(in potentia)으로 존재하는데서 오는 어려움은, 헤르바르트 학파의 대표자 가운데 한명인 드로비시(Дробиш)의 견해에 따르면, 존재하지 않는다. 로체의 견해도 마찬가지다. 왜냐하면 능력들은 "마음속에 위치하여 때를 기다리다가 자극을 받으면 전개되는 배아(胚芽)같은 것이 아니고 외부의 영향으로 펼쳐지는 압축된 스프링도 아니다. 마음의 능력들은 마음속에서 외부 영향들과 동시에 발생하는, 마음의 외부 영향들에 대한 태도의 생성일 뿐이다. 그런데 그 능력들의 가능성은 단지 그것들의 실존 조건들에 대해 추론하는 인간의 사고 속에 존재하는 추상적인 개념일 뿐이다. 왜냐하면 그 조건들이 마음의 본질 속에만 있는 것이 아니라 외적

4) Lotze Mikr. 194-196.

자극들의 속성에도 있기 때문이다."[5] 즉, 마음의 외적 자극들에 대한 태도에도 있기 때문이다.

이와 관련하여 로체는 다음과 같이 말했다. "마음은 그 능력들 속에서 부분별로 나타나는 것이 아니다. 마치 일부가 깨어났지만 다른 부분들은 여전히 자고 있는 그런 상태로 나타나는 것이 아니라, 그 반대로 마음의 활동의 각 형태 속에서 마음 전체가 움직인다. 마음은 이미 표상 속에서 자신의 한 측면만이 아니라 자기 전체에 대해 일방적인 표현을 부여한다. 왜냐하면 특정한 자극에 대해서는 마음이 전체로서가 아니라 단지 자신의 일부 가능성의 발현만으로 응답할 수 있기 때문이다. 숫자 4와 5를 비교하면, 전자가 후자보다 작다는 것을 알 수 있다. 그리고 특별한 요구가 없으면 4라는 숫자 자체는 그것이 2보다 2배 크고 8보다 2배 작다는 내용을 부가시키지 않는데, 그런 관계를 기억하기 위해서는 새로운 비교가 필요하다. 한편, 이 관계들 각각에서 4라는 수의 모든 본성이 표현되지만, 단지 우리의 시각에 부합하는 일방적인 방법으로만 표현된다. 앞에서 제시했던 비교로 돌아가서 말하자면, 그 누구도 움직이는 물체의 방향과 속도를 단지 한 지점에서 판단할 수는 없는데, 매 순간 그 물체 내에서는 그것의 이후 여정을 결정하는 힘이 작용한다. 마찬가지로 표상들의 작용에서도 마음의 모든 본성이 우리에게 드러난 것이 아니며, 표상이 이후 순간에 감정이나 의지로 전환될 수 있다는 점도 보이지 않는다. 그러나 마음이 전개되는 길 위의 한 점에서 마음의 모든 본성이 작용한다. 신적인 지성이라면 하나의 나누어질 수 없는 지점에서도 천체의 방향을 판단할 수 있을 것이고, 판단하는 데 천체 운행 노선의 긴 부분이 필요하지도 않을 것이다. 마찬가지로 마음의 한 가지 발현에서 마음의 본성 전

---

5) Zeitschrift für Philosophie v. Ulrici u. Wirth. XXXIV. II. Ueber Lotzes psychologischen Standpunct.

체가 드러날 수 있으며, 다른 조건에서는 다른 운동 형식으로 전환되어야 할 필요성이 드러날 것이다. 그러나 인간의 이성은 저 지식의 심연을 조금씩만 파헤칠 수 있으며, 이때 우리가 가진 다양한 능력 저변에는 마음의 단일한 본질이 놓여 있다는 것을 기억해야 할 것이다. 한편, 다양한 능력에 차이가 있다는 점을 인정하는 것이 단지 우리의 지성이 나약하기 때문이라고 여길 근거가 없으며, 어떤 의미에서는 바로 그것이 사태의 본질이기도 하다. 아마 신적 지성도 표상의 한 가지 움직임 속에서 왜 감정이 표상의 뒤를 이어 발생하는지 이유를 발견하지 못할 것이다. 신적 지성도 단지 정신활동의 모든 합리적인 의미 속에서만 우리보다 더 명확히 그 이유, 즉 이 현상들이 함께 있도록 만들고 서로서로 뒤를 따르게 하는 이유, 관념처럼 시에 생명을 불어넣고 다양한 부분들을 굳게 연결시켜 그 어느 부분도 독자적으로 자신으로부터 다른 것을 발생시키지 않도록 하는 이유를 볼 수 있을 것이다.

모든 심리학 이론은 하나로 귀결시킬 수 없는 여러 가지 마음 발현 방법들이 있다는 점을 인정할 필요가 있다. 그러나 심리학에 많은 공헌을 한 이론은 마음이 바깥으로부터의 자극에 직접 반응하는 경우에만, 즉 단지 감각적 지각에서만 그 방법이 다수라는 것을 인정한다. 그리고 그 이론은 일차적인 마음의 발현들이 서로서로를 도출시킬 수 없다고 가정하며, 왜 빛을 보고 있는 존재가 음성 등 다른 인상들을 수용하는가에 대해서는 말하려하지 않는다. 반면 모든 고차원적 행위들(이 이론을 따르는)은 그런 일차적 상태들에서 충분히 도출되는 것으로 본다. 마음이 일단 최초 재료를 창조한 후에는 창조 활동을 중단하고 창조된 것들이 그들의 상호작용 법칙에 따르도록 둔다는 것이다. 따라서 이후 마음은 단지 무대가 되며, 그 무대에서 이루어지는 일에는 의식이 동반되지만, 마음은 그것에 아무런 영향을 주지 않는다. 그런데 우리 생각은 그것과 반대 방향이다. 마음의 창조는 단순한 감각들을 창조한 때에 단지 한 번만 드러나는 것이 아니다. 그와는 반대로, 감각들도 알려진 기계적 법칙들에 따라 상호 작용하지만, 그 법칙들은 정신활동의 고차원적 현상들을 모두 규율하지도 설명하지도 않는다. 지각들의 기계적 흐름은 단지 계기로 작용하며, 다만 그 메커니즘 자체에서 나올 수 없는 마음의 활동의 새로운 형태들을 초래할 뿐이다. 마음은 외적 자극에 보여주었던 것과 동일한 태도를 자신의 내적 상태들 각각에 대해서도 보여준다. 마음은 자신의 상태 각각에 대해 우리가 이전 상황들에서 도출할 수 없는 그런 종류의 활동, 실제로 단지 그런 상황들 속에서만 이루어지는 것이 아닌 활동으로 답할 수 있다.[6)]

이제 우리에게 남은 것은 앞에서 기술한 사고가 우리 논제에 대해 가지는 관계에 대해 몇 마디 덧붙이는 것뿐이다. 감정과 의지만 표상들 간의 관계에서 충분히 도출될 수 없는 것이 아니라, 지적 현상들의 보다 좁은 범위 내에서 후행하는 것, 보다 고차원적인 것이 우리가 알고 있는 몇 가지 선행 상황들의 직접적인 결과라고 생각하는 것도 불가능하다. 그렇게 생각하는 것은 곧 알게 모르게 자신과 남들을 오판하는 것이 된다. 대상물의 형상이 대상물에 관한 개념, 즉 사고의 보다 배타적이고 인간적인 형식으로 전환되는 것에 관해 말하자면, 우리는 그런 전환이 단지 말을 매개로 해서만 이루어질 수 있다는 것을 보게 되지만, 말 자체는 결코 형상에서 개념을 창조하지 않는다는 점을 기억해야 하며, 개인과 민족 생활 속의 다른 많은 것들과 마찬가지로 개념이라는 것은 항상 우리가 알고 있는 조건들을 모르는 조건들, 즉 파악될 수 없는 힘에 곱하여 얻어진 양이라는 점을 기억해야 한다.

---

6) Mikr. I.196-199.

우리의 지성은 약하고 신의 지혜는 끝이 없다는데 기반을 둔 중도적 무위를 호소하는 것이 아니라, 단지 사고의 최종 목표가 비슷하다는 것, 즉 현상들 간 관계에 관한 지식이 비슷하다는 점에 대한 합리적인 의심을 제기하는 것일 뿐이다. 만일 지식이 비슷한 수준이라면, 로체처럼 대상 내부의 어두운 면을 발견하는 것이 대상물을 거의 또는 전적으로 명백한 것으로 여기는 것보다 더 좋을 것으로 본다.

사고의 특정 발전 단계가 말의 조건이 되며, 조건이 되는 말은 감각적 지각과 소리를 전제로 하므로 이제부터는 감각적 지각과 소리에 대해 살펴볼 것이다.

5

감각적 지각

우리의 눈이 절대적인 암흑을 볼 수 없는 것과 마찬가지로, 우리는 우리 안에 정신적 활동이 전적으로 결여되어 있다고 생각할 수 없다. 우리가 인생에서 잃어버린 날들, 시간들이라고 부르는 그것도 여전히 날들이고 시간들이며, 우리의 시간에 대한 표상은 정신 속의 일련의 사건에 대한 표상들과 불가분의 관계다. 만일 우리가 보통 우리를 지배하는 사고와 감각을 제거하려 노력하고 시각, 청각, 후각적 인상에 대한 접근을, 가능하다면 미각과 촉각적 인상에 대한 접근까지도 차단한다고 해도, 우리에게는 여전히 우리 인체의 삶과 분리할 수 없는 인상들, 즉, 소화 과정에 동반되는 근육의 긴장과 이완, 생체의 온기, 우리 몸에 대한 대기의 압력, 우리가 보통 질병과 건강이라는 일반적인 단어로 포괄하는 변화들은 여전히 남게 될 것이다. 보통 성인들은 그런 인상들에 신경을 쓰지 않으며, 보다 명확한 다른 것들에 주목한다. 물론 때때로 그런 인상들이 나머지 것들을 억누르고 일정 시간동안 우리의 주의를 사로잡기도 한다. 예민한 사람들이 종종 그렇듯이 신체 내의 위험한 변화를 예감하거나 또는 허기, 갈증, 피로, 통증 등을 느껴 그런 인상들이 강하게 작용할 때, 또는 그 반대로 신체의 욕구가 충족되는 등 신체의 상태에서 만족을 느낄 때 보통 그렇게 된다. 그런 감각들의 총합을 공통감(common sense)이라고 부른다. 물론, 통증과 피로(피로를 통증이라고 하지는 않는다)처럼 서로 거리가 아주 먼 현상들이 하나의 그룹으로 묶여진 것이 이상하게 보일 수도 있다. 그러나 그것들은 모두 우리 신체의 상태를 지시하는 것이지 다른 감각들처럼 외부 물체들의 속성을 지시하는 것이 아니며, 관찰자의 시각에서 볼 때, 그 외부 물체들의 지배적인 면은 그것들과 연관된 만족과 불만이다.

공통감에 의해 주어지는 정보들의 속성에 따르면, 공통감은 특별한 수용기관을 가지지 않는다. 공통감의 수용기관은 몸 내외부의 공간 전체이며, 그곳으로부터 지각신경들이 뇌와 척수로 이어질 뿐이다. 이 점에서 촉각은 공통감과 유사하나, 촉각의 지각 기관은 몸 전체가 아니라 몸의 표면, 특히 손가락 끝이나 입술처럼 촉각 신경이 가장 많이 분포된 곳들이다. 공통감에 대한 인상들은 지속적으로 보다 복잡한 정신 활동을 동반하는데, 인상은 공통감의 배경이 될 뿐 아니라 공통감에 일정한 방향을 부여한다. 예를 들어, 생리적인 이유로 몸이 정상적이지 않을 때, 우리는 스스로를 아주 건강할 때와는 다르게 생각하고 느낀다. 한편, 우리 신체가 정상적인 상태일 때, 그런 인상들은 의식에까지 도달하지 못하며, 우리가 무언가에 집중하고 있으면 통증, 허기, 피로 등도 전혀 느끼지 못한다는 점은 쉽게 알 수 있다. 우리가 우리 몸의 상태를 잊게 만드는 모든 것은 복잡한 현상으로 비교적 나중에 발생한다. 우리가 단번에 가지게 되는 사물 표면에 대한 감각적 형상도 아직 2차원적 사물 형상이 되지 않은 자잘하고 분리될 수 없는 지각들을 전제로 한다. 만일 우리가 그런 지각의 결과로 수용되는 모든 인상들을 제거한다면, 정신 내적 전개의 가장 초기에 한편으로는 정신이 우리의 몸 상태에 대해서만 알 수 있게 한다는 의미에서 주관적인 인상들이라고 부르게 될 공통감적 인상들이, 다른 한편으로는 객관적인 감각들에 대한 인상들이 있게 된다. 이 후자의 인상들은 알려진 그룹들로 투사, 즉 연합되며, 이에 따라 정신은 그것들을 외적인 대상물들로 여기게 된다. 이때 그것들은 아직은 분리되어 있는 상태라서 주관적인 의미만을 가지며, 신체의 변화로만 표상되기 때문에 공통감의 수준에 머물러 있다. 막 삶을 시작한 어린아이 내부의 시각, 청각, 기타 감각 신경들의 활동도 성인의 경우와 동일한가에 관한 생리학적 문제는 차치하고, 우리가 심리학적 시각에서 눈은 항상 다른 것이 아닌 빛만을 보며 귀는 소리만을 듣는다고 할 때, 그 인상들이 초기에는 정신에 대해 후기와는 전혀 다른 의미를 가지며, 외적 대상들의 형상으로 변형된 인상들에 대해 우리가 가지는 관심만큼의 관심을 불러일으키지 못한다는 점을 받아들여야 할 것이다.

공통감의 주관적 인상들과, 운명적으로 그것들과는 전혀 다른 객관적 감각 인상들은 정신 속에서 다양하게 결합될 수 있고, 또 의심의 여지없이 상호 교체된다(예: 소리와 빛, 추위와 더위) 그러나 그런 교체로 초래되는 정신의 상태는 이미 조직된 지각들의 교체에서 우리가 겪는 그런 감각들과는 비슷하지 않을 것이다. 그런 상태는 특별한 정신 현상으로 나타나며, 그것 역시 공통감으로 지칭된다.

그러므로 a) 신체 상태로부터 받은 인상들의 지각과 b) 그 인상들과 아직 외적 대상의 형상 속에 정착되지 않은 다른 감각들에 대한 인상들이 혼란스럽게 뒤섞인 정신 상태라는 두 가지 현상이 하나의 명칭으로 지시된다. 첫 번째 의미에서의 공통감은 비록 표현되지는 못하지만 특정한 내용을 가지며, 정신이 그 어떤 다른 감각에서는 받을 수 없으며 단지 만족과 불만에만 병행되지만 그것이 전부가 아닌 정보들을 정신에게 전달해 준다. 두 번째 의미에서의 공통감은 특정한 내용이 결여되어 있으며, 단지 정신의 불특정한 구성요소들에 대한 태도의 일정한 형식이고 만족과 불만 범주에 충분히 포함되는 것이다. 첫 번째 의미에서 공통감은 시각, 청각, 후각과 동종인 감각이며, 두 번째 의미에서 공통감은 따분함, 기대 등과 동종인 감각이다. 양자 모두의 의미에서 공통감은 생의 첫 번째 시간에 특징을 부여한다. 신체 상태에 대한 주관적인 감각들은 정신에 대해서 외적인 인상과 내적인 인상의 차이가 형성되는 정도만큼, 즉 객관적 감각의 인상들이 투사되는 정도만큼만 뒤로 물러난다. 무엇이 우리로 하여금 자신의 개인적인 감각을 자신의 외부에 두게 하는가, 그리고 정신에서 세계를 분리시키는 그 과정은 어떻게 이루어지는가라는 중요한 심리학적 질문은 제쳐두고, 우리는 성인들에게서 파악된 자료들을 근거로 하여 다섯 가지 객관적인 감각의 인상들이 주관적인 공통감에서 멀어진 정도를 규정하고, 또 그런 방식을 통해서 인간 감각의 공통적인 속성을 발견해 보고자 한다. 한편, 예비적으로 다음 사항에 주목할 필요가 있다.

바이츠(Вайц)는 감각에 대한 학설의 혼란이 부분적으로는 용어상의 혼란 때문이고 또 부분적으로는 정신의 상태(즉, 고유한 의미에서의 감각과 의지)를 연구하는데 있어서 신체의 영향을 고유의 정신적 현상들의 영향과 분리하는 것이 극히 어렵기 때문이라고 본다. 그는 다음과 같이 말했다. "전혀 다른 개념들, 예를 들어, 기아와 감사 등을 종종 혼동한다. 그것들은 공히 감정으로 불리지만, 그들 사이에는 아무런 공통점이 없다. 기아는 단지 신경의 흥분, 정신에 의해 수용된 인상이며, 신체 법칙에 따라 본능적으로 어떤 운동을 발생시키는 인상인데, 그 운동은 그런 인상을 제거하고 신체의 평형 상태를 회복시키는 것을 목표로 한다. 감사는 그 자체가 스스로(직접적으로) 신경의 흥분에서 나오는 것이 아니고 신체 운동을 발생시키지도 않는 전적으로 심리적인 현상이다. 마찬가지로 모든 종류의 통증도 신경계통 내의 생리적 현상이며, 정신적 고통과는 아무런 공통점이 없다. 정신적인 감각은 전적으로 심리적인 것에 해당되며, 심리학 이론이 신체의 감각들을 다루는 것은 단지 그것들이 공간적 표상들을 형성하는데 관여하고 정신적인 감각들에 영향을 주는 정도 만큼일 뿐이며, 나머지 경우에는 그것들을 생리학의 설명에 맡긴다."[1)]

실제로 감각에 대한 생리학적 시각과 심리학적 시각 사이에는 커다란 차이가 있다. 생리학은 정신 내부에 특정한 감각들을 형성하는데 반드시 필요한 신체 내적인 조건들만을 연구하며, 심리학은 그런 조건들에 대해 묻지 않으며, 우리가 배고픔, 피로 또는 빛이나 소리를 느낄 때 신체 내에 어떤 변화들이 발생하는지 탐구하지 않는다. 그런 감각들을 정신활동의 이미 주어진 자료들로 여긴다.

로체는 이렇게 말한다. "의식 속의 감각은 신체 활동을 유발시킨 외적인 운동의 속성에 대한 회상을 전혀 동반하지 않는다. 공기의 떨림(청각 신경 내의 변화와 더불어)은 정신 속에서 음성으로 대체되지 않으며, 대기의 흔들림도 색깔로 대체되지 않는다. 물론, 음성도 색깔도 외적인 원인에 따른 결과이기는 하지만, 그 외적 원인들의 묘사는 아니다. 따라서 그런 감각들이 이후 내적인 상태에 어떤 영향을 주는가를 연구할 때 그것들의 외적 원인들의 속성을 탐구하는 것은 쓸데없는 일이 될 것이다. 우리가 음성 속에서 음성 자체를 듣는 것이지 음파의 양을 듣는 것이 아닌 것처럼, 음악은 그냥 그 영향에 빠져드는 사람보다 음과 음이 어떻게 결합되는지 아는 사람에게 더 조화로운 것은 아니다."[2)] 따라서 감각적 인상에 대해 말하면서 심리적인 시각에 머무는 것은 어렵지 않다. 바이츠가 추종하는 이론에서 어느 정도

1) Waitz. Lehrb. d. Ps.286-7.
2) Mikr.II. 169.

멀어지는 것처럼 보이기는 하지만, 우리는 감각적 인상들을 순수 심리적인 감각들과 혼돈할 위험에 빠지지는 않을 것이다. 헤르바르트의 시각에 따르면, 배고픔에서 정신적인 감각을 볼 수 없다. 그것은 그런 감각이 이차적이고 파생적인 것으로 여겨지기 때문이다. 그러나 다른 한편으로, 우리가 앞에 제시한 것에 대해 다른 결론을 내릴 수 있다. 우리는 촉각, 미각 등과 마찬가지로 공통감의 자료들 속에서 두 가지 측면, 즉 1) 우리가 외부 대상물과 자신의 신체에 부여하는 속성들로부터의 인상들, 그리고 2) 우리 개인의 존재에 대한 그 인상들의 의미 평가와 그에 따른 만족과 불만을 포착할 수 있다. 그렇게 분별할 때, 배고픔이라는 감정은 감사라는 감정과 동일한 의미에서의 감정이라고 불릴 수는 없지만, 그 자신 안에 감사와 동종인 자연적 속성들을 포함하고 있다. 우리는 그것들을 감정이라고 부를 것인데, 그것들은 이미 단순한 감각적 인상들인 만큼 표상들의 상호작용에서 도출될 수 없는 것이다.

다양한 기관들의 감각적 인상들의 차이가 객관적 내용의 속성들의 차이에 있는 것만큼 기관들의 감각에 동반되는 속성에 있으므로 양자는 관계 면에서 동일하다.

감각의 긴장은 인상들의 내용의 개별과 반비례 관계다. 공통감의 인상들은 내용이 빈약하고 불명확하다. 그래서 그들 속에서는 내용이 명확히 드러나지 않으며 다른 감각에 내용을 전달할 가능성도 없다. 그러나 불만이라는 감각의 힘은 인상들의 내용을 거의 전적으로 압박할 만큼 큰 것일 수 있다. 공통감을 다른 것들과 비교해보면 쉽게 알 수 있다. 손을 불에 가까이 대면 열기를 느낀다. 즉, 촉각을 통해 대상물의 성질을 인식한다. 손을 불 속에 넣으면 통증을 느끼지만 통증을 유발시킨 대상물의 속성은 잊게 되기에, 우리가 다른 감각들의 도움을 받지 않는다면 우리는 그 통증이 불길에서 오는 것인지 추위에서 오는 것인지 아니면 그 어떤 강한 산성 물질에서 오는 것인지 알지 못한다. 이와 마찬가지로 그 어떤 자극적인 것으로 인해 발생한 혀의 통증은 이미 맛이 아니다.

공통감과 비교할 때, 맛과 냄새로부터 오는 인상은 훨씬 더 명확하고 다양하지만 그것들에 동반되는 감각은 그리 강하지 않다. 어떤 맛과 냄새는 구토가 나거나 기절할 정도로 역겨운 것일 수 있지만 그런 경우에조차 그것들은 통증이 아니며 상호간에 강도뿐 아니라 질적인 수준에서 차이가 있기 때문에 우리는 그것들을 혼돈하지 않는다. 예를 들어, 공히 불쾌감을 주는 두 가지 종류의 타는 듯한 감각을 혼돈하지 않으며 그것들의 미묘한 차이를 감지한다.

촉각은 강한 만족감이나 역겨움을 유발시킬 수 있지만, 그것에 동반되는 감정은 인상들의 내용이 전적으로 구별되는 경우에도 거의 전적으로 파악되지 않을 수 있다. 반면 냄새는 맛과 마찬가지로 반드시 좋은 것이거나 나쁜 것이며, 그렇지 않은 경우는 냄새나 맛이 전적으로 결여된 것으로 여겨진다. 내용의 개별적 속성과 관련하여, 시각과 마찬가지로 촉각도 다른 감각들에 비해 동시적인 신경 자극들이 촉각 속에서 하나의 감각으로 혼합되지 않는다는 우월한 점이 있다. 예를 들어, 촉각은 후각적 인상과 혼합되지 않으며 함께 정신에 전달된다. 바로 그 점에 근거하여 촉각은 공간적 표상을 형성한다는 의미를 가진다.

둔탁하지 않은 맑은 소리는 대개 기분 좋게 들리며, 특정한 소리들의 결합만이 귀에 불쾌감을 준다. 그러나 그 불쾌감은 세 가지 하위 감각들과 마찬가지로 역겨운 정도에 이르지는 않는다.

색깔은 아무리 부조화하게 결합되었다고 해도 지금 우리가 언급하고 있는 '귀에 거슬리는' 또는 '귀를 찢는' 불협화음이 초래하는 정도의 불만감을 주지는 않는다. 모든 시각적 인상에서는, 공통감에 해당

된다고 할 수 있는 눈부신 섬광을 제외한다면, 우리 신체의 정상적인 흐름을 파괴할 만한 것은 없다. 특정한 색깔들에 대한 병적인 반응은 생리학과 심리학에서 잘 알려진 극히 드문 경우에 나타나는 병적인 혐오의 결과일 수 있으며, 일반적인 기준을 무너뜨리는 것은 아니다. 그렇게 우리가 시각적 인상과 청각적 인상을 수용할 때 냉담할 수 있는 것은 우리가 느낄 수 있는 음과 색의 톤이 무한히 다양하기 때문이며, 그런 톤의 다양성은 수적인 면에서도 질적인 면에서도 그 어떤 다른 지각들과는 비교할 수 없는 것이다.

인상들의 분별성이 커질수록 공통감에서 시각의 방향으로 그것들에 동반되는 신체적 고통이나 쾌감의 힘은 작아지며,[3] 인상들에 대한 다른 종류의 평가, 즉 우리 신체의 요구에 부응하느냐의 여부와 무관하게 그것들의 고유한 아름다움에 대한 느낌이 점점 더 명확하게 드러난다. 그런 객관적인 평가는 공통감에서는 파악되지 않지만, 다른 낮은 수준의 감각들에는 이미 존재한다. 예를 들어, 우리는 이미 맛있는 음식이 주는 동물적인 만족에 의해 제한되지 않지만, 무의식적으로 그런 만족을 맛있는 음식에 이입시키며 맛있는 음식 자체에서 맛을 통해서만 알 수 있는 가치를 발견한다. 단맛은 우리에게 그 자체가 덕성이고 우리에 대한 애정으로 느껴지며, 쓴맛이나 매운맛은 악덕으로 느껴진다. 그것이 단순한 문구에 그치는 것이 아니라는 점은 러시아어와 여러 언어들에서 그 무엇의 충분히 객관적인 품질을 단맛으로 표상하는 예를 통해서도 확신할 수 있다. 갈리치아 지역 러시아 방언에서도 'солодский 맥아의 단맛이 나는', 'милый 사랑스런'이라는 의미다. 고차원적인 감각들에서는 거의 모든 개인적 평가의 흔적이

3) 그와 더불어 신체에 대한 감각의 중요성도 줄어든다. 시각이나 청각 상실은 부분적인 결함이고 건강에는 치명적이지 않을 수 있다. 후각과 미각 상실이 훨씬 더 위험하며, 공통감을 상실하면 생명이 끝나게 된다.

사라진다. 소리와 색깔의 결합에서 우리가 만족을 느끼는 것은 개인적인 감각 자체에 만족하는 것이 아니라 여러 가지 음과 색깔 자체가 좋게 느껴지도록 배치되어 있다는 점에 만족하는 것이라고 확신한다.

현상들 속에서 그것들의 고유의 가치에 대해 만족을 느끼는 성향은 그 현상들 속에서 내적인 법칙성을 발견하려는 노력과 분리될 수 없다. 당연히 그 두 가지 모두 마음이 개별적인 감각적 특질만을 수용하는 때에 파악되는 것이 아닌데, 그 때는 아직 그에 대한 지각들이 공통감에 더 가깝기 때문이다. 위 두 가지는 이미 객관적인 의미를 부여받은 지각들의 비교가 가능한 때에 명확해 진다. 인간은 비교되는 감각적 특질 각각을 동종의 다른 감각적 특질들의 열 속에 배치하는데, 그 열의 전체는 하나의 정연한 체계를 이룬다. 지각들 자체의 속성이 다양한 정도로 그 과정을 촉진시킨다. 우리에게 도달한 소리는 성분들의 계단으로 분리되며, 우리는 그것들 간의 거리, 유사성, 대조적 특성을 그것들 고유의 요구에 따라 표상한다. 색깔들은 그런 관계의 법칙을 보다 불특정한 방식으로 따르지만, 다른 감각 인상들은 단지 약하게만 그 법칙에 반응한다. 소리의 속성들은 완결적이고 전체적으로 쉽게 파악될 수 있는 결합을 이루어 다른 감각적 인상들의 속성보다 더 먼저 인간에게 이해된다. 따라서 예술은 예를 들어 맛보다는 소리를 더 쉽게 지배한다. 그래서 음악은 항상 보다 완전하게 요리된 예술이 되는데, 맛의 계열보다는 음의 계열이 더 쉽게 구성되기 때문이다.

인간은 지각들의 개별적 내용뿐 아니라 그것들의 공통적인 형식, 즉 공간과 시간도 체계화한다. 물론, 시각과 촉각이 인간에게 두 가지 또는 그 이상의 인상을 전달하지 않는다면, 인간은 공간에 대한 표상을 가질 수 없을 것이다. 인간은 그 감각 자료들의 속성에서 무의식적으로 그것들의 공간을 도출해내는데, 그 점에서는 확실히 동물들과 차이가 없다. 그러나 인간에게 있어서는 그 형식이 감각적 현상들 자체의 법칙이 된다. 예를 들어, 동쪽은 우리에게 있어서 해가 뜨는 곳이고, 서쪽은 해가 지는 곳이다. 그러나 우리는 그런 감각적 자료들을 변형시킨다. 이에 따라 지평선의 해당 방향은 해의 상태와 더불어 계절에 따라 바뀌지 않고 변함없이 유지되고 실제 현상들의 법칙으로 기능하게 되어 동쪽은 해가 떠오르는 곳이 아니라 해가 떠올라야 하는 곳이 된다. 이처럼 우리가 자연에서 현상들의 주기적인 반복을 보지 못했다면 우리는 시간을 나누고 그 부분들의 크기를 비교할 수 없었을 것이다. 우리가 그런 방식으로 얻은 시간 단위는 우연성을 상실하며 시간의 흐름은 실제 현상들로부터 전적으로 독립적인 운동의 변함없는 척도가 된다. 낮과 밤, 그리고 변화가 가능한 양은 변함없는 양, 즉 하루 등으로 변형된다. 어떤 현상으로 가득 찬 매 순간은 우리에게 어떤 전체의 일부로 보여지며, 우리는 그 전체의 시작도 끝도 알지 못하지만 그것을 전체로 받아들인다.

이로써 성인의 감각 기관별로 서로 다르며 체계의 동시적인 구성요소로 보이는 감각적 지각들의 열 속에서 우리는 감각들의 개별성과 그들에 대한 평가의 객관성이 공통감에서부터 소위 고차원의 감각, 즉 시각과 청각의 방향으로 커지는 것을 알 수 있다. 개별성과 객관성의 그런 증가는 모든 개별적인 감각 각각에서도 보일 것이다. 첫째, 한 가지 감각의 지각들의 개별성 수준과 그들 사이에서 파악되는 관계들의 양은 그 어떤 고정된 것이 아니라 각각의 인간이 발전함에 따라서 증가한다. 매 순간마다 우리는 그런 관찰을 확인해주는 경우를 만나게 된다. 음악가의 속성인 예민한 청각, 맹인이나 도박꾼에게서 볼 수 있는 섬세한 촉각, 미식가의 뛰어난 미각 등은 대부분의 경우 감각기관의 뛰어나거나 그들이 처음부터 특별한 외적인 인상을 받았기 때문이 아니라 훈련과 습관에 따른 것이다. 동일한 조건에서라면, 즉 외적인 자극이 동일하고 감각기관에 변화가 없다면, 지각의 개별성은 무의식적으로 또는 의식적인 판단에 의해 한정할 수 없는 정도까지 확대된다. 이것을 바탕으로 하여, 만일 아이가 성인과 동일한 인상들을 받는다고 한다면, 아이에게 그 인상들의 대부분은 우리에게 공통감이 가지는 것과 동일한 의미를 가지게 된다고 가정할 수 있다. 예를 들어, 말을 배우는 초기에 어린 아기는 단지 모음 o와 결합된 양입술소리 무리만 쉽게 발음하는데, 그런 아기에게 나머지 모든 분절적 음성들은 마치 우리가 잘 모르는 외국어로 격언을 들어도 따라하지 못하거나 또는 특별한 인상을 준 동기는 반복할 수 있어도 그 말 전체를 기억할 수 없는 것과 동일한 것일 수 있다. 그리고 시각적 인상도 아기에게는 어느 정도 불확실한 빛으로 생각될 것이며, 다만 서서히 특정한 윤곽으로 결합되어갈 것이다.

민중의 일상도 동일한 것으로 보인다. 고대 언어들은, 적어도 인도 유럽어들은 단지 a, i, u 세 개의 기본적인 모음만을 가졌으며, 비교적 후기에야 많은 새로 생긴 언어들에서 볼 수 있는, 귀에 익숙하지 않아 파악할 수 없는 중간적인 음성들이 생겨났다. 그것은 발성기관이 그런 음성들을 발음할 수 없었기 때문이 아니라, 그런 음성들을 방언에서 우연적으로 만날 수 있었을지라도 파악할 수 없었기 대문이다. 음악의 역사에서도, 마치 문명적으로 발전되지 못한 사람들이 흑색과 백색으로 구성된 화려한 색깔의 옷을 선호하는 것처럼, 복잡한 음의 결합이나 변조음에 대한 기호가 커졌을 수도 있었을 것으로 보인다.

둘째로, 개별성과 관련하여 감각적 인상들에 대한 객관적 평가가 증가한다. 허기와 갈증을 동물적으로 충족시키는 것이 아닌 것은 마찬가지라고 해도 허기와 갈증을 천박하게 충족시키는 것과 미식가나 포도주 감별사의 만족에는 차이가 있다. 후자의 경우 사람은 자신의 개인적 감각보다는 대상의 속성들에 더 집중한다. 그런 차이는 감각적 인상들의 복잡한 결합에서 더 뚜렷하다. 그리 정확한 표현은 아니지만, 자연에 가까운 고대인은 자연을 자기중심적으로만 바라보았다. 그 점은 언어와 시가에서 볼 수 있다. 어린아이가 그런 것처럼, 고대인에게 자연은 유용한 정도만큼 마음에 드는 것이었다. 고대인이 모든 예술적 수단을 갖추었다고 해도 풍경화는 여전히 불가능한 것이었을 것이다. 우리시대에 풍경화가 가능하다는 것은 자연에 대한 대단한 지식뿐 아니라 자연의 독자적인 아름다움을 평가할 커다란 능력에 대해서도 말해주는 것이다.

결론적으로 앞에서 언급한 몇 가지를 반복한다. 감각들의 발달 움직임은 그것들이 아직 공통감에 가깝다고 가정되는 때에 우리에게 파악되는 것이 아니라, 형상화된 감각 인상들이 각각 나름대로 세상을 만드는 역할을 할 때 파악된다. 우리의 감각적 인상들이 보다 완전할수록, 우리에게 이 세상은 더 아름답게 보이며 우리는 세상을 자신으로부터 더 많이 분리시키는 것이다. 그런 분리는 소외가 아니다. 이때의 분리는 차이에 대한 인식일 뿐이며, 그런 인식은 우리가 자연과 자신의 삶에 대한 의도적인 영향이라고 부르는 것을 전제로 한다. 만일 우리가 그런 방식으로 발달의 시발점인 감각의 특징에 보다 복잡한 정신생활 현상, 즉 '나'와 '내가 아닌 나'의 구별 그리고 그것과 관련된 현상들에 대한 평가에서의 변화를 포함시킨다면, 그것은 외적인 자극에 대한 가장 초기의 정신 작용이 정신의 나머지 모든 발현들과 반드시 부합되어야 한다는 전제에 근거한 것이다. 생의 초기에 인간의 감각들은 지속적으로 발달해서 무엇에 유용하게 되는가에 따른 특징을 가진다. 자신에 대한 관찰을 통해 알 수 있는 바, 그런 발달을 통해 우리는 발달이 중단된 것으로밖에 판단할 수 없는 감각들의 속성을 추론한다. 어린아이에 대한 그 어떤 관찰도 빛, 소리 등이 어떻게 표상되는가를 밝혀주지 않기 때문이다.

그와 같은 방법으로 우리는 정신생활이라는 면에서 아이의 삶보다도 덜 알려진 동물들의 감각에 대한 결론에 도달한다. 동물이 지각을 투사할 능력이 없다고 생각해서는 안 된다. 동물도 위협하고 스스로를 보호하고 먹이를 찾으며, 일반적으로 자신의 밖에서 자신의 감각의 원인을 발견한다. 동물의 정신 내적인 단순한 감각 인상들의 결합 메커니즘은 사람의 정신 내부에서와 동일하다. 사람과 마찬가지로 동물도 동시적이지만 서로 융합되지 않는 시각적 인상과 촉각적 인상들을 외적 인상으로 여긴다. 그리고 사람도 동물도 그 두 가지 감각 인상들의 결합에 나머지 다른 인상들도 연합시킨다. 따라서 외형을 갖춘 사물을 지각함과 동시에 냄새를 맡게 되면, 냄새의 인상은 외적 형상에 해당되는 것으로 여기게 된다. 또한 감각 인상들의 서기라는 점에서 많은 동물이 사람보다 우월하여 사람은 도저히 불가능한 정도의 먼 거리나 상황에서도 대상을 파악한다. 그러나 이것은 인간의 지각을 뛰어 넘는 동물의 모든 지각이 공통감의 특징에 가까우며, 성체를 유지하는데 더 중요하면서도 정신 발달에는 별 성과가 없다는 점에 모순되지 않는다. 색깔과 소리도 대부분의 동물들에게는 우리에게 통증과 육체적 쾌감이 작용하는 것과 유사한 작용을 한다. 빨간색은 소를 흥분시키며, 칠면조 수컷은 휘파람 소리에 민감하게 반응한다. 남아시아의 어떤 종류의 새는 무슨 소리든 한 번만 들으면 따라하는데, 가락이 맞지 않는 큰 소리를 들으면 발작을 일으킨다고 한다.

상위 감각들의 객관성을 대신하는 공통감은 커다란 확실성을 가지는데, 우리에게는 마치 미래를 감지하는 것처럼 보이는 동물들의 여러 가지 행동은 틀림없이 공통감에 기반을 둔 것이며, 실상 그런 행동들은 본질적으로 인간은 포착하지 못하는 동물들의 신체 내적인 변화의 결과다. 동물들은 외부 대상들이 단지 각 동물의 개별적 상태의 원인으로서만 존재하는 것으로 여긴다고 생각할 수 있다. 판화가 다양한 색깔이 아닌 음영만을 전달하는 것과 마찬가지로, 동물의 감각에는 만족과 불만이라는 이기적인 감정이 지배적이므로 그런 감정을 일으키는 외적 대상에 내재하는 다양한 색깔은 사라지게 된다. 외적 대상의 특성을 파악하려는 사심 없는 노력, 개별적인 지각들 간의 관계를 탐색하고 그 관계를 새로운 사고의 대상으로 삼으려는 끊임없는 노력은 오직 인간만의 속성이다. 비록 몇몇 종류의 새들이 소리들 사이의 조화로운 간격(예: 기본적인 톤에서 3도 또는 5도 음정으로의 전환 등)을 포착하고 기억하여 반복하기는 하지만, 그들의 노래 소리 자체에서는 그런 간격이 우연하게 나타날 뿐이다. 그렇게 노래하는 새들은, 비록 낮은 음과 비교할 때 높은 음이 그들에게 전혀 달리 작용하는 것이 틀림없지만, 인간 음악의 기반이 되는 객관적이고 엄격한 음의 분리가 불가능하다. 다른 감각 인상들과 그들의 형상에 대한 인상들, 예를 들어 수에 대한 인상에서도 마찬가지다. "의심의 여지없이, 서로 모였다가 흩어지는 세 사람은 동물에게 하나의 덩어리가 아니라 세 가지 별개의 형상들로 표상되며, 동물의 시각에 대해 세 사람이 하는 작용은 동일한 상황에서 두 사람이 하는 작용과는 다르다. 그런 차이를 파악한다는 것은 수를 센다는 것이므로, 동물들도 수를 셀 수 있다는 것을 의미할 수 있다. 그러나 수를 센다는 것은 3이 끝없는 수의 열에 소속되며 그 열 속에서 2와 4 사이에 위치한다는 것과 동시에 가감을 통해 2와 4에서 얻어질 수 있다는 것을 인식하는 것을 의미하므로, 동물들은 수를 셀 수 없고 오로지 인간만이 수들 간의 관계를 명확하게 인식할 수 있다."(로체)

동물들의 발달 결과는 인간의 발달과 비교할 때 그리 대단한 것이 아니며, 동물의 감각도 인간의 감각에 비해 많은 면에서 낮은 수준이다. 그리고 감각 기관의 구조나 작용면에서 비교해부학적, 생리학적으로 명백하게 차이가 있다는 점과 별개로, 인간에게는 설명할 수 없는 장점이 있다. 그런 장점으로 감각기관을 통해서 전달된 자극을 사용하는 능력, 정신의 강력한 작용, 실용적이지 않은 만족도 사심 없이 추구하는 인간만의 경향을 들 수 있다. 어린아이에게서도 볼 수 있는 이 지각의 완전성이 인간이 이 세상에서 유일하게 말을 하는 존재가 된 이유 가운데 하나다.[4)]

4) 감각적 지각에 대해서는 Lotze. Mikr.II, 168; Steinthal. Gram. Log. & Ps. §86,89,90을 참조하라.

6

반사적 운동과 분절적 음성

"감각 신경들이 외부 사물로부터 받는 자극이 어떤 것이든 간에 일반적으로 그런 자극은 물리적 운동이며 관성 법칙에 따라 저항을 만나거나 또는 신체 부분들에 전달되어 분산되기 전까지는 중단될 수 없다. 감각 기관들의 목적이 외부 세계에 대한 인식을 매개하는 것이라면, 특정 순간에 인상들이 감각 기관들 내부에 발생시키는 진동은 다음 순간의 인상에 대한 저항이 되지 않도록 또는 불필요한 것과 혼합되어 왜곡되지 않도록 즉시 약화될 필요가 있다. 감각을 자극하는 물리적 운동이 규모 면에서 그리 큰 것이 아니라면, 그런 운동은 감각 기관 내에서 끊임없이 발생하는 구성 부분들의 변화에 의해 일부는 사라지고 다른 일부는 정신 내적인 감각 자체를 형성하는데 사용된다. 왜냐하면 신체와 기계적인 상호작용을 하는 실재에 대한 감각, 즉 정신의 새로운 상태는 신경 자극에 의해서만 형성되는 것이 아니기 때문이다. 그 자극의 일부는 새로운 정신 상태를 형성하는데 소모된다. 빛과 소리에 의한 일반적인 인상들의 경우도 그러하며, 적어도 의식은 그것들의 영향을 균등하게 만드는 그 어떤 특별한 활동도 포착하지 않는다. 외적인 인상들이 병적으로 지각될 정도의 강도에 달한다면, 그것들을 제거하기 위한 수단도 상응하는 정도로 강화될 것으로 기대할만하다. 신경섬유의 기능은 표피에 분포된 말단이 수용한 자극을 뇌까지 전달하는 것이다. 따라서 앞에 언급한 수단이 자극 전달 과정 중간에서 순간적으로 전류를 중단시키는 것이거나 또는 자극의 강도를 사방으로 강하게 분산시키는 것이라고 생각해서는 안 된다. 양자 모두 감각 신경들의 자연스러운 기능에 모순된다. 게다가 신체가 자신에게 위험한 자극을 어떤 새로운 수단이 아니라 신체가 건강한 상태에서 작동되는 수단들을 통해 제거하는 것을 신체의 일반적인 속성이라고 볼 수 있다. 따라서 과도한 자극이 신경을 마비시켜 너무 강한 인상에 따른 결과를 제거하지 못하고 있는 동안에 자극이 신경을 따라 신체 중심 기관들에까지 전달되고 바로 그곳에서 일반적인 세기의 자극에서 볼 수 있는 것보다 더 큰 작용에 의해서 제한된다고 본다." "뇌 속에서는 자극의 확산이 세 가지 길로 이루어질 수 있다. 그것은 감각 신경이 그곳에서 각각 부분적으로 다른 감각 신경들, 자율 신경들 그리고 운동 신경들을 만나기 때문이다. 감각의 목적이 외부 세계 인식에서 매개 역할을 하는 것이라고 할 때, 신경의 불안이 다른 감각들에 전달되고 이에 따라 다른 감각이 자극되는 것은 단지 아주 미미한 현상일 수 있다. 게다가 그런 현상은 실험에 의해서 입증되지 않는다. 아주 강한 빛도 소리에 대한 지각을 유발하지 않으며, 강한 소리도 냄새에 대한 지각을 유발하지 않는다." 자극이 교감신경 체계의 자율신경에 전달되는 것은 아무런 해가 없는 것일 수 있으며, 실제로 몇몇 경우에 발생하기도 한다. "그러나 기본적으로 감각 신경의 흥분은 운동신경에 전달되어 운동을 유발시키며, 정신은 그것들을 매개로 하여 지각되는 대상을 자신의 운동의 대상으로 삼는다. 감각신경과 운동신경, 지각과 운동 간의 그런 밀접한 관계는 정상적인 생명활동에 필수적인 것인 만큼, 병적인 쇼크가 그와 같은 방법, 즉 운동을 수단으로 하여 평형을 찾게 된다는 것은 놀라운 일이 아니다."

외부로부터 신체 내부에 작용하는 힘의 굴절을 말하는 반사를 신체 내 운동의 일차적인 근원으로 여길 수 있으며, 운동 자체는 신체가 받은 자극을 평형화시켜 무해하게 만드는 수단이라고 볼 수 있다. 그리고 이에 따라 강한 외적인 자극이 있는 경우, 유기체의 생명에 가장 필수적인 다양한 운동들이 마치 목이 잘린 동물이 경련을 일으키는 것처럼, 정신의 아무런 참여 없이 또는 정신의 직접적, 의도적, 창조적 참여 없이 발생한다는 결론에 이를 수 있다. 만일 정신이 생체에 필수적인 운동을 할 가능성을 열어주기 전에는 그런 운동이 발생하지 않는다면, 생체의 생명은 태어나자마자 중단될 수밖에 없을 것이다. 아기가 무엇을 빨고 삼키고 소리 지르는 등의 동물과 공통적인 능력, 즉 정신생활의 일차적 요소들보다 먼저 나타나는 능력은 신체 메커니즘의 작용 결과로 이해될 수 있을 뿐이다. 만일 신체가 목에서 이물질을 배출하기 위해 정신의 작용 없이 스스로 기침을 하지 않는다면, 성인이라고 해도 그런 경우에는 기침을 해야 한다는 것을 알지 못할 것이다.

외부로부터의 자극에 의해 발생되는 고유의 반사적 행동, 즉 손상을 입은 부위의 움직임, 역겨운 음식의 작용으로 인한 구토, 간지럼에 따른 웃음 등과 더불어 특정한 정신 상태가 직접적인 원인이 되는 것으로 보아야 하는 행동들이 있다. 위험하다고 느끼는 생각만으로 이루어지는 행위, 역겨운 맛을 가진 것에 대한 표상에서 오는 구토, 생각 속의 해롭지 않지만 급작스럽게 드러나는 모순들에 의해 야기되는 웃음이 바로 그런 행동이다. 신체에 자극을 주는 힘의 일부가 정신 내에서 지각을 형성하는 데에도 소모된다는 앞서 언급한 생각과 마찬가지로, 로체도 다음과 같이 가정한다. “신체와 정신이 기계적으로 상호작용한다는 가정에서는 정신적인 자극들도 정신 내부에서 종결되는 정신적인 사건으로 표상될 수 없고 신체 내부에서 발현되기 위한 특별한 동기가 더 필요하다. 정신적인 자극들은 처음부터 그리고 그 자체로 특정한 운동이므로 정신적인 자극이 신체에 영향을 주는 것이 가능하게 하기 위해서가 아니라 그 영향을 차단하기 위해 특별한 수단들이 필요하다.”

정신적 상태에 종속적인 운동은 두 가지 그룹으로 나누어진다. 첫째로, 춤곡을 좋아하는 사람이 춤이나 펜싱을 보면서 느끼는 이끌림 속에, 눈앞에 자신이 혐오하는 대상을 보고 분노한 사람의 충동 속에, 무의식적인 운동 속에 그리고 우리가 생각하는 또는 그 시작을 표상하는 행위에 대한 묘사의 일부 속에 정신 상태에 종속적인 운동을 유발시키는 표상들과 공통적인 그 무엇이 들어있다. 여기서 운동은 사고 자체를 실현하거나 또는 사고가 제시하는 목표를 향한다. 그러나 둘째로, 운동은 그것의 모티브의 내용과 가시적인 관계를 가지지 않을 수 있다. “정신이 특별한 목적 없이 만족감 또는 불만감으로 긴장하고 있을 때, 정신의 운동은 주로 호흡의 다양한 변화에서 표출되거나 또는, 보다 정확히 말하자면, 단지 그런 변화 속에서만 표출된다. 그런 변화 없이는 나머지 모든 육체적 행위도 불가능하기 때문이다. 기쁨, 분노, 슬픔 등 오직 강한 감정만이 호흡을 느리게 혹은 빠르게, 강하게 또는 약하게 만드는 것은 아니다. 관찰되지 않는 감정의 내부에서나 사고가 하나의 대상에서 다른 대상으로 차분히 옮겨가는 경우 등에서도 어느 정도의 호흡의 변화가 파악된다. 이 모든 운동은 맨 처음부터 뚜렷한 특성을 드러낸다. 그것들은 아무 것도 생성하지 않으며 그 어떤 외적 목적도 가지지 않으며 정신 상태의 순수한 표현자로 기능한다. 그 운동들은 관찰자에게는 이미 그 차제로서 정신활동의 생생하고 확실한 묘사로 보일 수 있다. 그러나 자연은 호흡기관을 발성기관과 연계시켜, 정신의 목적 없는 흥분이 포착되기 어렵다는 특징에도 불구하고, 음성을 통해 묘사될 가능성과 외부 세계에 전달될 가능성을 부여한다. 따라서 동물의 세계에서는 가장 조악한 제스처에 비해서도 특정 대상이나 행위를 지시할 가능성이 더 적은 고통과 만족의 목소리가 나타나는 것이다. 그러나 정신의 가장 비밀스러운 운동의 표현인 그것들은 생명체가 상호 의사소통을 위해 선택하는 그 어떤 다른 수단보다 더 풍부하다." 따라서 인류가 오랫동안 생각하고 몇 가지 소통 수단들을 선택해본 끝에 음성 언어에 도달해 거기에 멈추어 선 것이라는 이미 부정된 견해에 대해 우리는 이제 그와는 반대로 생리적인 필요성이 정신으로 하여금 최소한 자신의 내적 상태의 공통적인 특성을 음성을 통해 표현하도록 했다는 생각을 받아들여야 한다.

그 누구도 감각과 동물의 외침, 웃음소리, 울음소리 등 소리들과의 관계의 필연성을 부정한 적이 없다. 그러나 여기에 더해 인간 발화의 외적 형식인 분절적 음성이 생리학적으로 앞에 언급한 현상들과 동종의 것이고 정신을 자극하는 감각에 종속적인 것, 즉 나중에는 사고의 충실한 도구가 되지만, 최초에는 무의식적인 것이었다는 말을 덧붙일 필요가 있다.

만일 자연이 인간에게 분절적 음성을 가르쳐주지 않았더라면, 인간은 분절음을 발성하기 위해 발성기관을 어떤 위치에 두어야 하는지 그리고 어떤 신경들을 수단으로 해서 목소리를 내야 하는지 스스로는 결코 발견해내지 못했을 것이다. 말을 자의적, 의식적으로 하기 위해서는 비자발적, 무의식적인 말이 전제가 되어야 한다. 우리의 의식은 우리가 소리를 내는 방식에 대한 관찰을 결코 넘어서지 못하는

데, 우리는 마치 우리에게 종속되지 않는 이미 마련된 사실을 대하듯이 그 방식을 수동적으로 대한다. 어느 정도 발달된 단계에서는 발성을 할 것인지 말 것인지는 우리 의지에 달려있는 것으로 보인다. 그러나 우리가 발성을 할 때 우리의 의식 속에는 오직 우리의 목적만이, 즉 요구되는 음성의 형상과 더불어 그것과 연관된 공통감 상태에 대한 희미한 기억, 즉 목적 실현에 필요한 발성기관 운동에 동반되었던 공통감의 상태에 관한 기억만 있게 된다. 여기서 의지의 참여는 단지 목적의 변화에서만 드러나며, 목적 완수로 이어지는 추동력의 변화는 저절로 발생하여 의식의 바깥에 남게 된다.[1)]

정신 속에 목적으로서의 음성적 형상이 존재할 가능성 그리고 그것과 더불어 의식적인 발성의 전 과정은, 비록 정신의 참여 없이 이루어지는 것이 아니기도 하지만, 다분히 무의식적인 동일한 과정을 전제로 한다. 후자의 예로서 감정으로 흥분된 가슴이 분절적인 외침을 통해 알게 모르게 가벼워지는 충분히 일반적인 경우뿐 아니라, 귀에 들려오는 소리를 반복하려는 아기와 앵무새의 공통적인 경향을 들 수 있다. 아기에게도, 그리고 분절적 음성을 발성하는 법을 배운 앵무새에게도 청각 신경의 진동은 정신 내적 표상 형성에 일조하면서 생리적인 필요성과 더불어 발성 기관들의 활동에 반영된다.

그러나 인간과 동물의 소리 형성 과정이 전적으로 동일한 것은 아니라는 점은 실험 결과가 입증하고 있다. 분절적 음성은 여전히 오직

---

1) 의도적으로 발음하는 경우 의식 속에 위치하는 그것의 형상이 의지가 활용할 수 있는 유일한 시발점이 된다는 사고는 자연으로부터 청각을 부여받은 말하는 개인들 대부분에 적용할 때만 올바른 것이 된다. 농아의 경우 상응하는 신체 기관의 위치와 운동을 제시하는 방법으로 개별적인 음성들의 모양을 가르치는데, 이때 그의 의식 속에 존재하지 않는 음성 형상이 의도적인 목표가 되는 것이 아니라 발성에 동반되는 공통감의 상태가 목표가 된다. 농아의 경우 발성기관의 운동과 음성은 공통감에 대한 회상에 뒤따르게 된다.

인간만 가지는 속성이다. 인간과 신체 구조가 가장 유사한 동물들의 소리에서도 분절적 음성은 발견되지 않는다. 새들이 내는 분절적 음성은 인간의 노력의 결과이자 우연한 것일 뿐이며, 적어도 분절적 음성이 인간의 삶에 대해 가지는 의미의 그림자조차 가지지 못하는 현상일 뿐이다. 여기서 분절성은 왜 인간만이 가지는 속성인가라는 질문이 자연스럽게 제기된다. 이에 대한 모든 대답은 분설성이라는 개념 자체가 명확한 것이라고 전제하든지 아니면 분절성이라는 것을 해체하여 그것이 무엇인지 밝히는 것부터 시작해야 할 것인데, 그것은 다양한 방법으로 이루어질 수 있다. 아마도 물리학자라면 분절음을 발생시키는 음파의 그래픽 형상이 동물 소리의 음파 형상과 비교할 때 특별히 질서가 있고 조화로운 음악적 톤의 음파 형상과 유사하다는 것을 발견할 수 있을 것이다. 그리고 생리학자는 분절음 발성에 필요한 기관들의 운동을 연구하여 많은 동물들의 발성기관 외부 구조(성대, 연구개, 경구개, 혀 등)가 분절음을 발성할 수 있는 상태지만 발성기관들을 움직이게 하는 신경들이 청각적 자극을 올바르게 반영할 능력이 없다는 점을 들어 동물들에게 분절음이 결여된 이유를 해명할 수도 있을 것이다. 그러나 심리학적인 답변을 위해서는 분절음이 의식으로부터 독립적이라는 점에서가 아니라 분절음이 화자의 의식 자체에 표상된다는 점에서 분절음을 규정할 방법을 찾을 필요가 있다. 의식을 위한, 그리고 동시에 심리학을 위한 음성의 가장 가까운 근원은 생리학에서 말하는 신경의 진동이 아니라 감각적 지각, 정신의 특정한 상태이다. 우리의 정신에 영향을 준다는 측면에서 음성은 우리에게 신체를 안정시키는데 필요한 수단이 아니라 정신적 동요를 평정시키고 그 지배적인 힘에서 벗어나기 위한 수단으로 표상된다. 물론, 모두가 사람이 놀라서 소리를 지르는 것이 무슨 소용이 있는가를 스스로에게 물을 필요는 없다. 그러나 자신이 놀랐으며 놀람을 소리로 표현했다는 것을 인식했고, 그로써 사고에 대한 관계라는 측면에서 음성을 바라보게 된 모든 사람은 놀라서 소리를 쳤다고 말할 것이다. 이런 과정으로 발전된 음성 개념은 음성이 정신적 동요의 속성에 상응한다는 점을 전제로 하며, 분절성의 원인을 그것이 인간 감각의 변별적 특징에 상응한다는 점에서 찾게 만든다.

홈볼트에 따르면, 분절성은 정신이 발성기관으로 하여금 정신 자신의 활동 형식에 부응하도록 음성을 변형시키게 만드는 힘에 근거한다. 정신과 분절성은 양자 공히 자신의 영역을 기본적인 부분들로 분할하는데, 그것들의 연합체는 새로운 전체의 부분이 되려는 지향성을 가진다는 점에서 공통적이다. 그 이상에서는 사고가 다양한 것을 단일하게 결합시킬 것을 요구한다. 따라서 분절음의 필수적 속성은 a) 명확히 지각되는 단일성, b) 분절음이 생각 가능한 다른 모든 분절음들에 대해 특정한 관계를 가질 수 있게 하는 속성이다.[2)]

a) 모음과 자음. 이것은 우리가 말의 재료를 나누는 기본적인 속성이다. 모음에서 우리의 주목을 끄는 것은 음성, 성대의 긴장도에 따른 음파다. 자음에서는 소리가 후두를 비롯한 내부 기관의 장애를 거치면서 발생되는 소음이 보다 명확하게 포착된다. 이 두 가지는 내부와 외부, 내용과 형식 간의 관계가 아니라, 다양한 도구들에서 나는 소리 같은 것이다.[3)] 비록 자음과 모음이 단지 낱말을 분해해서만 얻어질 수

---

2) Ueb. die Versch. 68-9.

3) 만일 자음이 모음의 형식이라고 말한다면, 그것을 근거로 하나는 다른 하나 없이 존재할 수 없다고 설명할 수도 있겠지만, 우리는 이상한 결론에 이르게 된다. 그것은 우리가 모음 앞 또는 뒤에서 자음을 듣기 때문이다. 즉, 형식이 내용과는 별개로 그것에 앞서서 또는 뒤에 주어질 수 있다는 것이 되는데, 사실 그렇게 형식에서 내용을 분리하는 것은 불가능하다. 그리고 만일 내용없는 형식은 있을 수 없다는 점에서 자음 자체에 모음이 포함되어 있다고 가정한다면, 우리가 보다 중요한 것이라고 여기는데 익숙해진 내용이라는 것은 아무런 의미를 갖지 못하게 된다. 왜냐하면 그 누구도 자

있는 것이지만, 그것들은 이상적인 존재가 아니고, 자연에 순수한 상태로는 존재하지 않지만 분석을 통해서만 얻을 수 있는 화학 원소처럼 실제적인 존재다.[4] "단순한 음절을 자음과 모음으로 나누는 것은[5] 단지 인공적인 것이다. 자연에서 음절들은 분리할 수 없는 단일체로 귀에 들릴 정도로 서로서로를 규정한다. 강조해서 말하자면, 모음도 혼자서는 발음될 수 없다. 모음을 형성하는 공기의 흐름은 모음이 들릴 수 있게 만드는 정도의 장애를 만나게 마련이다. 그리고 그 장애가 명확한 자음이 아니라면, 여전히 그것은 가장 가벼운 기음이라도 되어야한다. 몇몇 언어에서는 그것을 각 어두 모음 앞에 문자로 표시한다(Humb.70)." 이처럼 우리는 음절 속에서, 정신의 활동 내부에서 그런 것처럼, 단일성 속의 다양성을 발견한다. 음절 자체도 단지 인공적인 존재를 가질 뿐이다. 자연에서, 즉 인간의 발화에서 음절은 단지 단

음 내의 포착되지 않는 모음 속성에 따라 자음을 평가할 수 없기 때문이다. 그리고 만일 자음이 모음의 형식이라고 한다면, 목소리가 호흡의 형식이 되기에 내용(호흡)은 형식없이도 가능한 것이 된다. 베커는 모음과 자음의 차이를 다음과 같이 제안했다. 즉, 재료(호흡과 음성)가 특정한 형식으로 충분히 개별화되어 있어 (자음에서처럼) 음성 속에서 형식이 내용보다 우위에 있거나 또는 재료가 형식으로 충분히 개별화되어 있지 않아 (모음에서처럼) 내용이 형식보다 우위에 있게 된다(Org. 33). 그러나 그런 차이는 의미가 없다. 모든 분절음은 충분히 개별화되어 있다. 왜냐하면 분절음은 형식이 내용을 지배하거나 또는 반대로 그 내부에 형식이 있을 수 없다는 점에서 다른 모든 것들과 커다란 차이가 있기 때문이다.

4) 훔볼트가 "음절 내에는 우리가 표기하는 방식대로 두 개 이상 또는 그 이상의 아니라 알려진대로 발음되는 하나의 음성만 있다."(170)고 말했다는 점에서 그가 반대 의견을 가졌던 것으로 볼 수 있다. 그러나 그것은 외견상 그렇게 보일 뿐이다. 왜냐하면 그는 상호 규정하며 청각에 의해서뿐 아니라 음성 열의 추상화, 즉 자음과 모음들의 추상화에 의해서 결정적인 차이가 나는 두 개 음성의 존재를 인정하기 때문이다.

5) 훔볼트는 "여기서 만일 자음과 모음을 독립적인 것으로 여기기를 원한다면", 즉 개별적으로 존재하는 것들로 여기기를 원한다면 이라고 덧붙였다. 그러나 우리는 그렇게 원하지 않으며, 자음과 모음의 비독립성은 형식과 재료 또는 내용의 비독립성과는 전혀 다른 것이다.

어로서 존재하거나 또는 하나의 전체를 구성하는 다른 단어의 일부로서 존재하는데, 그 전체도 역시 보다 높은 단위의 전체, 즉 발화의 한 부분일 뿐이다.

b) 다른 한편으로, 말의 단순한 음성적 속성을 좀 더 살펴보면, 다음과 같은 점을 알게 된다. 가능한 모든 언어들의 모음이 아무리 끝없이 다양하다고 해도, 모음의 열이 자의적으로 길어지거나 짧아질 수 없다. 우리가 아무리 발성기관을 이상한 위치에 두어 이상한 모음을 발성한다고 해도, 그것은 항상 모음 열 속의 특정한 위치에 해당하게 된다. 이 모음 열의 기본적인 지점들의 역할을 하는 것은 단순 모음인 a, i, u인데, 복잡한 소리인 e, o가 인도 유럽어에서 각각 ai, au로 발음되었다고 설명하는 것처럼, 그 이상하게 발음된 모음도 이 열로 설명될 수 있다. 우리는 모음들이 음악 소리나 색깔처럼 객관적인 의미를 가지는 폐쇄적이고 극히 규범적인 체계라고 생각한다. 우리는 일곱 가지 색깔의 범위를 넘어서려는 노력이 무의미한 것처럼, 기본적인 음성들의 범위를 넘어서려고 하는 것도 무의미하다고 느낀다.

자음의 열에서는 그처럼 명확하지는 않지만 자음들도 그룹으로 나누어지며, 그룹의 모든 구성요소들은 특정한 자신의 위치를 가진다.

모든 악기가 모든 톤을 낼 수 있는 것이 아닌 것처럼, 모든 언어에 모든 음성이 있는 것이 아니다. 각 언어에는 나름의 음성 체계가 있고, 체계를 구성하는 음성들이 어느 정도 더 풍부하거나 그렇지 않을 수 있다. 그러나 음성 체계는 항상 엄격히 순차적이다. 체계 내에 선행하는 음성이 후행 음성의 방향을 제시하기 때문이다. 그런 순차성은 한 언어의 모든 시기와 그 언어로 말하는 모든 사회계층에서 외국 말들이 그 외국어의 음성적 규범에 적합하게 맞추어지는 것이 아니라는 점과 모순되지 않는 것으로 보인다. 왜냐하면 그런 외국말이 해당 언어 외적인 것으로 남아있거나 또는 실제로 그 언어와 다르지 않기 때문이다.

말의 음성적 본질에서 드러나는 단일성, 정연함, 법칙성에서 인간의 감각을 특징짓는 지각의 개별성에 상응하는 요소들을 발견하기는 어렵지 않다.

우리는 비분절적 음성들에서 개별적인 자음들(예: 개가 으르렁대는 소리에서의 [r], 소의 울음소리에서의 [m], 말이 울부짖는 소리에서의 후두음)을 발견할 수 있는데, 그것이 우리가 사람의 발화에서 그 소리에 익숙해져 있기 때문에 동물의 소리에서도 그런 자음소리들을 단일한 것으로 지각하는 것이라고 인정해야 할 것이다. 끝없이 작은 단위들로 나누어진 개가 으르렁대는 소리는 각각의 단위가 순수한 모음 또는 자음으로 채워진 것일 수도 있지만, 그런 소리를 낼 때 개의 발성기관은 일순간도 동일한 위치에 머물러 있지 않으며, 소리도 발성되면서 바로 이미 다른 소리로 넘어가기 때문에 한 관찰자에게는 하나의 분절음에 가까운 것으로 들리지만 다른 관찰자에게는 다른 소리에 가까운 것으로 들린다. 동물의 소리에는 사람의 말 속에 있는 음성 음절, 단어(음성적 의미에서)라는 단위가 없으며, 따라서 그것은 그런 단위들을 전제로 하는 인간 언어의 자모 문자들로는 표현될 수 없다.

음성의 분절성은 즉시 획득되는 것이 아니다. 한편으로는 인간도 공통감의 특성을 가지는 자극의 영향을 받을 때, 즉 자신의 음성에 별 관심을 두지 않을 때에는 비분절적 소리를 낼 수 있으며, 다른 한편으로는 아기가 어느 정도 구별되는 인상을 받은 경우에도 의식적인 발화를 하는 경우에도 웅얼대는 식으로 말하기도 한다는 점에서 그렇게 볼 수 있다. 아이가 알 수 없는 말을 여러 번 반복하거나 자신의 발성기관의 움직임을 재미있어 하는 것을 본 적이 있는 사람, 자신의 어린 시절을 잘 기억하는 사람은 "분절음에 의해 인간에게 주어지는 만족은 그 분절음에 명확성, 다양성 그리고 풍부한 결합 가능성을 부여한다."는 점에 동의할 것이다.[6] 아이는 동물에 비해 훨씬 더 큰 명확성을 가지고 소리를 지각한다. 그리고 발성기관의 움직임에 따른 자신의 주관적 만족을 그 소리에 전이시키며, 그 소리 속에서 미적 가치를 발견하면서 거기에 주의를 기울인다. 그렇게 소리에 의해 자극되는 관심은 이어서 더 큰 분절성의 모티브가 되는 반면, 자신의 노랫소리의 영향을 받는 새는 그 점을 포착하지 못하며, 이전에 자신이 한 노래를 새로운 노래의 시발점으로 만들지 못하고 자신의 주관적인 일차적 만족에 의한 제한을 받게 된다. 아이에게는 소리를 내는 것은 이미 만족만이 아니라 일이 된다. 훔볼트는 이렇게 말했다. "사람은 자신의 정신적 의도를 통해 신체 기관들이 분절음을 발하게 만든다." "이 '정신적 의도'는 언어를 형성하고 전반적으로 인간적 발전이 가능하게 만드는 그것과 동일한 것이다. 그 무엇도 혼합되지 않은 음성의 순수함(그리고 그것과 관련된 모든 속성들)은 음성을 발화의 자연스런 본질로 만들려는 의도에서[7] 발생한다."[8]

"의미를 부여하려는 의도와 의미를 가질 수 있는 음성의 능력 그리고 아무런 의미가 아니라(왜냐하면 동물들의 소리도 그런 의미는 가질 수 있으므로) 사고를 묘사하는 의미가 바로 분절음을 특징짓는 모든 것이다. 그 외에는 분절음에서 한편으로는 동물의 소리와 다르고 다른 한편으로는 음악적 톤과 다른 그 어떤 차이도 발견할 수 없다."[9] 이처럼 분절음은 그것이 무엇에 쓸모가 있는가, 그리고 분절음이 기반이 되어 이루어진 인간의 감각 너머로의 발달의 특징이 무엇인가에 따라 정의된다. 분절음의 다른 정의는 찾을 수 없다. 자연에서 분절음

6) Humb. Ueb. die Versch.72.

7) 다른 많은 곳에서도 나타나듯이, 훔볼트는 여기서 '의도'를 그 어떤 자의적인 것으로 이해하지 않는다.

8) Humb. 69.

9) Humb. 67.

은 단지 인간의 발화에서만 발견되며 단지 사고를 묘사하는 기능만을 하기에 자신의 모든 속성을 사고의 속성에서만 빌려온다.[10)]

10) 반사적 운동과 분절음에 관해서는 Lotze. Mikr. II, 210-224를 참조하라. 또한 Steinth. Gr. L. and Ps. §87. 그리고 Lazarus. Das Leben der Seele. II, 37부터를 이것과 비교하라.

7

감정의 언어와 사고의 언어

고통, 분노, 공포 등 사고의 활동을 압박하는 강한 자극에 의해 인간이 내뱉는 비분절적 음성들을 제외할 때, 인간 감정의 공통적 특징에 대한 관계에서가 아니라 각각의 분절음이 자신과 가까운 개별적 정신 현상들에 대한 관계라는 측면에서 우리는 분절음들을 다음 두 가지 그룹으로 나눌 수 있다. 첫 번째 그룹에는 분절음을 통해 내적인 평온함이라는 감정을 직접적으로 드러내는 간투사들이 해당되며, 두 번째 그룹에는 고유 의미에서의 단어들이 해당된다. 우리가 단어라고 부르지 않으며 따라서 언어에도 포함시키지 않는 간투사들과 단어들 간의 차이가 어디에 있는지 보여주기 위해서 다음과 같은 점에 주목할 필요가 있다고 본다.

우리의 발화에서 어조가 아주 중요한 역할을 하며 종종 발화의 의미를 바꾼다는 점은 잘 알려져 있다. 단어는 실제로 발음이 되는 경우에만 존재하며, 반드시 특정한 어조로 발음되어야 하는데 때때로 어조를 포착하거나 구별하기가 불가능한 경우도 있다. 그런 시각에서는 어조가 없으면 의미도 없는 것이지만, 단어의 이해 가능성은 어조에만 달려있는 것이 아니라 분절성에도 달려있다. вы(당신)라는 단어를 의문, 기쁨에 찬 놀람, 분노의 질책 등 다양한 어조로 발음할 수 있지만, 그 모든 경우에 그 단어는 단수 2인칭 복수형 인칭대명사이다. вы라는 소리와 관련된 사고는 어조로 표현되는 감정을 동반하지만, 그것이 전부가 아니라 그것과는 다른 그 무엇이 있다. 단어에서 분절성이 어조보다 더 비중 있는 것이라고도 말할 수 있다. 말을 하지 못하는 청각 장애인은 시각을 수단으로 하여 분절성을 지각한다. 따라서 분절성은 음성으로부터 완전히 분리될 수 있다.[1)]

간투사는 그와는 정반대이다. 간투사는 분절적이지만, 간투사의 경우 분절성이라는 속성은 계속해서 그 어떤 부차적인 것으로 생각된다. 간투사 o, a 등에서 놀람, 기쁨 등의 감정에 대한 관계를 지시하는 어조를 제거한다면, 그것들은 모든 의미를 상실하며, 그저 모음 열 내의 한 지점을 차지하는 내용 없는 추상적 요소가 된다. 어조만이 우리 언어와는 다른 언어를 사용하는 사람의 감탄을 불러일으키는 감정에 대해 짐작할 수 있는 가능성을 준다. 단어와는 달리 많은 경우 몸짓언어 없이는 불가능한 간투사는 어조에 따라 모두가 이해할 수 있는 유일한 말이다. 이것과 다른 것, 즉 간투사와 단어의 보다 더 내적인 차이가 연관되어 있다. 언젠가 단어와 관련이 있었던 사고는 그 단어의 음성들에 의해 의식으로 다시 불러들여진다. 예를 들어, 내가 잘 아는 사람의 이름을 들을 때마다 내가 전에 알아채지 못했던 그 사람의 형상이 어느 정도 명확하고 완전하게 또는 변형되거나 축소되어 떠오르게 된다. 그런 사고는 이전의 모습 그대로 재생되는 것은 아니지만, 두 번째, 세 번째 재생된 형상은 우리에게 있어서 첫 번째 형

1) Humb. Ueb. die Versch.67.

상보다 더 중요한 것일 수 있다. 보통 사람은 그가 어제 단어와 연결시켰던 의미와 오늘 단어와 연결시키는 의미 간의 차이를 전혀 보지 못하며, 단지 시간적으로 오래 된 상태의 기억만이 그에게 단어의 의미가 변한다는 점을 입증시켜줄 수 있다. 내가 아는 사람을 오랫동안 보지 못했을 때, 그의 이름이 이제는 그에 대한 나의 기억이 생생했던 과거와는 다르게 작용하겠지만, 어쨌든 그 이름의 의미에는 내게는 항상 동일한 그 무엇이 남아있다. 대화에서도 마찬가지다. 각자는 단어를 나름대로 이해하지만, 단어의 외적 형식에는 개개인의 이해와는 별도의 객관적인 사고가 담겨있다. 바로 그것만이 단어가 대대로 전달될 가능성을 부여한다. 또 단어가 새로운 의미를 가지는 것은 바로 이전에 다른 의미를 가졌었기 때문이다. 단어가 계승되는 것은 한 명의 동일한 사람에게 있어서 단어가 객관적인 의미를 가질 수 있는 능력의 다른 측면일 뿐이다. 간투사는 그런 속성을 가지지 않는다. 간투사의 모든 내용을 구성하는 감정은 사고처럼 재생되지 않는다. 우리는 지금 우리에게 '학교'라는 단어를 떠올리게 하는 사건이 이전에 우리 사고의 대상이었던 것과 동일하다고 확신한다. 그러나 우리는 어린 시절의 슬픈 기억이 우리에게 반가운 것일 수도 있고, 반대로 유복했던 어린 시절에 대한 생각이 비통한 감정을 유발시킬 수도 있다는 것을 쉽게 알 수 있다. 과거에 우리에게 어떤 감정을 심어주었던 사물에 대한 회상은 일반적으로 그와 동일한 감정을 불러일으키지 않으며, 단지 이전 감정의 희미한 그림자만 불러일으킨다. 좀 더 정확히 말하자면, 전혀 다른 감정을 불러일으킨다.

우리는 사고 속에서 이전의 기억을 반복하며, 그것에다 새로운 속성을 더하고 그것의 상황 및 다른 것들과의 관계 그리고 그것의 특징마저 바꾸어 버리지만, 그런 가운데에서도 우리 사고의 기본적인 속성은 동일하게 유지된다. 이와 마찬가지로, 그림에서 다른 것보다 먼저 보게 된 부분은 그것과 함께 나머지 모든 부분을 볼 때도 사라지지 않는다. 나의 최초의 지각은 이후에 지각되는 다른 것들과 더불어 하나의 전체를 구성하며 나에 의해 새로운 의미를 부여받지만, 그것 자체는 그림에 대해 내가 구성하는 전체적인 형상 속에 변함없이 유지되는 것으로 보인다. 감정은 그 속에 어떤 부분들을 포함하지 않는다. 우리는 감정의 힘과 성질이 표상들의 분포와 운동에 의해 규정된다는 것을 알지만, 그 표상들은 단지 감정의 조건일 뿐 기본적인 속성이 아니다. 조건 내적인 작은 변화는 이전 감정의 그 어떤 흔적도 의식 속에 남겨두지 않는 새로운 감정을 만들어 낸다. 이처럼 우리는 향수가 몇 가지 부분으로 구성되어 있는지 알 수 있지만, 단지 한 가지 분리되지 않는 냄새만 느끼는데, 그 냄새는 이전 성분에 새로운 물질들이 추가됨에 따라 전체적으로 바뀌게 된다. 사고는 우리 내부에 있었던 지각 또는 일련의 인상들을 자신의 내용으로 가지며, 이에 따라 낡아질 수 있다. 감정은 항상 우리 정신의 현존하는 상태에 대한 평가이며, 항상 새로운 것이다. 이점에서 왜 정신의 순간적 상태의 흔적인 간투사가 매번 새롭게 창조되며 말의 속성인 객관적인 삶을 가지지 못하는지 이해가 된다. 사실 우리는 무의식적으로 발한 외침을 기억하고 반복할 수 있다. 그러나 그때 우리가 발하는 소리는 감정의 반영이 아니라 이미 사고의 대상이 되며, 간투사가 아니라 간투사의 명칭이 된다. “내가 [ah]라고 말했다.”고 말하든지 또는 “뭐라고 말했습니까?”라는 질문에 [ah]라는 소리를 반복하여 대답하면서 우리는 그 [ah]를 문장의 일부 또는 단순한 하나의 문장이 되게 하는데, 그 모든 경우에 말이 되게 만드는 것이다. 간투사는 그것으로 향한 사고에 의해서 붕괴되는데, 그것은 감정이 자기관찰에 의해 붕괴되는 것과 동일하다. 자기관찰은 감정을 느끼는 순간에 의식의 지배를 받던 그것에 그 어떤 새로운 것을 부가하기 때문이다.

바로 여기서 간투사의 세 번째 변별적 특징이 나온다. 어떤 현상을 이해한다는 것은 그것을 우리 사고의 대상으로 만든다는 것을 의미한다. 그러나 우리는 우리가 간투사에 주목하는 순간 간투사로서의 존재가 사라지는 것을 보았다. 따라서 간투사는 그 자체로 남아있으면 이해가 되지 않는다. 여기서 이해가 되지 않는다고 하는 것은 "이것이 무엇인가?"라는 질문이나 "나는 이것을 이해하지 못한다."는 단언으로 표현되는 그런 것이 아니다. 이 질문도 단언도 이미 어느 정도 수준의 이해를 말해주며, 우리 안에 우리가 묻는 것, 우리가 모르는 것에 관한 어느 정도의 지식이 있음을 전제로 한다. 간투사가 이해가 되지 않는 것은 그것이 주체의 의식에 전혀 포착되지 않기 때문이다. 만일 우리가 다른 사람이 한 말을 그것이 우리 고유의 것이 되는 정도만큼 이해하며(일반적으로 외적 현상을 우리 정신이 수용한 이후에야 우리가 이해하는 것과 마찬가지로), 다른 사람이 발한 외침을 간투사가 아니라, 즉 감정의 직접적인 표현이 아니라, 다른 사람에게 어떤 감정이 있음을 지시하는 기호로[2] 받아들인다고 생각한다면, 간투사가 주체 자신에게 이해되지 않는다고 한 말에 간투사는 그 누구에게도 이해되지 않는다고 덧붙여야 할 것이다. 간투사가 정신 흥분의 반사로서 정신으로 되돌아가지만 음성에 대한 인상과 마찬가지로 정신에 의해 포착되지 않는다는 것을 이상하게 보아서는 안 된다. 우리 정신도 우리가 알 수 없는 것이고 우리 내부에는 우리 자신도 전혀 알지 못하는 수많은 지각과 감정이 있다는 것을 확인시켜줄 수 있는 경우들이 무수히 많다.

간투사가 이해되지 않는다는 말을 간투사는 단어가 가지는 것과 같은 의미를 가지지 않는다고 달리 표현할 수 있다. 언어 측면에서의

---

2) 이점에서 우리는 위에서 간투사를 일반적으로 이해가 되는 것이라고 했다.

방해가 없다면, 우리는 공포로 인한 외침이 공포를 의미한다고, 즉 말 속에 표현된 공포에 대한 사고를 의미한다고 말하지는 않을 것이다. 그것은 마치 얼굴에 나타난 일시적인 홍조가 부끄러움을 의미한다고 말하지 않는 것과 마찬가지다. 시침과 분침이 12를 가리키고 있는 것이 12시를 의미하는 것이 아니라 특정한 시간을 지시하고 있을 뿐인 것처럼, 그리고 오한이나 열, 맥박이 빠르거나 느린 것이 질병을 의미하는 것이 아니라 의사가 질병을 판단하는 징후일 뿐인 것처럼, 관찰자는 간투사에서는 그 자체로는 아무런 의미가 없는 정신 상태의 징표들을 보는 것이고, 단어 속에서는 이미 갖추어진 사고를 만나게 되는 것이다.

우리는 인류 발전 과정의 지난 시기들의 수많은 흔적과 더불어 사람에게서만 발견되는 것을 동물에도 전이시키며, 오직 인간에게서만 볼 수 있는 언어가 동물에게도 있는 것처럼 생각하는 경향을 유지하고 있다. 그러나 우리가 간투사를 언어에 해당되는 것으로 보아도 분절적 간투사와 비분절적 동물 소리 간의 외적인 차이가 인간과 동물의 정신적 과정의 깊은 내적 차이를 지시한다는 점을 기억한다면, 그것이 옳다고 보기 어려울 것이다. 보통 우리는 예를 들어 "개가 먹을 것을 달라고 한다."고 말할 때, 스스로의 말을 너무 정확한 의미로 받아들인다. 그런데 만일 인간이 그런 부탁을 한다면, 그것은 배고픔에 대한 인식 이외에도 배고픔을 충족시킬 수단, 그런 수단을 제공할 수 있는 인물, 부탁을 들어줄만한 인물과 우리와의 관계, 요구와 부탁의 차이 등에 대한 사고 등 한마디로 말해서 동물이 인간과 동일한 발달 능력을 가졌다고 보지 않는 한 동물에도 있다고 가정할 수 없는 여러 가지가 전제되어야 하는 아주 복잡한 현상인데, 우리는 그 점을 잊고 있는 것이다. 우리가 부탁하는 것처럼 받아들이는 개가 짖거나 낑낑대는 소리는 단지 개가 느끼는 불쾌한 감정의 반사일 뿐이고, 개의 관찰에 따른 행동으로 보기에는 부족한 움직임, 개가 몽둥이를 보고 한쪽으로 물러서는 것 같은 무의식적인 움직임이다. 동물의 소리는 단지 생리학적 법칙으로만 설명되지 않는다. 그것은 지각 및 그것과 병행하는 감정, 지각의 연상, 유사한 경우에 대한 예상 등과 관련된다. 그러나 다시 한 번 반복하는데, 동물의 소리는 의미를 가지지 않으며, 이해되지도 않고 다른 동물들이 이해하는 수단이 되지도 않는다. 수탉이 때를 맞추어 우는 것은 다른 수탉의 대답을 듣기 위한 것이 아니며, 다른 수탉이 그에 대해 대답하지도 않는다. 다른 수탉은 스스로 우는 것이며, 청신경이 먼저 운 수탉의 울음에서 받은 자극을 발성기관에 전달하기 때문에 우는 것일 뿐이다. 개는 사람이 그에게 하는 말을 이해하지 못한다. 왜냐하면 개의 정신 속에 말을 통해 표현되며 사람들 간에 이해가 가능하게 만드는 사고가 있다고 전제할 수 없기 때문이다. 개는 때리거나 찌르는 자극에 반응하는 것과 마찬가지로 소리를 듣고 특정한 행동을 하게 된다. 만약 개에게 먹을 것을 제때 주지 않아 크게 짖기 시작한다거나 또는 아직 말을 하지 못하는 아기가 유사한 상황에서 크게 운다면, 그것 역시 짖는 소리나 울음소리가 다른 사람에게 어떤 의미를 주는지를 이해하기 때문에 그렇게 하는 것이 아니다. 아기의 내부에서는 울게 만드는 배고픔과 그 울음에 대한 주변 사람들의 반응이 반복되면서 상호 연상을 일으킨다. 이에 따라 배고픔이라는 감각에 울음소리가 동반되면, 그것은 다시 울음소리를 더욱 강하게 만들며, 이때 울음소리는 배고픔과 기대감의 반영이 된다. 즉, 동물의 언어와 유아기 인간의 언어는 감정이 소리 속에 반영된 것이다.

전반적으로 언어의 음성 재료의 또 다른 기원은 생각해볼 수 없다. 인간은 자의적으로 음성을 이미 마련되어 있는 것으로 보며, 그에 따르면 말은 간투사에서 형성된 것이어야 한다.[3] 오직 간투사에서만 인간이 분절음을 발견할 수 있었을 것이기 때문이다. 이후 원초적인 간투사들에서 운명적으로 태곳적부터 간투사적 성격을 상실한 것들이 분리되었다. 첫 번째 무리에 해당하는 것은 신체적 통증이나 만족 그리고 사고의 형식보다는 사고의 질적 내용이라는 조건에 따른 복잡한 감정적 외침(예: 놀람, 기쁨, 슬픔에 따른 외침)들이다. 두 번째 무리에는 현대어의 어근으로 판단해볼 때, 전부는 아니지만 주로 시각과 청각적 인상과 관련된 감정의 간투사들이 해당한다.

앞에서 우리는 간투사가 그것에 대한 사고의 영향으로 말로 변한다고 언급했었다. 이제 그런 변화, 즉 언어 창조, 인간이 어떻게 자신과 남을 이해하는 능력을 얻는지, 우리가 의미의 객관성, 말의 이해 가능성이라고 부르는 그것은 도대체 무엇인지에 대해 좀 더 살펴볼 필요가 있다.

무엇보다 먼저 말이 형성되는 조건들에 주목해야 하는데, 이 조건들은 사회와의 관계와는 별개로 개별적인 인간 내부에서 발견될 수 있다. 첫째, 우리가 말을 할 때 말의 내용이라고 생각되는 것에 의해 유발되는 감정은 외침 속에서 드러나는 감정에 비해 약하기 때문에 그 자체로는, 상응하는 음성이 이미 준비된 것이 아니라면, 어떤 음성을 불러오지 못할 것이다. 여기서 우리는 간투사를 발하는 인간을 지배하는 감정의 긴장도는 간투사가 말로 전환되면서 작아진다는 결론을 내릴 수 있다. 둘째, 우리가 말의 내용을 생각할 때의 명확성과 우리가 말의 형태에 부여하는 완성도는 그렇게 감정의 밀도가 저하되게 만든다. 우리는 "공포의 눈은 커다랗다."는 속담을 모든 강한 감정들, 즉 반드시 과장된 표현을 하게 만들 뿐 아니라 우리가 느끼는 자극의

---

3) Ueb. die Versch. 209를 이와 비교하라.

원인이 되는 대상을 바라볼 수도 없게 만들 정도의 모든 강한 감정들에도 적용시킬 수 있다. 말을 만들면서 인간은 반드시 자신의 음성을 포착하게 마련이다. 그것이 이미 자기관찰이며 심리학적 의미에서의 반영인데, 이것은 우리가 자신의 사고의 흐름에 보다 집중할수록, 그리고 우리를 흥분시키는 감정이 보다 강할수록 우리에게는 더 힘겨운 것이 된다. 이 두 가지 조건(감정의 약함과 지각의 명확성)은 상당한 정도까지 그런 지각들의 반복만으로도 주어진다. 예를 들어, 사람은 처음으로 총소리를 듣게 되면 알 수 없는 공포를 느껴 자신도 모르게 고개를 숙이게 된다. 그러나 이후 총소리에 익숙해지게 되면, 그 소리의 특징을 귀 기울여 파악하기 시작한다. 그런 감정의 약화는 동물들에게서도 동일한 모습을 볼 수 있으므로(예: 마부의 무게, 총소리, 낙타의 모습 등에 익숙해지는 말), 인간에게만 고유한 모든 사고 능력으로부터 독립적인 것일 수 있다. 물론 감정 약화가 동물들에게 인간이 가진 것과 같은 시각의 객관성을 부여하는 것은 아니다. 감정을 음성에 반영시킬 필요성이 줄어들수록 음성과 표상 간의 다른 종류의 관계가 커진다. 인간이 내는 소리는 화자 자신에게도 지각되며, 청자로 하여금 화자가 이해할 수 있는 행동을 하게 만든다. 바로 그때서야 화자는 "자신의 말이 이해된다는 것을 타인에게서 확인"하게 된다. 이제 화자는 자신도 이해하게 된다. 화자는 이제까지 자신의 개인적인 소산이었던 바로 그 형상이 다른 사람에게도 존재한다는 증거를 얻기 때문이다. 이 경우에도 그리고 다른 사람을 이해하는 경우에도 화자의 고유의 사고를 드러내는 음성이 있게 된다. 화자 내부의 대상에 대한 표상, 음성 그리고 청자에 대한 작용(즉, 청자에게도 대상에 관한 동일한 형상이 있다는 것을 지시하는)은 이제 상호 연상관계가 되어 하나의 열을 이루며, 그 열은 어떤 구성 요소가 맨 처음에 제시되는가에 무관하게 재생된다.

이처럼 말은 극히 복잡한 과정을 거쳐 형성된다. 무엇보다 먼저, 예를 들어 어떤 자극의 영향으로 무의식적으로 '바바'라는 소리를 내는 아기에게서 볼 수 있는 것과 마찬가지로 소리를 통한 단순한 감정 반영이 있다. 그 다음은 음성 인식이다. 여기서 아기가 자신의 어떤 움직임이 음성을 만들어 내는지 반드시 알아야 하는 것은 아닌 것으로 보인다. 아기가 먼저 자신이 이전에 발음했던 음성을 회상하고 이어서 통증과 그것을 유발했던 사물을 기억해내는 데는 자신이 발음했던 '바바'라는 소리를 다른 사람으로부터 듣는 것으로 충분하다. 마지막은 음성 속의 사고의 내용을 의식하는 것인데, 이것은 다른 사람들이 그 음성을 이해하지 못하면 불가능한 것이다. 따라서 간투사 '바바'로부터 말이 형성되기 위해서는 어린아이가 반드시 엄마가 그 소리를 듣고 통증을 일으킬 사물을 서둘러서 멀리 치우는 것을 보아야 한다고 가정할 수 있다.[4)]

말이 창조되는 것에 대한 우리의 설명이 아무리 불만족스럽다고 해도, 어쨌든 언어가 통증을 표현하는 음성에 바로 앞서는 발달 단계를 전제로 한다는 것은 분명하다. 그런 단계를 의성어적 단계라고 부르는데, 의성어에 외부 자연의 소리들이 묘사된다는 의미에서가 아니라 (간투사에서 형성된 모든 말이 의성어는 아니다), 사고되는 현상이 처음으로 의성어를 통해 음성으로 묘사된다는 의미에서 그렇게 부른다.

지금까지 음성이 의미를 어떻게 얻는 가에 대해 말하면서, 우리는 간투사와 비교할 때 단어가 가지는 중요한 특성, 즉 이해와 더불어 생

4) Steinthal. Zur Sprachphilosophie. Zeitschr. f. Philos. v. Fichte u. Ulrici. XXXII, 207-II. Steinthal. Ueber der Wandel der Laute u. des Begrifs. Zeitschr. f. Völkepsychol. u. Sprachwissenschaft. I. 5, 420-22를 이와 비교하라.

성되는 특성으로 소위 내적 형식이라고 부르는 것에 대해서는 언급하지 않았다. 그 어떤 언어의 단어를 살펴보더라도, 단어는 그 내용으로 여겨지는 모든 사고를 표현하지 않으며, 단지 사고의 속성 가운데 하나만 표현한다.[5] '식탁(탁자, стол)'의 형상은 다양한 속성을 가질 수 있지만, '식탁(탁자)'이라는 단어는 단지 '펼쳐놓음'만을 의미하기에 (стол의 어근은 동사 стлать에서도 볼 수 있는 стл이다.) 형태, 크기, 재료와 무관하게 모든 식탁(탁자)을 동일하게 지시할 수 있는 것이다. 또 우리는 보통 창문(окно)이라는 단어로 유리가 달린 틀을 지시하는데, окно와 око(눈)라는 단어의 유사성으로 판단할 때, окно는 그것을 통해 밖을 바라볼 수 있는 것 또는 빛이 통과하는 것을 의미하며, 틀이나 구멍 개념에 대한 그 어떤 암시도 포함하지 않는다.

따라서 단어에는 두 가지 내용이 있다고 할 수 있다. 첫째는 위에서 우리가 객관적인 것이라고 불렀던 것인데, 이제 그것을 단어의 어원에 가장 가까운 의미라고 부를 수 있으며, 그것은 항상 오로지 하나의 속성만을 포함한다. 둘째는 객관적인 내용으로, 거기에는 수많은 속성들이 포함되어 있을 수 있다. 첫 번째 것은 곧 두 번째 것을 대체하는 기호, 상징이다. 우리가 대화하면서 어원적 의미가 명확한 단어를 사용하는 경우에는 보통 그 의미 이외에 아무것도 생각하지 않는다는 점은 경험을 통해 확인할 수 있다. 예를 들어, 구름(облако)은 '(그 무엇을) 덮는 것'일 뿐이다. 단어의 첫 번째 내용은 곧 사고의 내용이 우리 의식에 표상되는 형식이다. 따라서 만일 두 번째 의미, 즉 이제 우리가 그것이 단어의 유일한 내용임을 알게 된 주관적 의미를 제외하면 단어에는 음성만 남게 된다. 즉, 외적 형식과 더불어 역시 형식이기는 하지만 내적 형식인 어원적 의미만 남게 된다. 단어의 내적 형식

---

5) Humb. Ueb. die Versch. 97-8. 110을 이와 비교하라.

은 사고 내용의 의식에 대한 관계이다. 이것은 인간의 고유한 사고가 인간에게 어떻게 표상되는가를 보여준다. 바로 이것으로써만 한 언어에 동일한 사물을 지시하는 여러 개 단어가 있을 수 있는 이유, 그리고 그 반대로 하나의 단어가 언어의 요구에 맞추어 다양한 종류의 사물을 지시할 수 있는 이유를 설명할 수 있다. 이처럼 먹구름에 대한 사고도 여러 속성들 가운데 하나의 형식으로, 즉 먹구름이 물을 빨아들이거나 뱉어 낸다는 식으로 언중에게 표상되었으며, 이에 따라 먹구름(туча; 어근 ту '마시다', '흘리다')이라는 단어가 만들어진 것이다. 따라서 폴란드어도 무지개가 우물에서 물을 빨아들인다는 언중의 표상에 따라 동일한 어근이 들어있는 tęcza라는 단어로 무지개를 지시할 가능성을 얻게 된 것이다. 다양한 언어에서 무지개는 그와 유사한 방식으로 지시된다. 그것들을 살펴보면 화자들 또는 민족들이 하나의 종족에 속함을 입증하는 언어들의 유사성이 끝나는 지점에서 인류의 단일성을 입증해주는 것이 시작된다는 것을 보여줄 수도 있을 것이다. 그러나 그런 과제는 장애가 너무 많아 거의 수행이 불가능한 것으로 보인다. 첫째, 모든 단어의 시간적으로 최초인 내적, 외적 형식으로 거슬러 올라가야 한다. 둘째, 각 단어의 최초의 내적 형식을 제시해야 하는데, 극히 부정확할 가능성을 피할 수 없다. 왜냐하면, 예를 들어 최초에 일반적인 의미의 음성으로 표현되었던 놀람과 관련된 다양한 뉘앙스를 '보다(видеть)', '빛을 내다(светить)' 등등 가운데서 무엇으로 불러야 할지 모르기 때문이다. 마지막으로 세 번째, 원초적인 음성들의 속성을 규정해야 한다. 이것과 관련하여, 어조와 무관하게 음성의 분절성에서만 감정과 원초적 음성의 상응을 탐색하고 하이제(Гейзе)처럼[6] 주장하는 것은 전혀 옳지 않다고 보아야 한다. 하

6) System der Sprachwissenschaft v. K.W.L., Heyse. Berl. 1856. 77-80.

이제는 [a]가 균일하고 조용하고 명확한 감정, 침착한 관찰 그리고 그와 더불어 망연자실함을 지시하고, [u]는 주체가 자신으로부터 그 무엇을 멀리하려는 노력, 반감이나 두려움 등의 감정을 지시하며, 반면에 [i]는 희망, 사람, 그 무엇을 자신에게 가까이 두거나 그것에 대한 지각을 유추하려는 노력을 지시한다고 주장했다. 간투사의 음성 속에서 분절성 이외에 우리가 별로 주목하지 않는, 단조롭고 단순한 고저가 아닌 극히 복잡한 톤의 결합을 포착할 수 있는데, 그것들 역시 분절성만큼 음성들의 최초 의미 규정에 중요하다.

특정 음성이 단어 속에서 어떤 의미를 가지는 이유를 밝힐 때, 보통 그 음성이 지각에 동반되는 감정에 상응하는가를 탐색하는 것이 아니라, 음성과 대상 자체에서 오는 지각 간의 유사성을 탐색한다. 왜 '뻐꾹거리다(куковать)', '뻐꾸기(кукушка)'와 같은 의성어들이 그 소리가 의미하는 것을 의미하는지, 그리고 의성어가 아닌 단어들의 의미의 원인도 음성과 지시되는 사물 간의 유사성에서 찾아야 하는지 명확하게 느끼는 독자가 있을 것이다. 훔볼트에게서도 그런 시각을 찾아볼 수 있는데, 그는 일차적인 단어들 내의 개념(넓은 의미에서)과 음성 간 관계의 다음 두 가지 기반을 발견한다.[7)]

"의성어들의 개념 지시는 직접적이다. 여기서 지각 대상물이 내는 소리는 비분절음이 분절음으로 전달될 수 있는 정도만큼 묘사된다. 그것은 마치 그림으로 지시하는 것, 즉 대상이 눈에 들어오는 대로 그림으로 묘사하는 것과 같다(즉, 특정한 윤곽들로 이루어진 유색 공간만을 전달하고 그것을 보는 사람 스스로가 보충하는 것과 같다). 그렇게 언어는 귀에 들리는 대로 대상물을 표상한다(즉, 나머지 모든

7) 훔볼트가 말하는 세 번째 지시 방법, 즉 유사한 개념은 유사한 음성을 얻는 다는 것은 여기에 해당되지 않는다. 그 경우에는 '음성 자체의 특성에 주목하지 않기 때문이다.' (Ueb. die Versch. 82).

속성들은 빼놓고 오직 소리만 전달한다).” 어쨌든 여기서 소리 자체는 묘사 대상물과 그 어떤 공통적인 것을 가진다. “대상물을 직접 흉내 내는 것이 아니라 소리와 대상물에 공통적인 그 어떤 제 3의 것으로 지시하는 것, 이 방법을 상징적인 방법이라 부를 수 있다. 물론 언어 내에서의 상징은 훨씬 더 넓은 개념이다.[8] 대상물 지시를 위해 부분적으로는 직접적으로 음성들이 선택되고 부분적으로는 대상물 자체가 정신에 주는 인상과 유사한 인상을 청각에 주는 다른 음성들과의 비교를 통해 선택된다. 따라서 stehen, stätig, starr라는 음성들은 그 어떤 견고한 것이라는 인상을 준다. 산스크리트어 li(‘녹다’, ‘사방으로 흘러내리다’)는 그 어떤 액체라는 인상을 주며, nicht, nagen, neid라는 음성들은 즉시 매끄럽게 잘린 그 무엇이라는 인상을 준다.” (비교. 러시아어의 отказать는 단호하게 아니라고 말한다(сказать нет – наотрез)는 인상을 준다). “이런 식으로 유사한 인상을 주는 지각 대상들은 거의 유사한 음성들로 구성된 이름을 부여받는데, Wehen, Wind, Wolke, Wirren, Wunsch 등에서 w 소리는 그 어떤 흔들거리는, 불안정하고 명확하게 지각되지 않는 운동을 표현한다. 개별 음성들과 음성 무리들의 특정한 의미에 기반을 둔 지시는 최초의 단어 형성에서 아마도 배타적으로 지배적인 역할을 했을 것이다.”[9] 앞에 언급한 입장에서, 훔볼트의 견해와 마찬가지로, 원시인만이 음성에 객관적인 의미를 부여한 것이 아니었으며, 원시인만이 음성과 지시대상 간의 관계로써 그 객관적인 의미를 무의식적으로 설정한 것이 아니었다는 결론을 내릴 수 있을 것으로 본다. 원시인이 stätig, starr라는 단어가 어근 sta에 해당되는 st라는 음성을 포함하고 있다는 것은 알지 못했을 것이다. 단어 속에서의 의미와는 별개로 분리된 이 음

---

8) 왜냐하면 모든 단어의 의미는 상징적으로 지시되기 때문이다.

9) Ueb. die Versch. 80-81.

성은 원시인에게는 상시적이고 견고한 것이라는 특징을 가졌을 것이며, 그에 따라 앞의 단어들로 지시되는 개념에 아주 적합한 것이다. 그런데 여기서 두 가지 의문이 제기된다. 이미 만들어진 단어를 앞에 두고 있는 관찰자가 그 단어 속의 음성에서 단어가 의미하는 대상을 발견하는 것이 타당한가하는 의문, 그리고 만일 타당하다면, 음성 속에서 독립적인 의미를 찾으려는 노력이 단어 형성에 필요한 힘 가운데 하나가 될 수 있는가하는 의문이다.

첫 번째 의문과 관련하여, 무엇보다 먼저 어느 정도 다양한 감각 인상들 간의 공통점을 찾으려는 경향이 거의 모든 사람들에게 있다는 점을 사실로 인정해야 한다. 바로 언어가 그런 인간 공통의 경향이 존재한다는 확실한 증거가 될 수 있는데, 물론 그것은 모든 형상적인 표현(언어에 전이적인 표현이 없다고 할 때)을 사치나 변덕이 아닌 사고의 본질적인 필요성으로 여기는 사람에게만 해당되는 말이다. 다른 많은 언어들에서와 마찬가지로, 슬라브어들에서도 시각, 촉각 그리고 미각, 시각과 청각 인상들을 접근시키는 것이 일반적이다. 우리는 불타는 듯한 맛, 날카로운 소리라고 말한다. 민중가요에서는 빛과 크고 명확한 소리를 비교하는 경우도 볼 수 있다. 태어나면서부터 앞을 보지 못하는 사람이 남들에게 들어서 알고 있는 붉은 색이 파이프 소리와 비슷할 것이라는 생각을 가지게 되는 것은 언어의 비밀스러운 영향 때문일 것이다. 그러나 언어와 무관하게 그와 같이 유사하게 여기는 것도 가능하다. 이와 관련하여 로체는 다음과 같이 말했다. "우리는 낮은 톤은 어둠과, 높은 톤은 빛과 비교한다. 일련의 모음들에서는 다양한 색깔들과의 유사성을 발견하며, 또 색깔은 다른 인상적 감각인 맛의 속성을 표현한다. 물론, 각 개인의 신체 구조와 정신적 속성에 커다란 차이가 있으므로 그 모든 것에 전적으로 동의하는 것은 불가능하다. 그리고 만일 검은 색의 흰색에 대한 관계처럼 모든 a를 y에 해당시킬 수 있다고 해도, 모든 e가 노란색과 유사한 것, i가 붉은 색과 유사한 것, o가 하늘색과 유사한 것으로 표상되지는 않는데, 이와 마찬가지로 모든 사람이 붉은색에서 냄새가 좋은 단 음식을, 하늘색에서 수소를, 노란색에서 금속의 맛을 느끼는 것은 아니다.

우리는 또한 다양한 감각들 사이에서 파악되는 각각의 유사성이 그것들의 직접적인 내용 비교를 기반으로 하는 것이 아니라 공통감이 겪는 자극들의 보다 약하고 감추어진 유사성에 대한 지각을 기반으로 한다는 점에 동의할 수 있다. 그러나 그렇게 양보한다고 해도 인간 발달과 관련된 감각적 지각에 대한 그런 시각이 가지는 의미가 변하는 것은 아니다. 각자에게 그런 비교의 의도가 있다는 것으로 충분하며, 그런 비교의 결과가 모든 사람들에게 확실한지 아닌지는 별개의 문제다. 그러나 어쨌든 비교를 하는 사람이 감각을 통해 지각하는 세계는 현상들의 게임으로 변모하며, 그 게임에서 개별적인 형상들은 서로서로를, 그리고 이상적인 내용을 지시한다. 이때 모든 개별적인 형상들은 형태적으로 다양한 만큼 이상적인 내용의 표현들로 기능하므로, 환상을 통해 그 표현들의 단일성을 느낄 수 있다. 우리가 이 비교에서 인상으로부터 얻는 감각의 유사성을 그 인상들의 고유한 내용의 공통성으로 여기는 실수를 범하고 있는지 모른다. 그러나 여전히 모든 감각이 그런 실수에 기반을 둔다는 점을 기억할 필요가 있다. 감각은 우리 내적인 흥분의 형태들 속에서 우리 외부 지각 대상물의 속성을 본다. 그런 시각이 환상일수도 아닐 수도 있지만, 그것은 우리 감각의 자연적 속성들 가운데 하나이며, 우리의 세계관 전체에 커다란 영향을 준다."[10] 우리는 그것을 언어에 적용하여 특정 분절음과 가시적인 또는 느낄 수 있는 대상물 간의 유사성을 보는 것은 충분히 타당하다고 말할 수 있다. 그러나 우리는 그와 같은 비교들 중에서 그

10) Lotze. Mikrokosm. II, 179-181.

어떤 과학적인 성격을 가지는 것이 있다는 말을 들어본 적이 없다는 점도 밝혀둘 필요가 있다. 그런 비교는 아마도 비교하는 사람 자신에게만 필요한 것이고 확실한 것일 수 있다. 훔볼트가 지적한 것처럼, 음성의 상징성 설명에서 자의성에 빠져 그 어떤 객관적인 의미를 가지는 결론에 도달하지 못할 위험성은 지각 대상물과 음성을 결합시키는 단계들을 모두 빼놓지 않을 가능성이 없다는 점에서 발생한다. 만일 우리가 시계 바늘이 시계추의 무게에 의해서 직접 움직여지는 것이 아니라 서로서로 운동을 전달하는 수많은 톱니바퀴들에 의해 움직인다는 것을 간과한다면, 시계추의 균등한 인력과 바늘 회전 간의 비교는 아주 불확실한 것이 된다. 그럴진대 우리가 기계의 구조만큼 그 속성을 결코 밝혀낼 수 없는 정신의 지각으로서의 소리와 대상물 간의 비교는 얼마나 더 불확실할까?

한편, 많은 사람들이 하이제가 상징적인 지시의 예로 들었던 것들(klar, hell, trübe, dunkel, dumpf, spitz, mild 등)과 유사한 가장 최근에 변형된 단어들 내의 음성의 의미에 전적으로 동의하고 있다.[11] 그렇게 상상을 통해 음성에 '영적 능력을 불어넣는 것'에 대한 동의는 이때 각자가 그 음성들의 실제 의미의 영향 하에 놓여있다는 점에서 발생하는 것일 수 있으며, 만일 동일한 음성들이 서로 다른 의미를 가졌다면 달리 판단했을 것이다. 우리는 언어가 지시 대상물과 그것의 개략적인 성질들을 위해 개략적인 음성들을 선택한 예로서 전에 언젠가 овый(엄격한)라는 단어를 제시한 적이 있다. 물론, 단어를 아주 생생하게 만드는 р([r])를 강조하기 위한 것이었는데, 우리는 동일한 어근의 단어인 сырой, сыр에서 동일한 р가 그 누구에게도 엄격한 것으로 느껴지지 않으며, 틀림없이 суровый라는 단어 자체가 예전에는

11) System der Sprachwiss. 95.

'묽은'이라는 뜻이었고 그 어떤 음성 상징도 표상하지 않았었다는 점을 잊어버렸거나 또는 몰랐을 것이다.[12)]

그런 예들을 통해 판단할 때, 음성이 즉시 의미를 부여받는 것이 아니라, 음성이 단어의 특정한 의미와 연계되는 정도에 따라 사람이 그 음성을 특정한 사고와 결합시킬 필요성을 열어 나간다고 생각할 수 있다. 바로 그렇게 사람은 모든 일을 왼손이 아니라 오른손으로 정성껏 해야 한다고 여기는데, 이미 오래전부터 무의식적으로 그런 규칙을 지키고 있기 때문이다. 이 모든 것은 음성과 지각 대상의 감각적 형상 간의 직접적인 유사성이 음성의 표상과 대상물의 표상들, 즉 표상들의 연상을 포함하여 다른 모든 것에 앞서는 표상들의 결합 수단이라는 견해의 타당성을 의심하게 만든다.[13)] 음성의 상징성은 음성뿐 아니라 내적 형식을 포함한 단어도 이미 마련되어 있는 것으로 보게 만들기에 단어 형성 자체에는 필요가 없었던 것으로 보인다. 음성의 상징성은 이미 마련된 단어들 속의 음성들이 변형되는 이유였을 수 있다. 그러므로 아랍어에서 장모음을 삽입하여 복수나 집합을 지시하는 것, 인도유럽어에서 음성 중복을 수단으로 하여 과거시제나 지속을 지시하는 것은[14)] 높은 수준의 성질을 표현하려할 때 형용사 모음을 길게 늘여 발음(예: хороший)한 것과 동일한 감각의 영향으로 발생할 수 있었을 것이다.

---

12) 보통 음성의 상징적 의미는 내적 형식이 아니라 우리가 단어의 주관적인 의미라고 부르는 의미와 일치한다. 예를 들어, милый(사랑스러운)라는 단어의 내적 형식은 틀림없이 부드러움이라는 표상일 것이고(милый는 молоть(부수다)와 어근이 동일하다.), милый 내 음성의 상징적 의미는 사랑스러운 것에 의해 우리 내부에서 일어나는 감정과 유사한 감정이다. 반면, 내적 형식이 잊혀진 단어들 내의 음성은 의미가 파악될 수 없다. 그러나 만일 내적 형식이 기억된다면, 음성의 의미는 그것과 유사할 수 있다.

13) Lazarus. Das Leb. der Seele, II 99-101.

14) Ueb. die Versch. 83.

8

통각(統覺) 수단으로서의 말

말을 창조할 때, 그리고 말을 창조할 때와 동일한 법칙에 따라 발생하는 발화와 이해 과정에서 이미 얻어진 인상은 마치 2차적으로 지각되는 것처럼 새로운 변화를 겪는데, 그것을 한마디로 말해서 통각된다고 한다. 말의 심리적 의미로 넘어가기 전에 통각의 일반적인 의미를 살펴볼 것인데, 『죽은 혼』 1부의 9장과 10장에 나타난 통각의 일련의 예를 제시하는 것으로 시작하겠다.

모든 면에서 어여쁜 한 부인이 치치코프가 죽은 농노를 사들이는 것은 단지 그렇게 가장하기 위해 생각해 낸 것일 뿐이고, 실제로는 치치코프가 주지사의 딸을 데려가고 싶어 한다고 나름대로 통각한다. 즉, 치치코프와 죽은 농노들의 표상을 나름대로 설명하고 이해한다. 그런데 부인들 중 한명이 주지사의 딸이 성격이 조급하고 그 어떤 여자보다 더 가식적이며, 얼굴에 연지를 손가락 두께로 발라 마치 회반죽이 떨어지듯이 덩어리져 떨어져 내린다고 말했고, 다른 부인은 그와는 반대로 주지사의 딸이 조각상 같고 죽음처럼 창백하다고 말했다. 이처럼 두 부인은 동시에 얻은 지각, 최초에는 극히 유사했던 지각을 서로 다르게 통각한다. 이와 마찬가지로, 의료청 감독관이 치치코프와 죽은 농노들과 관련하여 진료소들의 수많은 환자들과 죽은 자들을 떠올리는데 반해, 세금 관리소 의장은 제대로 이루어지지 않은 거래를, N시의 공무원들 각자는 자신이 저지른 공무상의 죄를 떠올린다. 마지막으로 청탁자들의 유혹에 넘어가지 않아 사물을 미학적으로 보는데 필요한 마음의 평정을 유지하고 있는 우체국장은 코페이킨 대위에 관한 이야기에 격분한다. 이 모든 것은 거의 동일한 지각에 대한 다양한 통각의 모델들이다. 이 모든 예 및 그와 유사한 예들에서 통각의 두 가지 본성을 즉시 구분할 수 있다. 한편으로는 지각되는 것과 설명되는 것이고, 다른 한편으로는 사고와 감정의 통합체인데, 지각되는 것은 이것에 귀속되며 그것을 수단으로 하여 설명된다. 이 본성들이 가지는 지속적인 관계라는 속성은 통각 일반의 본질이 무엇인지, 정신생활에서 언어가 어떤 역할을 할 수 있는지를 보여줄 수 있다.

앞에 제시한 예들 중 몇 가지에서 설명되는 것과 설명하는 것이 동일시됨을 볼 수 있다. 예를 들어, 치치코프가 조사를 위해 주지사가 파견한 관리임이 인정된 뒤에, 또는 우체국장이 치치코프가 누구인가 질문한 후 "여러분, 그는, 오 나으리, 다른 사람이 아니라 바로 코페이킨 대위입니다!"라고 외친 바로 그때 치치코프에 대한 표상, 주지사가 파견한 관리에 대한 표상, 치치코프와 코페이킨에 대한 표상이 뒤섞였으며, 어느 시기까지는 정신이 구별을 하지 못한다. 그러나 통각은 지각들이나 표상들의 융합에 있는 것이 아니다. 그것은 첫째로 이 예들에서 하나의 사고를 다른 사고로 설명하는 것은 그것들의 융합에 선행하며, 따라서 설명은 융합과는 다른 것으로서 마치 부속된 요소처럼 융합을 내포하기 때문이다. 둘째로, 융합은 통각 없이도 가능하기 때문이다. 이처럼 우리 주변 지각 대상들의 익숙한 모습은 우리에게 설명을 요구하지 않으며, 우리가 전혀 눈치 채지 못할 우리 사고의 움직임으로 이어지지도 않는다. 그것은 그 대상들에 대한 우리의 이전 지각들과 직접 융합된다. 만일 방금 들은 소식을 다른 부인에게 전달한 여자가 자신의 사고를 정리하느라 바빴다면, 우리에게 자주 일어나는 것처럼, 그녀는 아는 여자들의 무리를 보고서도 그들을 알아보지 못했을 것이고, 눈앞에 말들을 보고서도 그것들이 빨리 달리는지 아닌지 관심을 두지 않았을 것이다. 왜냐하면 정신이 수용하는 새로운 인상들이 아무 방해 없이 이전의 인상들과 융합되었을 것이기 때문이다. 그러나 새 소식에 대한 이야기는 이미 준비된 것이었거나 또는 아마도 그 부인이 그에 대한 준비가 필요 없다고 여겼고, 단순히 빨리 그것을 전달하고 싶다는 거부할 수 없는 충동을 느꼈던 것일 수도 있다. 그녀의 새 소식 전달이 어떤 효과를 가져 올 것인가에 대한 사고가 실행을 요구했지만(배가 고플 때의 음식에 대한 사고가 그것에 대한 지각과 동종의 새로운 지각들과의 융합을 요구하는 것과 동일하다), 새로운 지각들은 그런 사고와 조화되지 못했으며, 기존에 정신 내에 있었던 지각들이 새롭게 들어오는 지각들과 융합하는 것을 방해하는 요소들이 바로 그 새로운 지각들이 통각되는 이유가 되며, 부인이 미사가 참을 수 없이 길게 늘어졌다고 불평하고 미사를 저주받을 구성이라고 부르고, 또 마부에게 너무 오래 달리고 있다고 말한 이유가 된다. 따라서 우리가 알고 있는 대상물 a, b, c가 차례로 우리 시야에 들어오면, 아무런 방해 없이 a, b, c에 대한 이전의 표상들과 융합될 때까지 포착되지 않을 수 있다. 그리고 만일 기대하던 d의 표상 대신에 그에 상응하는 대상물 d가 아니라 알지 못하는 x가 나타나면, 그것에 대한 지각은 이전 것과의 융합에 대한 장애를 만나게 되어 통각될 수 있다. 그런 경우에 우리는 "아, 이건 새로운 집이네." 등으로 말할 수 있다. 한편, 통각의 본질이 융합에 대한 장애에 있는 것이 아니라는 점은 분명하다. 두 가지 사고 행위의 융합에 대한 장애가 있음을 한 번 인정하는 것으로만 통각이 구성되는 경우도 일반적이고, 이것(설명을 요하는 지각)은 저것이 아니라거나(즉, 우리가 기대하던 그것과 동일하지 않은 것이다), 또는 a는 b가 아니라는 일반적인 공식으로 표현된 수 있는 통각의 경우들도 일반적이다. 그러나 장애가 설명에 앞서고 설명에 의해 장애가 제거되는 경우들도 그만큼 자주 볼 수 있다. 이처럼 죽은 농노 등에 대한 소문에 놀란 N시 관리들의 상황은 자고 있을 때 친구들이 코에 경기병 인형을 집어넣은 그 학생의 상황과 비교된다. "그는 잠이 깨면서 이리저리 뛰었고... 자신이 어디에 있는 것인지, 무슨 일이 일어난 것인지 정신을 차리지 못했다." 즉, 그는 새로운 지각들을 통각할 수 없었다. 잠을 자는 동안 그의 정신이 다른 지각에 사로잡혀 있었으며, 설명을 해주어야 할 다양한 사고들이 정신이 새로운 인상들에 놀란 속도만큼 빠르게 의식으로 복귀할 수 없었기 때문이다. "이후 그는 기울어진 햇빛에 밝게 빛나는 벽들을 구별하였으며,"...... "그리고 마침내 그의 코 속에 경기병 인형이 들어앉아 있다는 것을 알게 된다." 관리들의 경우에는 그런 멍한 상태가 지나면서 질문들이 이어지는데("죽은 농노들이라니 이게 무슨 일인가?"와 같은 질문), 여기서도 그렇고 다른 경우에도 마찬가지로, 그 질문들은 해명, 즉 통각에 대한 요구이며, 그 자체가 이미, 완전한 것은 아니지만, 말로 표현된 지각들의 통각이다. 우리는 "이게 뭐야?"(Это что такое?)라고 물으면서 사고 속에는 대답에 대한 그 어떤 지시물도 가지고 있지 않지만, 우리가 사용한 단어들로 판단할 때, 우리는 이미 그 어떤 속성을 가진(такое) 대상물(это что)에 대한 인상을 통각한다. 융합에 대한 장애는 통각의 본질을 구성하는 아주 작은 부분이지만, 그와는 반대로 가장 완전한 통각은 장애를 만나지 않는 것이다. 즉, 예를 들어, 우리는 무엇보다 쉽게 읽혀지는 책을 가장 잘 이해할 수 있다.

죽은 농노들에 관한 소문에 흥분한 사람들이 내뱉는 근거 없는 다양한 말에 주목하면, 우선 통각이 통각되는 것의 변형에 있다는 생각이 들 수 있다. 그런 생각은 충분히 진실에 가까운 것이다. 그러나 치치코프가 코페이킨 대위 또는 나폴레옹이라든지, 나폴레옹은 적그리스도라든지 하는 등의 혼란뿐 아니라 진실 자체도 통각의 결과가 될 수 있다는 것을 기억할 필요가 있다. 사실을 정확히 설명하는 사람은 그것을 달리 왜곡하지 않는다. 돈키호테는 자신의 광적인 성격과 기사의 모험 이야기의 영향으로 풍차의 날개를 마치 거인의 칼로, 양떼를 적의 군사들로 통각하지만, 그의 시종은 동일한 지각 과정을 거치면서도 단지 풍차와 양떼를 볼 뿐이다. 감각들에 의해 직접적으로 전달되는 것으로 보이는 가장 단순하고 가장 명료한 진실은 실상 통각이라는 복잡한 과정의 결과일 수 있다. 통각되는 것은 치치코프나 주지사의 딸처럼 속성들의 복합체나 말이 아니라(양자는 단지 어느 정도의 정신적 발달에서만 가능하다), 단순한 감각적 지각 또는 그런 지각들과 거의 분리될 수 없는 인접한 정보들일 수 있다. 마찬가지로 통각하는 것은 복잡한 정신적 현상(앞에 제시한 예에서와 같이, 부인들의 미에 대한 개념에 상반되는 속성들을 주지사의 딸에게 부여하는 부인들의 감정)이 아니라 그 어떤 한 가지의(조건 면에서) 복잡하지 않은 감정 또는 인식 능력의 몇 가지 행태일 수 있다. 통각은 특정한 지각이 다른 가능성이 별로 없는 상태에서 현존하는 것에 의해 보충되고 설명되는 모든 경우에 나타난다. 예를 들어, 아기는 단지 통각을 수단으로 하여 다른 것이 아니라 바로 자신의 팔이 아프다는 것을 알게 된다. 그런 지식은 이미 정신 내에 공간적 대상물로서의 팔의 형상을 전제로 한다. 그러나 그것으로는 아직 부족하다. 팔을 바라보아도 아픈 것이 바로 팔인지 아직 알지 못한다. 왜냐하면 시각은 아픈 곳도 아프지 않은 곳도 공히 냉담하게 지각하기 때문이다. 역시 통증이라는 감각 하나만으로도 부족하다. 우리는 통증 하나에서만 팔이 아프다는 지식을 도출하지 못하기 때문이다. 어디가 아픈지 아는 것과 무관하게 특정 지점을 가지는 통증이 그곳을 건드림에 따라 아픈 부위가 되기 위해서는, 그리고 그런 촉각적 인상에 아픈 부위의 형상 변화가 결합되도록 하기 위해서는 시각에 의한 전달과정이 반드시 필요하다. 후자의 변화는 반드시 발생하는데, 그것은 우리가 손가락으로 만져보는 팔의 해당 부위가 보이지 않기 때문이거나 또는 아픈 부위를 건드림에 따라서 팔 전체가 무의식적으로 위치를 바꾸기 때문이다. 이처럼, 팔이 아프다는 것을 안다는 것은 통증이 있는 자신의 신체 부위가 바로 시각과 촉각에 특정한 인상을 제공하는 부위라는 점을 인정하는 것이다. 여기서 통증은 다시금 인식, 확인, 보충, 설명된다. 한 마디로 말해서 촉각과 시각적 지각에 의해 통각되는 것이다.[1)]

따라서 통각을 항상 설명되는 것의 변화라고 부를 수 없으며, 그런 변화가 발생한다고 해도 그것을 반드시 통각의 본질적인 속성이라고 여길 수 없다. 항상 융합의 결과가 나타나기 때문이며, 그것 자체는 본질적인 것이 아니기 때문이다. 따라서 보다 일반적인 표현으로 통각은 새로운 사고 형성에 특정한 대규모의 표상들이 참여하는 것이라고 규정하는 것이 더 편리하다.[2)] 새로운 사고 형성은 본질적인 의미를 가지는데, 그것은 항상 통각의 두 가지 기본적 속성의 상호 작용의 결과가 그 두 가지와는 비슷하지 않은 그 어떤 새로운 것이 되기 때문이다. 그러나 이런 규정은 바로 어떤 사고들이 설명하는 것들이 되어야 하는지를 보여주지 않기 때문에 보충될 필요가 있다.

---

1) Waitz. Lehrbuch der Psychol.189를 이와 비교하라.
2) 통각에 대해서는 다음을 참조하라. Steinthal. Zur Sprachphilos. Zeilschr. f. Philos. v. Fichte etc. XXXII, 74-7.

정신 내에는 몇 가지 그룹이 있고, 그 각각이 공히 주어지는 지각을 통각할 수 있는 것으로 보인다. 그런데 하나의 지각과 관련하여 어떤 경우에는 하나의 그룹이 의식으로 들어가고, 다른 경우에는 다른 그룹이 들어간다. 따라서 예를 들어, 학생의 정신 속에 그리스 또는 라틴 고전의 내용이 내적인 방식으로 결합될 수 있을 만한 것이 아무 것도 없어서 그가 그 내용을 수용할 수 없다고 말할 수 없다. 그러나 실험을 통해 나타난 바, 그런 내용은 전혀 주목되지 않고 사라진다. 즉, 형식이 어려운 경우나 문법을 목적으로 읽는 경우에는 통각되지 않는다. 그러나 언어의 형식적, 어휘적 뉘앙스를 좀 더 깊이 파고들어 부분별로 그 내용을 기억할 수 있다. 예를 들어, 민중가요의 경우 모든 자료를 머릿속에 기억하면서도 전체 내용을 파악하지 못할 수 있다. 우화에서처럼 코끼리에 붙어있는 딱정벌레들을 알아보지 못할 수 있다. 그런 현상의 이유는 다양한 상황에 따라 통각하는 힘이 변화되는 데 있다고 가정할 수 있다. 내가 어떤 책을 읽을 준비를 많이 할수록, 어떤 말을 들을 준비를 많이 할수록, 통각하는 계열들이 강해질수록, 이해와 습득이 더 쉽게 이루어지며 통각도 더 빨리 이루어진다. 그러나 집중이 필요한 독서인데 그 무엇에 의해 중단된다면 또는 내가 읽고 있는 것을 설명해주는 사고 작용을 약화시키는 불필요한 인상들의 영향을 받으면서 책을 읽는다면, 그것은 소용없는 일일 것이다. 만일 죽은 농노를 사들이는 일이 N시 관리들이 들어본 적도 없는 일이 아니라면, 그들이 치치코프의 그런 이상한 행동에 대한 소문을 듣고 오해하는 일도 불가능할 것이다. 그리고 "죽은 농노들이라니 이게 무슨 일인가?"라는 지각이 통각을 모색하지만 통각이 발생하지 않음을 지시하는 질문도 불가능할 것이다.

"통각은 가장 강한 표상들이 새로운 사고 형성에 참여하는 것이다." 그런데 의식 속의 새로운 지각 또는 재생된 지각들에 대해 표상들이 영향을 주기가 대단히 용이하냐 아니냐를 조건 짓는 그 힘은 도대체 무엇인가? 그런 질문과 그에 선행하는 규정은 경험에서 나온 확신, 즉, 형이상학적으로 표현하자면, 정신 속에 위치하는 모든 것은 하나의 평면에 분포되어 있는 것이 아니라 앞으로 나와 있거나 또는 뒤로 물러나 있다는 확신을 전제로 한다. 만일 특정 순간에 주어진 지각이 표상들의 모든 계열들(개별적인 것들이지만 상호 관계를 잃지 않은 단위들)에 대해 동일한 관계에 있을 수 있다면, 그 지각은 그 모든 계열들에 의해 갑자기 통각될 것이며, 또한 우리 사고가 단번에 몇 가지의 다양한 통각 결과들을 포함할 수 있을 것이다. 그리고 만일 서로 아무 관련이 없고 하나의 전체를 구성하지도 않는 것으로 보이는 몇 가지 지각들이 동시에 하나의 표상 무리들로 통각된다면, 그런 경우에도 역시 마찬가지일 것이다. 그러나 실상은 그렇지 않다. 예를 들어, 한 부인이 다른 부인과 대화를 하던 중 주지사 딸의 얼굴에서 연지가 마치 회반죽이 떨어지듯이 덩어리져 떨어져 내린다고 확신하고 있는데, 그 순간 그녀에게 있어서 다른 결론은 불가능한 것이며, 그와는 반대로 그녀가 다른 상황에서 도달할 수 있었을 다른 결론은 이 결론을 배제하기 마련이다. 일반적으로 인생의 각 순간에 정신 속에 있는 모든 것은 동등하지 않은 두 가지 영역으로 나누어진다. 하나는 넓은 영역으로서 우리가 알지는 못하지만, 외부로부터의 새로운 지각없이 그곳으로부터 많은 것이 우리의 사고로 오기 때문에 우리가 상실한 것이 아니다. 다른 하나는 우리 의식 속에 들어있는 우리가 알고 있는 영역으로서 첫 번째 영역과 비교할 때 아주 제한적이다. 의식은 자기의식과는 전적으로 다른 현상으로(의식은 인간 정신생활의 항시적인 속성인데, 자기의식은 인간이 좀 더 늦게 획득한다), 특정 순간에 실제로 이루어지는 사고 행위들의 총체로 규정된다.[3] 이런 규정은 정신 내부에 있지만 의식 바깥에 있는 모든 것이 실제 사고(가장 넓은 의미에서의 표상)가 아니라, 단지 그것에 대한 지향이라는 점을 전제로 한다. 사고가 의식으로 들어갈 때 사고 내부의 그 무엇이 변화되지만,[4] 그것이 무엇인지는 말할 수 있을 것으로 보이지 않는다. 왜냐하면 두 가지

---

3) Hebhart's s mmtl. Werkc V, 1, 18; <die Gcsammtheit alles gleichzeitigen wirkHchen Vorstellens>.

4) 당연히 여기서와 마찬가지로 심리학 전반에서 현상들의 공간적 관계를 지시하는 단어들은 상징적인 의미만 가진다. 의식은 표상이 올라가는 무대, 너무 좁아서 많은 것들이 한꺼번에 위치할 수 없는 그런 무대가 아니다. 그리고 무의식은 무대에서 밀려난 표상들이 들어가 사라지는 각 뒤의 공간이 아니다. 의식은 또한 알 수 없는 이유로 다양한 표상들을 밝게 비추거나 그것들을 어둠 속에 남겨두는 빛이 아니다. 그러나 우리의 눈과 눈이 바라보는 사물이 다른 것처럼, 시선이 향한 대상과는 다른 내적인 눈이라고 할 수 있다. 의식은 표상들에게 불필요한 힘이 아니라 표상들의 고유의 상태다. 우리가 무언가에 몰두하고 있어 시계 종 치는 소리를 들으면서도 몇 번 치는가를 주목하지 않았지만 이후 몇 번 쳤는지를 정확히 기억하는 경우가 있다. 그리고 상대방의 말을 제대로 듣지 못해 다시 말해 달라고 부탁하여 상대방이 말을 다시 시작했는데, 그 말을 다 듣기 전에 못 들었던 말이 이미 떠오르는 경우도 있다. 이런 현상들은 비록 정신 내에 있지만 우리에게 작용하지 않는 외부 사물처럼 너무 생소한 무의식적 인상들의 내용이 의식적인 지각에 선행하며, 의식은 능동적인 행위가 수동적인 상태에 대해 가지는 것과 같은 태도를 무의식에 대해 가진다는 생각이 들게 만든다. 그러나 제시한 예들에서 인상은 처음부터 의식 속에 위치한다. 우리는 알아듣지 못한 말의 음성도 완전하게는 아니지만 포착한다. 시계의 종치는 소리도 마찬가지인데, 시간을 알게 해주는 종치는 횟수가 아니라 우리가 겪은 자극의 총량으로 포착한다. 여기서 통각, 설명, 보충은 지각을 뒤따른다. 그러나 이 지각은 이미 정신의 활동이며, 이미 의식이다. 물리적 원자가 외부의 자극을 받은 순간 이미 운동을 하고 원자가 자극을 받는 것이 이미 작용인 것처럼, 만일 외적 원인을 염두에 둔다면, 우리는 정신의 특정 상태를 수동적인 인상이라고 부를 수 있다. 그러나 동일한 원인이 다른 환경에서라면 다른 상태를 초래했을 것이라는 점을 기억한다면, 우리는 그것을 생생한 작용으로 여겨야 할 것이다. 이처럼 의식 속에서도 무의식 속에서도 능동적인 작용도 수동적인 상태도 볼 수 있다. 그러나 물론 그것들은 자신이 도대체 무엇인지 우리에게 말해주지 않는다.

현상들 간의 차이를 규정하기 위해서는 두 가지 모두를 알아야 하는데, 우리는 단지 무의식 상태 속에서 가졌던 속성들을 자신으로부터 털어내고 의식으로 들어가는 사고만을 알기 때문이다. 한편, 의식 속에 나타나기까지 그 사고가 무엇이었는가에 관한 질문을 제외한다면, 우리는 그 사고가 우리에게 표상되는 모습 속에서 그것이 다른 것들에 비해 의식 속에 더 자주 나타나며 새로운 지각들을 더 쉽게 통각하는 이유를 찾아볼 수 있을 것이다.

한 가지 사고들의 다른 사고들에 대한 영향 정도는 아마도 그것들에 동반되는 감정의 세기 또는 그것들의 명확성에 달려있을 것이다. 그런 조건들을 살펴보자. 첫째, 외부로부터 받는 감각적 지각들은 의심의 여지없이 다양한 정도의 세기를 가진다. 왜냐하면 그것들 가운데 그 어느 것도 자신의 내용을 충분히 절대적으로 묘사하지 않으며, 우리는 각각을 그 내용의 밀도에 상응하는 정도로 우리 존재에 더 큰 또는 더 작은 자극을 주는 것으로 느끼기 때문이다. 큰 소리와 밝은 빛은 우리에게 조용한 소리나 약한 빛보다 더 큰 내용을 전달할 뿐 아니라 그에 대한 지각도 우리에게 더 강하게 작용한다. 그와 같은 방법으로 동종의 감각들뿐 아니라 이종의 감각들도 비교할 수 있다(예: 큰 소리를 들을 때 느끼는 감정은 약한 빛에 대한 지각에 병행되는 감정에 비교할 때 더 약하다). 이전의 지각들에 대한 회상으로 조절되지 않는 외부 영향을 처음 겪은 정신의 내부에서는 보다 강한 감각이 약한 감각들을 압박하게 되는 것이 분명하다. 시선이 알게 모르게 그 무엇 표면의 가장 밝은 지점에 고정되듯이, 주의도 보다 어두운 지점이 아닌 그곳에 집중된다. 바로 여기서 만일 인상에 병행되는 회상 속의 감각이 자신의 힘을 유지하고 있다면, 그런 의미에서 가장 강한 회상이 가장 약한 회상에 비해 새로운 지각들을 더 쉽게 통각할 것이라는 결론을 내릴 수 있다. 그러나 로체는 다음과 같이 말했다. "경험에 의해 양성된 정신 속에서 우리는 이미 보다 복잡한 현상들을 발견한다. 가볍게 바스락거리는 소리가 커다란 소음을 듣고 있는 우리의 주의를 끌 수 있으며, 회상되는 지각들이 우리 사고의 방향에 대해 미치는 영향은 그런 지각들의 감각적 내용의 힘과 비등하지 않다. 삶을 살면서 우리 눈을 통해 그런 지각들이 받게 되는 관심의 정도는 이미 그 자체에 달려있는 것이 아니라, 다른 현상들의 징조나 그에 대한 지시처럼 그것들이 우리에게 어떤 가치를 가지느냐에 달려있다." "회상은 이전 지각들의 내용과 강도를 올바르게 전달하면서도 그와 동시에 우리가 이전 지각들에 의해 겪었던 동요를 반복하지는 않는다. 그런데 만일 반복한다고 해도 내용의 재생된 형상에 이전에 그 자극에 의해 유발되었던 감각의 또 다른 형상을 결합시키지 않는다. 회상 속의 천둥소리는 회상이 아무리 명확하게 그것의 속성과 힘을 전달한다고 해도 아주 약한 소리에 대한 명확한 회상보다 더 우리를 동요시키지는 않는다. 이 경우에 우리가 커다란 소리에 의해 야기되었던 강한 동요를 회상할 수도 있다. 그러나 그런 회상 자체도 약한 동요에 대한 회상보다 더 강하게 우리에게 작용하지는 않는다. 우리는 두 가지 사물의 서로 다른 무게를 기억하고 있을 수 있지만, 하나의 더 무거운 무게에 관한 회상이 다른 하나의 더 가벼운 무게에 관한 회상에 비해 우리에게 더 무겁게 느껴지는 것은 아니다."[5)]

이 예들은 좋기는 하지만 반드시 필요한 것에 대한 확신을 주지는 못한다. 그 예들과 더불어 전혀 상반되는 것을 증명하는 다른 예들을 제시할 필요가 있다. 사랑하는 사람을 상실한 것에 대한 회상과 그에 항상 동반되는 슬픔을 불러일으키는 데는 아주 작은 상황으로도 충분한 경우가 있다. 우리는 그런 경우의 회상의 용이함이 상실의 중

5) Lotze. Mikrokosm. I, 222-4.

요성과 상실이 준 감정의 힘에 종속된 것으로 보는데, 그것이 오류는 아닌 것으로 보인다. 예를 들어, 장갑을 잃어버린 것은 조만간 잊혀진다. 그것에 의해 형성된 불만의 힘이 그렇게 크지 않기 때문이다. "놀란 까마귀는 숲도 무서워한다."는 속담을 보다 추상적인 언어로 바꾼다면, 최초의 놀람이 클수록 위험에 대한 사고는 새로운 지각을 더 빨리 통각한다고 말할 수 있다. 그처럼 『죽은 혼』에서도 치치코프를 주지사가 파견한 관리로 여겼던 사람과 일정 시간동안 치치코프를 코페이킨으로 여겼던 우체국장은 공히 조사단을 제 눈으로 직접 보았겠지만, 단지 첫 번째 사람만 치치코프와 관련하여 조사단을 기억하는데, 그들을 두려워할 이유가 있었기 때문이다. 따라서 일차적인 감각의 힘을 그것과 연관된 사고의 다른 감각들에 대한 영향의 정도를 조성하는 상황으로 받아들일 수 있다. 그러나 그 감각의 영향이 그것과 결합된 내용이 가지게 되는 다른 감각들에 대한 관계들에 의해 지지되거나 또는 파괴되는 것이 조건이 되어야 한다. 슬픈 사건과 주어진 순간 사이의 시간은 다양하게 채워질 수 있다. 일련의 조건들에서 그 사건은 지속적으로 의식으로 복귀하여 현재의 삶에 그늘을 드리우며, 다른 조건들에서는 그 사건 자체와 더불어 그에 병행된 감정도 잊혀지는데, 사고가 다른 방향을 얻었기 때문이다. 만일 잘못 놓인 지도에 빠져버린 사람의 이성을 찾게 할 심리적인 수단들이 있다면, 그것은 그 사람을 사로잡은 사건에 관한 사고를 잘게 나누어 다른 사고들과 보다 좋은 관계를 가지게 만들고 의식에서 멀어지게 하는데 있다. 이처럼 통각하는 것들의 힘의 원인으로서의 감각의 힘은 다른 원인, 즉 바로 통각하는 것들 간의 어느 정도 밀접한 관계를 지시한다.

둘째로, 표상들의 명확성과 관련하여, 로체의 다음과 같은 견해는 충분한 설득력이 있다고 생각한다. "사람들은 보통 동일한 내용이 끝없이 다양한 수준의 명확성으로 표상될 수 있으며, 그런 단계들을 지나서 점차 약해지고 의식에서 사라진다고 여긴다. 그러나 그것은 그 누구도 관찰한 적이 없는 사태의 기술이다. 왜냐하면 우리가 관찰 시에 기울이는 주의가 그런 사태 자체를 불가능하게 만들기 때문이다. 의식 속에 특정한 표상이 일정 시간동안 없다는 것을 포착하게 되면, 우리는 그것이 어떻게 사라졌는가 하는 질문에 대해 점차 사라졌다는 식으로 스스로에게 답을 하는데, 실제 관찰은 우리에게 그것에 대해 아무 것도 말해주지 않는다. 만일 우리가 어떤 강하게 유발된 표상이 오랜 시간 동안 우리 의식 속에 머물러 있다가 이후 유유히 사라진 것 같은 내적 상태를 기억한다면, 그것이 단계적으로 사라진 것이 아니라 아주 짧은 간격을 두고 의식 속에 나타났다 사라졌다는 것을 발견할 것이다. 내용이 이전의 인상과 어떤 관계를 가지는 새로운 인상이 순간적으로 다시금 그 표상을 기억 속으로 보냈고, 새로운 인상으로 부각된 다른 인상이 다시금 그것을 몰아낸 것이다. 저 이전의 표상은 파도에 의해 순간적으로 가라앉았다가 갑자기 떠오르는 유동체와 유사한 것이다. 우리가 단계적으로 사라진다고 하는 그것은 일부는 표상들의 발현 사이의 점증하는 시간 간격이고, 일부는 다음에 말하는 또 다른 특성이다."

"만일 표상들을 단순한 감각적 지각들과 그것에서 형성되는 복잡한 형상들로 나눈다면, 첫 번째 것들 간의 힘의 차이가 내용의 차이에 있다고 하는 것 이외에 달리 말할 수 없다. 하나의 악기에서 나오는 동일한 높이와 세기의 소리들을 우리는 어느 정도 명확하게 표상할 수 없다. 우리는 그것을 표상하거나 또는 표상하지 못하거나, 또는, 마지막으로, 더 강하거나 약한, 즉 다른 음에 대한 표상을 그 음의 보다 강하거나 약한 표상으로 추정하는 실수를 저지르게 된다. 마찬가지로 동일한 조명에서 한 가지 색의 동일한 톤을 강하거나 약한 투명도로 표상할 수 없다. 그러나 물론 그 톤이 단어나 서술로 우리에게 제시되었다면, 우리는 몇 가지 복합색채들의 회상 사이에서 어떤 것을 선택해야 할지 망설이게 될 수 있다. 우리는 그런 상태를 우리에게 어떤 표상이 있지만 명확하지 않다고 설명한다. 그러나 실상 우리는 그런 표상을 가지고 있지 않으며, 단지 여러 가지 표상들 가운데서 그것을 탐색하는데, 그런 표상들의 숫자와 더불어 우리의 불확신과 표상들의 불명료함이 증가한다."

복잡한 형상들이 자신의 형체를 유지한 채 서서히 희미해진다는 것은 더 믿기 어렵다. 그와는 반대로, 그것들은 해체되고 부서지면서 흐려져 간다.

회상 속에서 눈으로 본 사물의 보다 불명확하게 포착된 부분과 그것의 다른 부분들과의 관계는 잊혀진다. 기억 속에서 그 형상을 재생하려고 시도할 때, 우리는 그런 식으로 발생한 공백을 채우고 보다 명확하게 표상되었던 특징들을 연결시킬 다양한 가능성들 사이에서 혼란을 겪게 된다. 이와 같은 과정에서 표상들의 불확실성이 드러나는데, 그 불확실성은 우리환상으로 보충하는 장(場)의 넓이에 비례해서 확대된다. 반면, 각 부분들이 모두 사고되고 그들 간의 상호관계도 완전히 투명한 표상들은 극히 명확하며, 그 명확성은 그 자체로서 확대될 수도 축소될 수도 없다. 종종 우리는 이미 오래 전부터 우리가 그 내용을 알고 있는 표상의 강도가 커질 수 있다고 생각하기도 하는데, 실상 그런 경우 그 내용 자체가 더 보충되는 것이다. 표상을 축소시키는 공백에 의해 표상이 희미해지는 것처럼, 그 표상을 넘어서 모든 면에서 그 표상을 다른 내용과 연결시키는 다양한 관계들이 결합되면 그 표상이 명확해지는 것으로 보인다. 삼각형이나 원을 개략적으로 표상할 수는 없다. 우리는 그것들의 정확한 형상을 가지거나 가지지 못할 뿐이다. 나아가 우리의 기하학적 인식이 증가됨에 따라서, 그리고 그 형상들과 더불어 그것들의 수많은 중요한 관계들이 기억된다면, 그 형상들은 보다 명확해진다. 이런 의미에서 우리는 명확성의 단계에서의 차이를 허용하는 것이다. 따라서 이전에 우리가 생생하게 표상했던 것도 만일 어떤 이유에서든지 표상이 가장 생생했던 시기에 표상과 연관되었던 모든 것들(표상의 생생함 자체도 의식 속에서 그것들과의 관계에 근거한다)이 기억나지 않을 때, 표상은 브다 불명확해진다.[6] "표상들의 명확성(그리고 그들의 다른 표상들에 대한 영향 정도)은 우리 지식의 밀도가 크거나 작은데 달려있는 것이 아니라, 표상들의 내용이 광대하고 충분한지 여부와 그 내용과 결합된 부차적인 속성들의 변화폭에 달려있다."

따라서 분열이 복잡한 표상들이 희미해지는 가장 명확한 이유인데, 반면 표상들의 완전성과 다른 표상들과의 폭넓은 관계가 그것들이 명확한 이유가 될 뿐 아니라 다른 표상들에 대한 영향이 크거나 작은 이유가 된다는 헤르바르트 추종자들의 시각에 동의하지 않을 수 없다. 또한 회상 속에서 단순한 감각적 지각이 마치 소리가 약해지고 색이 바래는 것처럼 점차 약해진다는 것은 자기관찰을 통해 우리에게 전달되는 사실이 아니라는 점은 의심의 여지가 없다. 동일한 높이지만 이미 약해진 음은 우리에게 이미 다른 표상이다. 그러나 그렇게 보는 것이 우리의 오류가 아닌지, 드로비시와 마찬가지로 표상의 강도의 약화를 내용의 변화와는 무관한 정신의 활동으로 보아야 할지, 아니면 로체와 마찬가지로 그것을 부정해야 할지의 문제는 우리에게 별로 중요하지 않다. 표상들의 다른 표상들에 대한 영향력은 로체가 생각하는 대로 표상들의 명확성에 상응한다고 보는 것으로 충분하다.

여기서 우리는 통각을 새로운 사고 형성에 가장 강한 요소들이 참여하는 것이라는 규정에 더해서 통각하는 요소들의 힘은 그들이 조

6) Lotze. Mirk. I, 224-227.

직된 정도와 동일하다는 점을 추가할 수 있다. 의식의 넓이가 바로 이 조직된 정도에 달려 있는데, 우리는 설명하는 사고의 힘을 규정할 때 의식에 대한 제한을 시발점으로 삼은 바 있다.

의식의 한계에 대해 말하면서 우리는 다음 두 가지를 파악하게 된다.

1) 감각적 인상을 직접적으로 지각하는 경우에 의식은 외적인 자극과 감각기관들 자체의 속성들에 의해서만 제한된다. 우리는 동시에 여러 가지 맛과 냄새를 지각하지 못하는데, 그것은 정신 속에서 다양한 인상이 뒤섞이기 때문이 아니라 정신이 이미 그것들의 혼합의 결과를 외부로부터 받기 때문이다. 그러나 우리는 시각을 수단으로 하여 망막에 반영된 공간 내 모든 색점들의 인상을 혼합하지 않고 단번에 받아들이며, 촉각을 수단으로 한 지각도 마찬가지다. 우리는 한 순간에 모든 감각을 통해 단번에 많은 인상을 받을 수 있으며, 그 인상들은 의식 속에 위치할 수 있다. 우리는 지각하는 그 순간에 그것들 모두를 명확히 파악할 상태가 되지 못하지만, 이후 그것들을 회상할 수 있다.

2) 외적 원인에 종속되지 않는 의식의 한계는 이미 지각된 것을 회상할 때 훨씬 더 명확하게 드러난다. 로체는 이렇게 말한다. "외부 세계 인상들의 압박만이 의식을 강제로 확장시키는 것으로 보이며, 그것이 표상된 이후에 의식이 축소되어 다양한 것을 동시적으로가 아니라 순차적으로만 표상하는 것으로 보인다."[7] 그런 의미에서 사실이 의심을 초래하지 않지만, 좀 더 자세히 살펴보면 의견이 엇갈린다. 로체는 다음과 같이 생각한다. "몇 가지의 표상이 동시에 의식 속에 위치할 수 있는지 아니면 그것이 단지 그들의 교체 속도가 빠른 데서 오

7) Lotze. Ib.

는 환상인지를 직접적인 관찰로 판단하기는 아주 어려운 일이지만, 우리가 일반적으로 비교를 할 수 있다는 사실이 우리로 하여금 동시적인 가능성을 받아들이게 만든다. 비교를 하는 사람은 비교 대상 중 하나에 관한 사고에서 다른 것에 관한 사고로 그냥 넘어가는 것이 아니다. 비교를 하기 위해서 그는 두 가지 비교 대상을 하나의 분리되지 않는 의식 속에 배치시켜야 하며, 자신이 하나에서 다른 하나로 넘어가는 형식도 배치시켜야 한다. 그리고 다른 사람에게 비교 내용을 전달하고자 할 때, 우리는 언어의 속성에 따라 비교되는 두 가지의 명칭을 하나씩 거명하고 그들 간의 관계도 제시해야 한다. 바로 여기에, 즉 비교 내용 자체를 전달하는데 순차성이 있다는 점이 혼란의 원인이다. 우리는 하나씩 순서대로 말하면서 청자의 의식 속에서 우리가 한 말이 세 가지 별도의 표상이 아니라, 비교되는 두 가지의 관계에 대한 하나의 표상이 형성된다고 기대한다. 비록 우리가 발화에 형식을 부여하는 사고의 소리 없는 흐름에 익숙해져 있지만, 거기에 우리 표상들을 위한 말이 구성되는 시간적 순차성이 있고, 우리가 이미 파악한 표상들의 내용들 간의 관계에 대한 묘사도 들어 있는 것이 분명하다. 그런데 그 내적 발화 습관이 최초에 동시적이었던 것들을 순차적인 열로 분리하여 우리 사고의 흐름이 완만해지게 만든다."

이런 인식 행위들은 여러 표상들의 동시성을 우리에게 보증해주며, 그와 더불어 순차성의 조건들을 제시해준다. 의식은 연관성이 없는 복수의 표상들만을 위한 자리를 가지고 있지 않다. 그러나 특정한 관계 속에서 질서를 가지는 여러 가지가 구성하는 다양성을 위한 여지는 가지고 있다. 우리는 상호 연관성이 없는 두 가지 인상을 한 번에 표상하지 못한다. 의식에는 하나에서 다른 하나로 이어지는 나름대로의 길에 대한 표상이 필요하다. 그런 전환에 관한 표상의 도움이 있는 경우에는 그것이 없는 경우보다 의식이 더 많은 표상들을 포괄하기가

용이하다. 따라서 의식이 많은 것을 포함하는 능력이 향상될 수 있는 것이다. 동시에 들려오는 음악 소리들은 모든 사람에게 동시적인 것으로 들리지만, 그것들을 상호 연관성이 없는 소리로 들은 사람이 그것들을 회상해낼 수는 없는 일이다. 그리고 음악적인 귀가 있는 사람에게는 처음부터 그 소리들이 다양한 관계를 가진 전체, 앞선 멜로디의 흐름에 의해 내적으로 조직된 하나의 전체로 표상될 것이다. 모든 공간적인 형상은 만일 우리가 그 생생한 인상을 묘사해낼 수 있다면 더욱 강하게 기억 속에 자리 잡을 것이다. 한 건물의 어떤 부분이 두 번째 건물에 기초를 두고 있고 세 번째 건물에 의해 지지되고 있으며 네 번째 건물 쪽으로 일정한 각도로 기울어져 있다고 말할 때, 우리는 무엇보다 먼저 기억 속에 유지해야 하는 표상들의 수를 늘려가게 된다. 그러나 문장을 수단으로 하는 그런 언어적 표현에서 부분들의 동시성은 그것들의 상호작용의 열로 전환되는데, 상호작용은 분리되지 않은 감각적 형상에 비해 부분들을 더 명확하게 연관 짓는다. 사람의 정신 발달 수준이 높을수록, 그리고 그 사람이 개별적인 사고들을 연관 짓는 관계들이 더 세밀할수록, 그 사람의 의식은 공간이나 시간이 아니라 내적인 종속성으로 연관된 표상들에 대해서도 보다 확장된다.[8)]

그 모든 것과 관련하여 로체는 의식 속에서 표상들이 한 번 교체되는 것은 아무리 빨리 이루어진다고 해도 그것들의 관계를 포착할 가능성을 설명해줄 수 없다는 올바른 생각에 기반을 두고 있다. 만일 의식 속에 a가 있는 동안에는 b가 있을 수 없다면, 첫째로, 외적인 자극이 없이는 a가 b로 교체될 아무런 근거가 없으며, 둘째로, a=b라는 관계가 성립될 수 없다고 보았다. 그러나 그는 내부에 상호 배타적인 것만 있는 것으로 보이는 현상의 한 측면만을 생각한 것이다. 내용

8) Lotze. Mirk. I, 232-3.

이 앞에서 뒤로 이어지는 책의 끝부분을 이해하기 위해서 우리는 의식 속에 이전의 모든 것을 담고 있어야 한다. 그런데 우리가 책을 읽을 때, 더 많이 읽어 나감에 따라 앞에서 읽은 것들이 모두 우리 의식에서 빠져나가는 것을 파악하기는 어렵지 않다. 이전 것과 무관한 기하학적 정리는 우리에게 아무런 의미를 가지지 않으며, 그 누구도 그것을 이해함과 동시에 이전의 모든 것들도 생각하고 있다고 말하지는 않을 것이다. 좀 더 말하면, 우리가 알고 있는 결론을 향해 나가는 다소 복잡한 추정들의 열은 의식 속에 동시적인 공간적 형상으로 반영되지 않는다. 이것은 언어의 속성이 아니며, 그런 속성이 없다면 유사한 경우가 발생하기 어렵기는 하지만 불가능한 것은 아니다. 비록 의식은 동시에 여러 개의 비교 대상들은 물론 두 개의 대상조차 포함하지 못하지만, 의식의 경계 너머에 있는 비교 대상은 의식 내부에 있는 비교 대상에 뚜렷한 영향을 준다. 우리가 한 문장의 마지막 단어를 읽는 순간, 우리가 직접 생각하는 것은 단지 그 단어의 내용뿐이다. 그런데 그 내용은 우리에게 그것이 무엇과 관련이 있고 어디에서 나온 것인지, 즉, 먼저 해당 문장 내의 앞선 단어들을 지시하며, 이어서 해당 문단, 장(章), 책의 의미를 제시한다. 우리는 방금 읽은 단어가 왜 나온 것인지는 쉽게 기억한다. 그러나 사고의 열 속에서 그 단어의 위치를 찾기 위해서는 더 많은 긴장이 필요하다. 예를 들어, 문단의 끝부분에서 본 대명사가 무엇을 의미하는지 이해하기 위해서는 해당 문단을 다시 읽을 필요가 있다. 이것을 다음과 같이 이해할 수 있다. 비록 의식 속에 위치하는 표상들의 명확성의 단계가 없지만, '의식의 경계 너머'의 어떤 표상들은 의식되는 것에 대해 더 뚜렷한 영향을 가지는데 다른 표상들은 그렇지 않으며, 전자의 표상들은 의식으로 더 쉽게 복귀하는데 후자의 표상들은 그렇지 않다.[9] 마지막으로, 특정 순간 사고와 아무런 관계가 없는 표상은, 외적 인상이 사고의 흐름을 단절시키고 새로운 방향을 부여하지 않는 한, 그 다음 순간에도 머릿속에 들어 올 수 없다. 사고되는 표상들의 열을 구성하는 각각의 요소는 선행한 모든 요소들의 결과도 함께 가지고 의식으로 들어간다. 따라서 선행하는 요소들 간의 관계가 다양할수록, 그 결과가 가지는 의미도 크다. 그러므로 판단의 종합적인 결론 또는 우리에게 선행된 모든 것을 반복하는 몇 마디 비중 있는 말로 논의 대상을 규정할 때, 선행된 것이 우리 사고에 의해 이미 조직되어 있을 때만 그 목적을 달성할 수 있고 우리가 이해할 수 있게 된다. 그렇지 않으면, 그런 규정은 단지 가장 가까운 문법적 의미만을 가지게 된다.

따라서 우리는 로체와 마찬가지로, 마치 한 번에 다양한 색점들을 보는 눈처럼 의식도 일련의 사고들을 그 어떤 동시적인 것으로 수용한다고, 또는 의식이 하나의 사고에서 다른 사고로 단순하게 이동하지만 알 수 없는 방식으로 후자의 사고를 변형시키고 그 속에 이전의 모든 것을 담는다고 여길 수 있다. 그러나 어쨌든 의식의 확장은, 이 용어를 어떤 식으로 이해하든 간에, 통각하는 요소들의 힘의 원인이 되는 것과 같은 원인에 달려 있다. 즉, 통각하는 요소들의 속성들 간 관계의 밀접성과 그 속성들의 양에 달려있다.

표상들의 열을 형성하는 기본적인 법칙은 연상과 융합이다. 연상은 동시에 주어지거나 또는 순차적으로 주어진 다양한 종류의 지각들이, 마치 화학적으로 동종인 두 가지 물질이 제 3의 물질을 만들어 내면서 고유의 속성을 유지하는 것처럼, 서로의 독립성을 파괴하지 않으

9) 슈테인탈(Assimil. und Attraction. Zeitschrif. f. Völkerpsych. B.I.107-117)은 의지되지 않지만 의식으로 전환될 준비가 된 표상들을 '떨림'이라고 부른다.

면서 하나의 전체로 융합되는 것이다. 서로 섞이지 않으면서 몇 번에 걸쳐 동시에 제시된 두 가지 색깔은 우리가 한 색깔을 표상하지 않으면서 다른 색깔을 표상할 수 없는 그런 방식으로 결합될 수 있다. 말 자체가 보여주듯이, 융합은 두 가지 서로 다른 표상이 의식에 의해 동일한 것으로 수용될 때 발생하는데, 예를 들어, 우리가 이미 알고 있는 대상물을 보고 있는 것처럼 느끼지만, 실상 우리 앞에 있는 것이 전혀 다른 것일 때 융합이 발생한 것이다. 새로운 지각은 이전의 지각과 융합되면서 반드시 그것을 의식에 투입하거나 또는 적어도 우리가 알 수 없는 상태로 만드는데, 그것을 우리는 운동(движение)이라고 부른다. 그러나 그 이전의 지각이 다른 지각들과 함께 발생했거나 또는 다른 지각들과 일정한 관계 속에 있으므로 그 다른 지각들도 함께 의식으로 들어간다. 그렇게 융합을 수단으로 하여 최초에는 동시성이나 또는 정신 내부에 순차적으로 나타나는 방식으로 결합되지 않았었던 표상들 간의 관계가 형성된다. 의식 속에서 이전 표상들 가운데 일부를 불러내는 그런 유사성과 더불어 다른 표상들을 제거할 수단이 주어진다. 즉, 새로운 지각 B가 그 순간 의식 속에 위치하고 있는 Б가 아니라 이전 지각들 가운데 하나인 A와 가장 많은 공통점을 가진다면, Б는 사고로 불러들여지는 A에 의해서 사고에서 밀려나게 된다. 그리고 A가 Г, Д, Е와 Б가 Ж, З, И와 연관성을 가질 때, A와 Б는 각 열의 시작점으로 여겨질 수 있으며, 각 열도 A와 Б를 거쳐 의식으로 들어간다. 사고는 A가 시작점이 되는 방향을 따라가면서 Б라는 다른 방향을 제거한다. 그러나 B의 Б가 아닌 A와의 유사성은 한번 정해지면 지속되는 불변량이 아니다. 그것도 지각에 동반되어 지각의 뉘앙스를 변화시키는 감정처럼 다변적이며, 그 지각 내용 속의 포착되지 않는 변화에 종속적인 것이다.

이 단순한 정신현상들의 어두운 측면들에서 더 나아가 의심의 여지가 없는 사항, 즉 통각 속에서 새롭게 지각되어 설명될 수 있는 것은 반드시 설명하는 것과 특정한 방식으로 접촉하게 되며, 그것 없이는 이해가 이루어지는 곳인 정신이 구성되는 결과도 나타나지 않게 된다는 점을 살펴보기로 한다. 만일 우리가 말을 통해서 또는 단순히 느낌으로 키, 걸음새, 옷으로 보아 아는 이가 분명한 사람을 멀리서 알아보았다면, 우리는 바로 그렇게 그 사람의 새롭게 통각된 형상과 이전의 통각 요소들 사이에 키, 걸음새, 옷이라는 공통적인 면모가 있음을 인정하는 것이다. 이 공통적인 면모들을 통각의 수단이라고 부를 수 있는데, 그것들이 없으면 지각에 대한 그 어떤 설명도 있을 수 없기 때문이다. 이 명확한 세 번째 속성을 포함한 통각의 몇 가지 예들을 치치코프가 사들인 농노 명단에 대한 판단에서 찾을 수 있다. "막심 텔랴트니코프, 제화공. 허, 제화공이네! 제화공처럼 취한 사람이란 말도 있지." 그리고 러시아 제화공과 독일 제화공 간의 전형적인 경쟁 이야기가 이어지는데, 그것으로 텔랴트니코프에 대한 표상이 설명된다. 이때 수단으로 기능하는 것의 일부는 설명되는 성(姓)이 무두질한 송아지 가죽을 암시한다는 것이고, 다른 일부는 그에 이어 제시되는 제화공 표상이다. 농노의 성(姓)인 포포프에서는 증명서 없는 사람이 경찰관 그리고 장애인들과 나눈 대화와 감옥을 떠돌던 일이 회상된다. 여기서 통각의 수단은 어느 정도의 지식을 지시하는 성(姓)일 수 있지만, 보다 정확히 말하자면 농노와 도망자에 대한 표상들이다. 만일 '설명되는 것'처럼 구체적이고 개별적이며 일련의 현상들의 공통적인 속성들만을 지시하는 '설명하는' 이야기의 위치에 추상적이고 공통적인 개념을 배치한다고 해도 이해 과정은 바뀌지 않을 것이다. '이것은 식탁(탁자)이다.', '식탁(탁자)은 가구다.'와 같은 모든 종합적 판단은 서로 다른 내용의 분량을 가진 두 가지 사고 단위들의 비교에 기반을 둔다. 그리고 비교는 종합되는 개별적인 것들의 속성의 일정량이 종합된 것에서도 유지된다는 것을 전제로 한다. 만일 우리가 비교를 즉시 이해할 수 있다면, 그 비교 속에서 통각의 수단을 찾는 것은 더 어려운 일이 아니다. 예를 들어, '일상의 수다는 바다의 파도(мирская молва–морская волна)'에서 수다(молва)나 파도(волна)는 공히 지속적이지 않은 것이고, '노란색은 여자의 마음(жёлтый цвет–женский привет)'에서는 색이 바래듯이 여자의 호감이 사라진다는 것이다. 제 3의 요소, 즉 두 가지 비교 대상의 공통적인 것이 곧 통각 수단이다.[10]

민중 시가에는 일반적인 지각을 한 단어로 지시하는 아주 단순한 형태의 반복으로 보이는 비교들이 많이 있다. 예를 들어, 아프거나 불행한 사람의 인생과 서서히 암울하게 타들어가는 것("타오르는 것이 아니라 서서히 타들어간다."(не горит, а тлеет)는 표현에서) 간의 비교와 더불어 지역 방언 модеть(썩다, 상하다)를 장작에 대해 사용하는 тлеть(약하게 타다), худогореть(잘 타지 않다), 사람에 대해 사용하는 хиреть(쇠약해지다), болеть(병을 앓다)와 비교할 수 있다. 두 번째 의미는 첫 번째 의미보다 더 나중에 발생된 것으로 가정할 수 있다. 처음에 이 두 번째 의미는 아주 짧은 순간일지라도 정신 속에 단지 지각으로서 존재한다. 이때 그 지각은 새로운 인상들을 받았지만 아직은 주변 상황을 파악할 힘이 없고, 동일한 인상들을 이미 받아 사고를 통해 가공한 적이 있는 사람의 의식 내용이 이후의 자신의 상태에 대해 취하는 태도와 마찬가지의 태도를 취한다. 그 사람은 자신의 병에 대한 지각을 어찌해야할지 모르지만, 이후 스스로에게 그 지각을 설명한다. 즉, 이미 하나의 전체를 구성한 불에 대한 지각으로 병에 대한 지각을 통각한다. 그에게 있어서 병과 불 사이에는 그 어떤

10) Steinthal. Zur Sprachphilos. Zeitschr. f. Philos. v. Fichte eic. XXXII, 93-5.

공통적인 것이 있었고(그렇지 않다면 통각은 발생하지 않을 것이다), 그 공통적인 것이 модеть라는 말로 표현됨으로써 통각의 수단이 된 것이다. 이 말(модеть)이 불과 병처럼 전혀 다른 종류의 두 가지 지각 그룹 간 매개자가 될 수 있는 것은 단지 그 말의 내용과 내적 형식이 연소(гореть)의 모든 속성을 포괄해서가 아니라 속성들 가운데 병에서도 나타나는 하나의 속성만을 가지기 때문이다. 물론, 통각되는 것, 즉 말로 지시되는 것이 통각하는 것과 동종인 경우, 즉 예를 들어, модеть라는 단어에 병적인 상태라는 새로운 의미가 부가된 것이 아니라 그 단어로 이전 지각들과는 많은 면에서 차이가 있는 연소에 대한 새로운 지각을 지시했을 때, 단어의 내적 형식이 두 가지 비교되는 것들 간의 제 3의 공통적인 것으로 기능한다.

내적 형식과 음성의 통합체로서의 말은 무엇보다 화자를 이해하고 그의 사고를 통각하는 수단이다. 화자가 발성하는 분절음은 청자에게 지각되어 그의 내부에서 유사한 음성들에 대한 회상을 유도하는데, 내적 형식을 수단으로 하는 그런 회상은 의식 속에서 대상물 자체에 대한 사고를 초래한다. 화자의 음성이 이미 청자의 의식 속에 존재하는 음성들 가운데 하나에 대한 회상을 재생시키지 못한다면, 이해도 불가능할 것이다. 그러나 그런 재생은 새로운 지각과 이전 지각의 완전한 융합이 아니라 단지 부분적인 융합만으로도 가능하다. 인간의 본성이 동일하다고 할 때, 다양한 개인들이 발성하는 반영적인 음성들의 어느 정도의 차이가 말의 창조를 방해할 수는 없었는데, 그것은 지금도 수세기 전부터 전해져 오는 개별 단어 발음에서의 다양성이 이해를 방해하지 않는 것과 마찬가지다. 감정이라는 것이 인간 개인적 속성들의 총합이라는 조건에 따르므로, 의성어의 내적 형식의 차이도 선험적으로 인정되어야 한다. 그러나 그 차이는 음성의 다양성과 마찬가지로 특정한 경계를 넘어서지 않으며, 음성의 차이만큼 뚜렷한 차이를 보이지도 않아 의식과의 관계에서는 존재하지 않는 것이 되며 이해를 방해하지도 않는다. 이후의 언어 발전 단계들에서도 마찬가지다. 우리는 다른 사람이 발음한 сильный(강한)라는 말을 이해한다. 즉, 우리 자신과 화자 내부에 있는 그 단어의 내적 형식의 동일성을 인정한다는 것인데, 우리 자신이 보통 무의식적으로 그 단어를 сила(힘)라는 단어와 연관 짓기 때문이다.

화자와 청자의 주관적 사고의 내용에 대해 말하자면, 그 내용의 차이는 보통 전적인 오해가 발생한 경우에만 포착된다(예: 특별한 경우에만 적용해야 하는 어머니의 조언에 일반적인 의미를 부여하는 바보 이야기).[11] 그러나 완전한 이해라고 불리는 경우에도 그 차이가 쉽게 의식될 수 있다. 화자와 청자의 사고는 언어에서만 상호 일치한다. 이것을 점 A를 공유하며 선분 B와 E, 선분 C와 D가 교차하는 두 개의 삼각형으로 표현할 수 있는데, 여기서 각 B-A-C와 D-A-E는 동일해야 하지만, 나머지 모두는 무한히 다양할 수 있다. 훔볼트는 "그 누구도 어떤 말을 두고 다른 사람이 생각하는 것과 동일한 생각을 하지는 않는다."고 말했는데, 이것은 오해가 불가능한 것으로 보이는 상황을 생각해 보아도 이해가 된다. 예를 들어, 두 사람이 한 사물을 앞에 두고 이야기 할 때조차 각자는 문자 그대로 사물을 자신의 눈으로 자신의 시각에서 보게 된다. 그런 식으로 얻어진 외적 조건(시각과 신체 구조)에 종속적인 사물의 감각적 형상에서의 차이는 새로운 형상이 각자의 정신 속에서 이전 지각들의 결합체들, 즉 다른 감각들을 만나 서로 다른 조합을 형성하는 데에 따라 강력하게 확대된다.[12] 따라서 모

11) 아파나시예프, 민담 모음집 II, 17. 어머니가 장례 행렬을 만나면 'канун да ладон'이라고 인사하도록 바보 아들에게 가르쳐주었지만, 아들은 혼례 행렬에게 그렇게 인사한다.

12) 이반 골리크에 대한 소러시아 이야기에서 두 명의 형제 가운데 한 명은 참나무 세 그루를 베어 헛간을 짓고 싶어 하고 다른 한 명은 교수대를 만들

든 이해는 동시에 몰이해이며, 사고 속의 모든 동의는 동시에 반대가 된다.[13)]

'사고의 전달'은, 어떤 특별한 노력을 하지 않는 한, 모두가 전이된 의미로가 아니라 직접적인 의미로 이해하는 발화이다. 발화 속의 사고는 전적으로 또는 부분적으로 청자에게 전달되며, 그로 인해 화자의 지적 능력이 감소되지도 않는 것으로 보인다. 이것은 마치 불이 붙은 초의 불길로 수백 개의 초에 불을 나누어 붙여도 그 초의 불길이 줄어들지 않는 것과 마찬가지다. 그러나 실제로는 불이 옮겨 붙는 각 초는 자신의 가스에 불이 붙는 것이므로 불을 나누어준 초의 불길이 나누어진 것이 아니며, 그와 마찬가지로 발화는 단지 청자의 지적 활동을 유발시킬 뿐이고 청자는 발화를 이해하면서 자신의 사고로 생각하는 것이다. 이와 관련하여 훔볼트는 다음과 같이 말했다. "사람들은 실제로 한 사람이 다른 사람에게 사물의 기호를 전달하는 방식으로 (마치 걸리버가 여행한 한 왕국에서 말 대신 그런 방식으로 의사를 소통하는 것처럼) 서로를 이해하는 것이 아니다.", "그리고 각자 스스로가 동일한 개념을 만들어내는 방식으로 서로를 이해하는 것도 아니며, 서로서로가 상대방의 내부에 있는 감각적 표상과 개념 사슬의 고리를 건드리고, 자신의 정신적 악기의 동일한 건반을 눌러서 그 결과로 각자의 내부에 동일한 것이 아닌 상응하는 개념이 떠오르게 하는 방법으로 서로를 이해하는 것이다."[14)]

사람은 본능적으로 그리고 무의식적으로 자신을 위해 이해의 도구, 즉 분절음과 그것의 내적 형식을 창조하는데, 그것들은 언뜻 보기에 그것들을 수단으로 해서 달성하는 것의 중요성과 비교할 때 너무나

고 싶어 한다.

13) Humb. Ueb. die Versch. 66.

14) Humb. Ueb. die Versch. 201-2. Ib. 208-10를 이와 비교하라.

단순해 보인다. 사실, 언어를 수단으로 하여 지각되는 내용은 단지 허구적인 것이고, 언어를 통해서 다른 사람이 생각하는 것과 동일한 생각을 한다는 것은 자신이 아닌 남이 된다는 것을 의미할 수 있기 때문에 일반적인 의미에서 남을 이해한다는 것은, 마치 우리가 사물을 보고 만지지만 그에 대한 자신의 인상은 보고 만질 수 없는 것과 마찬가지로, 그 어떤 환상이라고 할 수 있다. 그러나 그 환상은 우리의 모든 내적 삶의 토대가 되는 위대한 환상이라는 점을 덧붙일 필요가 있다. 다른 사람의 정신은 실제로 우리에게는 암흑과 같은 것이지만, 우리가 다른 사람을 이해할 때 우리 고유의 표상들의 운동에 우리가 생각하는 내용이 공히 다른 사람에게도 속한다는 생각이 덧붙여진다는 점은 커다란 의미가 있다. 사람은 말 속에서 자신에게 새로운 세계, 그러니까 외부 세계도 아니고 자신의 정신에 낯설지도 않은 세계, 이미 다른 사람의 정신에 의해서 가공되고 동화된 세계를 발견하며, '그렇게 할 것을 요구하는 존재, 그리고 그렇기 때문에 자신이 느끼는 감추어진 의사를 나눌 능력이 있는 존재를 발견한다.'[15] 고립된 사람은 외부 자연으로부터 자극을 받아 사고하지만, 사회 속에서는 사람의 본성과 유사한 새로운 것, 즉 말이 그런 자극에 더해진다. 사고의 내밀한 활동이 정신 내에 대단한 양의 경험이 축적되어 있다는 것을 전제로 하는 보다 후기의 현상이라는 점은 의심의 여지가 없지만, 지금도 대화를 대신하는 문자의 발달이 없었다면 사고의 활동은 불가능할 것이다. 책과 사람들이 없었다면, 지금까지 그 누구도 지속적인 지적 활동에 대한 능력을 갖추고 있지 않을 것이며, 말의 교환이 없으면 사람은 모든 가능한 외적 자극에도 불구하고 마치 슬프고 암울하게 타들어가는 장작처럼 지적으로 잠들어 버릴 것이고 '불타오르는 것

15) Humb. Ib. 30.

이 아니라 그저 타들어갈 것'이다. 그와는 반대로, 만일 논쟁이나 활발한 대화 속에서 말이 보다 자유롭게 사용되고, 고립적인 사고와 그에 따른 비밀스런 말에서는 볼 수 없는 문체적인 품격까지 갖추게 된다면, 그것은 말에 의해 초래되는 사고의 내적 품격, 통각의 완성, 우리가 한 말이 남들에게 이해가 되고 공감을 얻을 것이라는 확신에 따른 것이다.

여기서 도대체 무엇이 말에 이해를 형성하는 힘을 주는 것이고, 그런 점에서 왜 말은 다른 수단으로 대체될 수 없는가 하는 질문이 제기될 수 있다. 동물과 사람의 정신 속에는 말이 없이도 이전 지각들의 단단한 연합이 존재하는데, 그것은 이전 인상들과 유사한 새로운 인상들에 의해 순간적으로 의식 속에서 드러나 특정한 행동을 유발시킨다. 예를 들어, 말(馬)은 사람의 명령에 따라 움직이고 멈추는데, 말이 그런 행동을 통해 이해를 드러내는 것은 아닐까? 말 내부에서는 말의 정신적 속성에 따른 것이지만 사람의 정신적 움직임에 상응하는 형상들이 발생한다. 그러나 말은 자신의 내부에서 발생하는 일의 결과를 알지 못한다. 그런 조건에서라면 사람들 간에도 이해가 있을 수 없다. 어떤 사람이 공포에 질려 그의 얼굴에 아주 강하고 뚜렷한 근육 운동이 일어나 주변의 모든 사람들을 사로잡는다고 생각해 보자. 대화 중 한 사람이 하품을 하면 모든 사람들이 따라서 하품을 하는 것과 마찬가지로, 여기서도 사고의 자유로운 활동에 대한 이해가 별로 드러나지 않는 것이 분명하다. 한편, 그런 하품도 감각적 지각, 정신의 특정한 상태에 의해 매개되며, 따라서 심리적인 의미도 가진다. 그러나 누구에겐가 '무서워!' 또는 '따분해'라고 말할 필요가 있으며, 그러면 이해가 발생한다. 즉, 화자가 자신의 상태를 파악하고 자신의 사고 활동을 제어해 특정한 방식으로 그것을 바꾸게 된다. 다른 사람에 대한 이해는 자기 자신에 대한 이해로부터 발생한다. 이 마지막 과정은 직접적인 감각 또는 지각과 비교할 때 이미 복잡한 현상으로서 외적 수단들의 도움이 있을 때만 가능하게 된다. 사고와 사고에 동반되는 감정은 부분적으로는 음성에서 그리고 부분적으로는 다른 행동, 예를 들어 표정의 변화 등에서 드러난다. 자기관찰 수단으로서 신체언어는 큰 의미를 가지지 않는다. 첫째로, 인간의 자신의 행동에 대한 관찰 능력은 뒤늦게 나타나며, 그것은 이미 언어를 수단으로 한 상당한 발달의 결과다. 따라서 감정으로 인해 일어난 행동의 더부분은 가시적인 흔적없이 사라진다. 그것은 강한 감정의 영향을 받으면서 동시에 자신의 신체 변화를 거울을 통해 관찰할 수 없기 때문이다. 음성은 사람이 자신의 정신적 사태를 외부로 표시하려는 욕구를 충족시켜주는 훨씬 더 큰 능력을 가졌다. 사람은 아무런 의도 없이도 자신의 목소리를 파악한다. 사람의 내적 활동은 입을 통해 길을 열고 귀를 통해 정신으로 돌아가 자신의 주관성을 상실하지 않으면서도 실질적인 객관성을 확보한다.[16] 그런 사고의 객관화에 무엇이 뒤따르는지에 대한 약간의 개념을 얻기 위해서는 발달의 초기 단계에서는 물론이고 많은 사람이 도달하지 못하는 추상적 사고의 높은 단계에서조차 자신의 사고의 어두운 면을 다른 사람에게 말하거나 또는 글로 써서 알리면 그 어두운 사고가 순간적으로 밝아진다는 점을 기억하는 것으로 충분하다. 사전 준비와는 무관하게 "우리는 가르침으로써 배운다." (docendo discimus)라는 말이 바로 그런 의미이다. 둘째로, 좋든 싫든 매번 우리가 자신을 보아 어떤 표시를 발견한다고 해도, 그것 역시 이해를 위해서는 부족하다. 왜냐하면 그 표시들이 속성상 매우 불확정적이기 때문이다. 아마도 사고들의 결합 각각에 동반되는 감정은 얼굴에 달리 표시될 수도 있지만, 사람은 내용이 서로 다른 많은 것들에

---

16) Humb. Ueb. die Versch. 54.

대해 웃는 것처럼 하나의 우스운 일에도 동일하게 웃는다.

여기서 자기관찰의 다양한 수단들에 비해 음성이 우월하다는 점이 화자의 입에서 나와 그의 귀를 통해 지각된다는 점과 분절음으로서 쉽게 파악할 수 있는 다양성과 명확성을 가진다는 데 있다는 것을 알 수 있다. 그리고 동물과 사람의 차이는 단지 사람만이 자신을 위해 그런 이해 수단을 창조할 수 있다는 것이라고 말할 수 있다. 그러나 그런 창조는, 신체적 조건을 제외하고, 인간 정신에 고유한 행동의 완전성과 정신 활동 결과에 따라서만 규정되는 특별한 힘이 있음을 전제로 한다.

결과적으로 말은 다른 사람을 이해하는 수단인 만큼 자기 자신을 이해하는 수단이 된다. 따라서 말은 사람들 간의 매개자로 기능하며 사람들 간에 다양한 관계를 구축한다. 또 말은 별개의 한 사람 내부에서 새로운 지각(그리고 해당 순간에 의식 속에 있는 모든 것)과 의식 외부에 존재하는 사고의 예전 재료들 간에 매개 역할을 한다. 인간의 사고의 힘은 말이 의식 속에서 이전 지각들을 불러일으키는데 있는 것이 아니라(이것은 말이 없이도 가능하다), 바로 인간으로 하여금 자신의 과거의 소중한 것들을 활용하게 한다는 데 있다.

개별적인 사람의 사고에 대한 통각의 특별한 영향 또는 간단히 말해서 표상의 의미(내적 형식을 수단으로 하여 사고가 이루어진다는 점과 우리가 위에서 주관적이라고 부른 말의 내용에 대한 관계에서 내적 형식은 곧 좁은 의미에서의 표상이다)에 대한 논의는 다음 장으로 미루겠다.

9

표상, 판단, 개념

감각적 지각은 하나의 총체적 덩어리가 아니라 여러 무리의 계열체로서 관찰된다. 또한 이 무리 각각의 성질은 다른 무리의 성질들과 보다 밀접하게 결합하기보다는 자신들 서로 간에 긴밀히 응집한다. 그러한 현상은 일차적이지 않다. 독립적인 무리들로의 지각의 결합은 정신이 개별 지각에게 부여하는 형식이며, 어떤 의미에서 정신의 자주적 활동이라고 지칭될 수 있다. 왜냐하면 그런 결합은 정신의 자우를 드러내지는 못하지만, 외적 자극의 속성에 의존하는 만큼 정신 자체의 본성에 의존하기 때문이다. 물론, 여기서 '자주적 활동'이라는 낱말에는 어떤 한계가 요청된다. 비록 외부의 영향으로 완전히 설명할 수 있는 그런 정신의 작용 또한 존재하지 않지만, 외부 조건에 의해 유발되지 않을 그런 정신의 작용을 상상하는 것은 불가능하다. 전자의 경우 지각들의 혼돈 상태와 그런 지각 각각의 속성의 상태가 바로 정신의 창작이며, 후자의 경우 심지어 자기의식과 의지의 자유가 종속적이며 자유롭지 않은 현상이 된다. 그러나 외적인 원인이 직접적이 아니라 단지 간접적으로, 즉 존재 자체 상태의 연쇄를 통해서만 그런 존재의 그런 운동을 유발할 수 있는 곳에서 보다 큰 독자성을 보는 것은 근거가 있다.

우리가 우리의 참여 없이 우리와 무관하게 존재하는 대상으로 간주하는 형상들로 인상들을 통합하는 것, 이런 통합은 동물의 정신과 구별되지 않는 우리 정신의 과업이다.

시력이 최초로 인간에게 푸른 창공 위에 그려진 나무의 인상을 제시한다고 가정해 보자. 하늘과 나무는 그에게 단일한 다채로운 공간, 단일한 대상을 그려내 보일 것이다. 또한 동일한 지각이 반복되면서 배경이 바뀌지 않을 경우, 이를테면, 나무가 바람에 흔들리지 않고 나무가 구름에 가리지 않을 경우 영원히 단일한 대상으로 남아있을 것이다. 이 모든 것이 존재하기 때문에, 나무가 눈에 일으키는 인상들의 지각은 매번 특이한 변화 없이 반복되거나, 작은 변화만을 동반하면서 서로 융합되거나, 회상의 순간에 항상 단숨에, 똑같은 순서로 재현되며, 사유에 일정한 크기, 동일한 감각적 형상을 형성해 놓는다. 한편 하늘의 인상은 그런 식으로 융합되지 않으며, 재현될 때마다 크기가 변할 것이다.

청각 인상과 후각 인상은 시각 인상과 동시에 주어진다. 이를테면, 나는 나무를 보면서 그 이파리들의 사각거림을 들을 수 있고 그 꽃들의 냄새를 맡을 수 있다. 그러나 촉각 인상과 미각 인상은 시각 인상과 완전히 동시에 주어지지 않을 수 있다. 왜냐하면 나는 대상을 만지면서 나에게로 향한 그 대상의 표면을 나의 눈으로부터 숨기고, 나의 입속에 든 대상을 전혀 보지 못하기 때문이다. 시력 자체는 눈이 단번에 포착할 수 있는 것만을 우리에게 동시에 제시하며, 이와 함께 눈은 표면의 다른 부분은 남겨둔 채 표면의 한 부분으로 옮겨간다. 그런 경우에, 연상의 토대로서의 지각의 동시성에는 직접적인 연쇄가 가담하고, 그 결과, 이를테면, 동체의 가시적 표면을 이루는 점들의 인상이 한꺼번에 수용되며, 그 다음 동체가 감지되고, 그것의 맛과 냄새가 느껴지며, 그것의 낙하하는 소리가 들린다. 이때 대상의 감각적 형상과 많은 특징들의 결합은 오직 이런 특징들의 총체가 다른 모든 것과 관련될 때에만 성립한다. 마치 앞서 인용한 예에서 동종의 특징들의 계열체로부터 특징들의 복합체를 추출했던 것처럼 나무로부터의 지속적인 인상은, 그 나무가 그려져 있는 배경의 가변적인 인상과 관련된다. 동질적인 지각의 융합으로 형성되는, 항상적인 것과 가변적인 것의 대립은 이 경우에 불가피하다. 왜냐하면 그런 대립이 없다면, 동시적이든 연속적이든 모든 지각은 아마도 감각적 형상으로 지칭할 수 있을 그런 하나의 계열체만을 이루게 될 것이기 때문이다. 그런 지각들은 유아의 생애 초반에 발생하게 될 그런 상태에만 계속 머무르게 될 것이다.

고립된 지각의 연속체는, 비록 그것의 성질이 변함없이 유지되더라도 동일한 순서대로 반복되지 않는다. 이를테면 맨 처음 불타는 장작을 눈으로 보고, 그 다음 그것이 타서 갈라지는 소리를 들으며, 따뜻함을 느끼든지, 또는 제일 처음 타서 갈라지는 소리를 듣고, 그 다음 가까이 다가가서 불꽃을 보고 따뜻함을 느끼는 것이 가능하다. 이것은 결코 동일한 것이 아니다. 그 이유는, 감각적 형상의 통일성은 그것을 이루는 특징들의 동일성에 대해서 뿐 아니라, 하나의 특징이 다른 특징에 잇달아서 재현될 때의 그 수월함에 대해서도 또한 의존적이기 때문이다. 만일 어떤 형상의 특징들의 연쇄가 a, b, c, d, e의 순서로 수차례 주어지고, 그 뒤를 따라 a라는 특징이 다시 한 번 나타날 때, a는 자기 뒤에 이어지는 특징들 전체를 쉽게 의식 속에서 불러일으킬 것이다. 그러나 만일 위의 연쇄가 끝에서부터 시작한다면, e라는 특징은 자동적으로, 또 전혀, a, c 등의 특징을 불러일으키지 못하거나, 아니면 그 불러냄의 속도가 훨씬 느릴 것이다. “우리의 주님”이라는 가장 첫머리의 어구는 우리에게 기도문 전체를 떠올리게 한다. 그러나 e라는 특징이 우리에게 a, b, c, d, e의 전체 이미지를 주지 못하는 것처럼 꼭 그렇게, (“우리의 죄로부터,” “구하소서” 등등) 이 기도문의 마지막 낱말은 우리에게 기도문을 거꾸로 재현하도록 하지 못할 것이다. 비록 e가 a의 횟수만큼 반복될 수 있지만, 이 a는 나머지 전부의 특징들에 끼치는 영향력의 측면에서 형상 전체를 지배하고 있는 듯하다. 만일 a,b,c의 순서대로 놓인 연상의 토대(여기에서 인접한 성분인 ab, bc는 서로 떨어져 있는 성분 a와 e보다 더 가깝게 결합되어 있다)가, 형상이 매번 반복될 때마다 새로운 토대(bac, cab 등등)로 교체된다면, a처럼 선두 성분들의 나머지 성분들 전체에 대한 지배는 사라질 것이며, 각각의 성분은 나머지 성분들을 똑같은 빠르기로 재현할 수 있을 것이다. 그러나 실제는 다르다. 이 점은 지각 당시에 모든 특징들의 결합체가 소진되지 않는다는 점뿐만 아니라, 마찬가지로 다른 원인에도 기인한다. 고립된 형상의 원 자체 속에서 새로운 지각이 일어날 때마다 어떤 특징은 잦은 반복 때문에 보다 확연히 두드러지고, 다른 특징은 배후에 가려진 채 남겨진다. ‘황금’이라는 낱말에서 우리의 사고에는 색채가 떠오르지만, 무게와 소리는 전혀 나타나지 않는다. 왜냐하면 황금을 볼 때마다 우리는 매번 그 무게를 달아보고 그 소리를 듣지는 못하기 때문이다. 지각의 고립된 원 속에서 그러한 중심의 형성을 우리는 언어 이전에도 예상할 수 있다. 그 다음으로, 오직 비분절적인 외침만을 알거나 목소리를 완전히 상실한 동물의 힘과 비교할 때, 언어를 창조하는 인간 정신의 잉여적 창조력은 어디에 존재하는 것일까? 이것에 대한 대답은 이미 부분적으로 앞의 언급에서 제시했다.

내적 형식은 또한 형상의 중심이기도 하다. 즉, 내적 형식은 다른 모든 특징을 압도하는 형상의 특징 중 하나이다. 이 점은 뚜렷하게 규정된 어원적 의미를 지닌, 최근에 형성된 모든 낱말들(황소-울부짖는, 늑대-잡아 찢는, 곰-꿀을 먹는, 벌-웅웅거리는)에서 분명하게 드러난다. 그러나 흡사, 의성어-시적인 낱말들에서도 모순에 부딪치지 않는 듯하다. 왜냐하면 소리를 유발한 감정은, 마치 내용에서 제거된 색채가 그림의 본성이듯이, 마찬가지로 형상의 본성이기 때문이다. 언어를 통해 표현된 특징은 다른 특징들 모두에 대한 자신의 지배를 쉽게 강화한다. 왜냐하면 그런 특징은 모든 새로운 지각의 순간에-그러나 심지어 이 경우에도 폐쇄되지 않은 채-재현되기 때문이다. 반면, 형상의 다른 특징들 가운데서 많은 특징들이 단지 가끔씩만 의식으로 되돌아간다. 그러나 이것만으로는 부족하다. 언어는 자신의 탄생의 순간부터 발화자에게 자신을 이해하는 수단, 자신의 지각을 통각하는 수단이다. 형상의 사실적 통일성 외에 내적인 형식은 이런 통일성에 대한 지식을 추가로 제공한다. 내적 형식은 대상의 형상이 아니라 형상의 형상, 즉 표상이다.[1]

물론, 정신 속에서 일어나고 있는 것에 대한 지식, 더욱이, 특징들의 총체 전부를 단일한 특징으로 응축시키는 그러한 불완전한 지식은 인간의 지극히 미미한 장점으로 생각될 수 있다. 비록 특징들을 하나의 원으로 무의식적으로 모으는 것과 비교하면 이런 지식은 무엇보다

1) "인간은 자신에게 나름의 특징들 다수를 통하여 영향을 끼치는 대상들에게 특정한 통일성을 부여하려고 애쓰는바, 그런 통일성의 표현을 위해서는 언어의 외적, 음향적 통일성이 요구된다. 소리는 대상에 의해 파생되는 다른 인상들 중 어느 하나도 배제시키지 않으며, 그런 인상들을 담는 용기가 된다. 또한 대상의 속성에 상응하는 자신의 개별적인 속성이 된다. 이 대상이 모든 이의 개인적인 감정에 의해 받아들여졌던 그런 방식대로, 소리는 앞서 언급한 인상들에게 대상을 규정하는 새로운 인상을 보충한다(Humb.Ueb. die Versch. 52). 언어가 대상에 부가하는 이 새로운 요소는 표상이 아니라, 우리가 위에서 소리의 내적 형식이라고 지칭했던 바로 그것이다.

자주적인 활동이지만 말이다. 그러나 오직 다름 아닌 표상으로서 형상은 동물이 가지고 있지 못한 그런 높은 흥미를 인간에게 나타내며, 오직 표상만이 감각적 형상에 대한 지극히 인간적인 차후단계의 변형을 유발한다는 점을 생각해 볼 수 있다.

감각적 형상에 끼치는 표상의 영향력에 대해 논하기 전에, 통각에 관하여 앞서 언급한 내용에 또 하나의 특징을 추가할 필요가 있다. 한편으로는 단순한 연상과 통각의 차이, 다른 한편으로는 융합, 그리고 통각의 부단한 이항성이 판단으로 불리는 사유형식과 그것과의 통일성을 지시한다. 통각대상과 설명의 대상은 판단의 주체이며, 통각주체와 한정 주체는 판단의 술어이다. 만일 정신적 메커니즘의 가장 단순한 현상인 연상과 융합을 배제한 뒤에, 더 이상 인상의 수동적 지각이 아니라 그런 인상에 대한 독창적인 해석처럼 보이는 통각을 지칭하려 한다면, 그럼으로써, 판단을 사유의 근본 형식으로 인정하게 될 것이다. 그러나 그런 명칭의 변경이 언어의 어떤 중요한 속성으로 귀결되지 않는다면, 그 변경은 어떤 이로움도 가져다주지 못할 것이다.

표상은 우리 사고의 일정한 내용이다. 그러나 표상은 그 자체로서 중요성을 갖기 보다는, 감각적 형상이 의식에 들어오도록 하는 형식으로서만 중요성을 갖는다. 표상은 이 형상에 대한 지시일 뿐이며, 그것과의 관계 밖에서는, 즉, 판단 외부에서는 의미를 갖지 못한다. 그러나 표상은 언어에서만 가능하다. 한편 그런 까닭에, 다른 말들과의 결합과 상관없이, 생생한 발화 속에서 개별적으로 취해진 말은 판단의 표현이다. 또한 형상과 그것의 표상으로 이루어진 이항적 크기이다. 만일, 이를테면 공기의 파동을 지각할 때 인간이 "바람이다!"라고 말한다면, 이 한 개의 낱말은 문장 전체를 통해서 설명될 수 있을 것이다. 이것(바람에 대한 감각적인 지각)은 나에게 펄럭이며 나부끼는 것(예전의 감각적 형상의 표상)처럼 표상되는 그것(즉, 그 예전의 감각적 형상)이다. 통각되는 새로운 지각은 주체가 될 것이며, 낱말에 의해 표현되는 표상은 현실적 술어의 치환물이 될 것이다. 발화자의 이해의 순간에 판단 성분의 의미는 변화할 것이다. 다른 이에게서 전해들은 낱말 'бу'는 청자 자신이 예전에 발성했던 동일한 소리에 관한 회상을 의식 속에 불러일으킬 것이며, 이 소리를 통하여, 그 내적 형식, 즉, 표상, 그리고 마침내는 황소의 감각적 형상 자체를 의식 속에 불러일으킬 것이다. 청자 자신이 방금 들은 낱말을 다시 되풀이하여 말할 때에만 여기서 표상은 술어로 남게 될 것이다. 그러나 그러한 반복은 미성숙한 인간에게는 불가피한 것이다. 훔볼트는 "방금 들은 내용을 말하는 것이 인간의 천부적인 능력이다."라고 말한다. 또한, 자기 사우의 운동을 자유롭게 해방시키는 것보다 이해하면서 침묵하는 것이 훨씬 어렵다는 것은 의심의 여지없이 명백하다. 따라서 아이들, 그리고 무식한 사람들 대부분은 마음속으로 읽지 못한다. 그들은 자신의 지적 노동이 문자 기호를 소리로 단순히 바꿔놓는 것인지 아니면, 읽은 내용을 이해하는 것인지를 확인하기 위해서 자신의 지적 노동의 결과를 직접 들어야 한다. 제일 처음 인간에게 직접적으로 진정하고 참된 것으로 여겨지는 것은 오직 감정들에 의해 지각되는 것이며, 낱말은 인간에게 상황의 모든 매력을 나타낸다.

아동은 처음에는 분절적인 낱말로만 말하며, 감탄사와 가까운 이 낱말들 각각은 그 속에서 발생한 동작의 과정을 지시한다. 즉, 그 낱말이 새로운 지각을 예전 지각과 동일한 것으로 인정하고, 낯익은 대상을 인지하든지("랄랴! 엄마!"), 낱말 속에 든 욕망의 대상의 형상을 의식하든지("아빠!", 혹은 빵) 그런 과정을 지시한다. 또한 성인은 새로운 인상들에 놀랄 때, 이른바 감정의 지배를 받으며, 일관된 발화로써 가정되는 보다 지속적인 자기 관찰을 하지 못할 때에 개별적인 낱말들을 동원해 말한다. 이런 까닭에 원시인에게는 모든 언어가 단 한 개의 술어로만 표현된 문장들로 이루어졌다고 결론을 내릴 수 있다. 그러나 우리와 가장 가깝고 가장 발달한 언어들의 학술용어(가령 술어)를 나름의 구조상 우리의 언어와 동떨어진 언어들과 일치시킬 필요는 없다는 훔볼트의 사고를 간과하는 것은 위험하다. 이런 사고는, 그것을 역사 속에서 시대착오를 저지르지 말라는 충고와 비교하게 될 사람에게는 조잡한 것으로 보일지 모르지만, 동사 없이 언어가 존재할 수 있다는 것을 이해하지 못하는 어문학자들이 1820년대는 물론이고 지금도 여전히 많다는 것을 아는 사람에게는 특유의 심오함으로 충격을 줄 것이다. 흔히들 "첫 낱말이 이미 문장이다."라고 말한다. 이것은 첫 낱말이 이미 의미를 갖고 있었다, 첫 낱말은 사전에서 마주치게 되는 형태인 과학적 분석의 결과를 이미 구성하는 그런 형태로서, 생생한 발화 속에서 존재할 수 없다는 그런 의미에서만 정당하다. 그러나 문장이 오늘날 언어와 같은 모습으로 단번에 출현했다고 생각하는 것은 오류일 것이다.

언어는 자기 자신을 이해하는 수단이다. 자신을 이해하는 것은 다양한 정도로 가능하다. 내가 나 자신에게서 깨닫지 못하는 것은 나에게 존재하지 않는 것이다. 또한 그것은 물론 나에 의해 낱말로써 표현되지 못할 것이다. 이런 까닭에, 그 누구도 민중의 언어 속에, 이 민중이 자신의 언어 속에서 발견하지 못하는 것을 불어넣을 권리를 갖고 있지 않다. 우리에게 주어와 술어 없는 문장은 생각할 수 없다. 한정되는 대상과 한정하는 것, 보충되는 대상과 보충하는 것이 우리에게 문장을 이뤄내지 못한다. 그러나 주어는 오직 주격만이 가능하고, 술어는 동사(verbum finitum) 없이는 불가능하다. 우리는 이런 동사를 표현하지는 못하지만, 그것의 존재를 감각하며, 서술적(술어적) 관계("종이는 하얗다.")를 한정적 관계("하얀 종이")와 구별한다. 만일 우리가 발화의 부분들을 구분하지 못한다면, 그럼으로써 우리는 주어와 술어관계, 한정 대상과 한정어의 관계, 보충대상과 보충어의 관계 각각의 차이를 깨닫지 못할 것이며, 따라서 우리에게 문장은 존재하지 못할 것이다. 분명한 사실은, 유아와 원시인은, 그들이 격도 동사인칭도 알지 못하고, 오직 단절된 낱말만을 말하기 때문에 이미 그런 이유만으로도 자신의 언어에서 문장을 가지지 못한다는 점이다. 그러나 베커의 주장에 따르면, 이런 낱말들은 문장의 핵심 부분인 동사, 술어들이다. 이런 주장은 옳지 않다. "장난감!", "랄랴!", "아빠!"는 동작의 명칭이 아니라, 아이가 인지하는 대상들의 명칭이다. 이 낱말들에서는 요청을 들을 수 있으며, 그럴 경우 그 낱말들은 우리의 보충어를 통해 더 잘 번역될 수 있을 것이다.

홈볼트는 말한다. "만일 언어의 창조를 점진적인 것으로 상상한다면(그런데 이것은 지극히 자연스럽다), 이런 창조가 자연에서의 모든 탄생과 유사하게, 내부의 발전 원리에 따라 발생한다는 것을 고려해야 한다." 소리에서 발현되는 감정은 자기 안에 모든 것을 맹아의 상태로 담아두고 있지만, 동시에 모든 것이 소리 속에서 보이지는 않는다.[2] 물론, 만일 우리가 언어로써 표시되는 사고의 내용이 거대한 크기의 개별적인 감각적 지각과 형상에서 유래하며, 언어의 소리들이 감정에 대한 다수의 반성에서 유래한다는 것을 안다면, 우리는 힌두교의 전설에서 설명하듯이, 우주가 계란에서 유래하는 것처럼 언어가 같은 뿌리에서 나왔다고 생각하지 않을 것이며, 태초의 모든 낱말은 일정한 유의 의미와 문법 범주의 가장 늦은 발전의 가능성만을 나타냈다는 주장에 동의하게 될 것이다. 독자적 생존을 지니는 유기체와, 인간의 입속에서만 살아가는 말 사이의 차이를 유지하면서, 우리는 원시적인 낱말과 맹아의 유비를 활용할 수 있다. 나무의 씨가 이파리

2) Ueb. die Versch. 174.

도 꽃도 열매도, 또 이것들 전부를 합친 무엇도 아니듯이, 낱말은 처음에는 아직 온갖 형식적 한정사를 결여하고 있으며, 명사는 형용사도 동사도 아닌 중간적인 상태이다.

슈테인탈은 말한다. 명사의 토대를 이루는 활동은 동사가 아니라 형용사들, 특징들의 명칭이다. 특징은 그것을 통하여 본능적인 자기의식이 감각적 형상을 하나의 단위로 이해하고 이런 형상을 상상하는 한정사이다. 우리의 이성이 대상의 본질을 파악하지 못하듯이, 언어 또한 자기 고유의 최초의 명사를 가지지 못한다. 또한 우리가 특징들의 결합을 대상 자체로 인식하듯이, 언어 속에는 다만 특징들의 명칭만이 있을 뿐이다. 실로, 언어에서 대상들 각각은 나머지 특징들의 전체 가운데서 추출된 한 가지 특징에 따라서 지칭된다. 강-흐르다(어근 рик는 산스크리트어로 риг이며, 이것은 '흐르다'라는 뜻을 가진다. 혹은 보다 개연성 있게 어근 ри를 가진다. 이것은 소러시아어의 'ринуть힘껏 던지다'와 독일어 'rinnen'에 해당한다), 'берег언덕'-'지키다', '보호하다'(세르비아어로 '언덕'을 뜻하는 'бриjег'는 따라서 독일어 'Berg'와 거의 동일하다. 그림에 의하면 독일어 'Berg'는 'hergen'에 보존된 의미, 즉, 러시아어의 'беречь지키다'처럼 '숨기다', '지키다'의 의미에서 연유했다), 또는 지속적인 한정사인 '가파른', '끊어질 듯한'과의 일치(그리스어 φραγ-νυμι 참조. δ는 그리스어 φ에 해당). '하늘-가리다', '먹구름-쏟아내다', '풀-잡아먹히는' 등등. 이 모든 특징들이 활동의 명칭을 전제한다는 점이 저절로 한 눈에 들어온다. 먹는 활동을 전제하기 위해서는 тру(-ти)라는 낱말을 가져야 했다. 그런 낱말로써 먹는 대상으로서의 풀을 지칭하기 위함이다. 그러나 또한 특징들은 활동을 가리키는 명칭의 토대를 이룬다. "활동은 전적으로 실체로 간주된다. 소리 속에서 반영되는 것은 활동 자체가 아니라, 활동이 정신에 끼치는 인상이다. 또한 활동은 많은 특징을 지니는데,

그런 특징들 가운데 하나가 나머지 특징들을 치환하고, 그 다음, 활동 자체의 명칭을 획득한다. 따라서, 첫 낱말들은 특징들의 명칭이며, 그렇기 때문에 만일 우리가 문법적 용어를 사용하고자 한다면 부사에 해당한다."[3] 그러나 우리는 이것을 원하지 않으며, 슈테인탈이 아주 잘 알고 있듯이, 우리에게는 권한이 없다. 표상은 하나의 전체로 형성된 복수의 특징들 가운데 정확히 하나이다. 그러나 낱말은 사유전개의 초기에 사유를 위해 아직 성질의 의미를 지니지 못하며, 단지 감각적 형상-그 안에서는 행동도, 성질도, 개별적으로 취한 대상도 없고, 이 모든 것이 분해될 수 없는 통일성으로서 존재한다-에 대한 지시일 수만 있다. 이를테면, 운동, 안정, 흰색 자체를 육안으로 보는 것은 불가능하다. 왜냐하면 그것들은 날아가거나 앉아있는 새에게서, 흰색 암석에서 등등 오직 대상들 속에서만 나타나기 때문이다. 바로 그것과 똑같이, 일정한 특징을 갖지 못한 대상을 보는 것은 불가능하다. 동사와 명사 등의 형성은 낱말의 창조 다음에 뒤따르는 보다 단순한 다른 현상들을 전제하는, 감각적 형상의 그러한 해체와 변형인 것이다. 따라서, 이를테면, 발화의 조각들은 언어의 서두에서 추측하지 못하는 문장과 낱말들의 결합에서만 가능하다. 형용사와 동사의 존재는, 의식이 다소 우연적인 한정사들로부터 사물의 그 불변적인 알맹이, 그 본질과 실체, 즉, 인간이 특징들의 결합 너머에서 보려고 생각하며 이런 결합에 의해 주어지지 않는 그 무엇을 분리시키고 난 뒤에야 가능하다. 우리는 개별 언어의 역사 영역[4]에 속하는 문제, 즉, 문법범주의 형성에 관한 문제는 논외로 치고, 모든 언어가 전제하고 있고,

---

3) Steinth. Gram. Log. u. Psych. 325, 328, 361.
4) 언어들의 문법상의 기본적 차이에 관한 지적은 슈테인탈의 저술 Charakteristik der hauptsächlichsten Typen des Sprachbaues. Berl. 1860에서 찾아볼 수 있다.

앞서 언급했던 것처럼 형상의 통일성에 대한 인식 도구로서의 언어에 대한 보충으로서 기능하지 않을 수 없는 언어의 속성에 관해 몇 마디 지적하는 것으로 한정짓고자 한다.

이미 지난 세기에 제기된 사항으로는, 낱말이 감각적 지각의 일반화와 가장 근접한 관계를 맺고 있으며, 동물의 비언어성 속에서 어째서 동물은 보편적 이념(낱말의 가장 보편적 의미로서의 프랑스어로써)도, 또 자신들과 독립적인 인간의 완성가능성(усовершимость)도 이해하지 못하는 가에 대한 이유를 찾아내야 한다는 주장이었다. 그러나 당시나 지금이나 대단히 많은 사람들이 사유 발전에 있어서 언어의 의미를 이해하는 방식은 대단히 불만족스럽다. 이를테면 이런 식이다. "언어는 추상화의 도구로 이용된다. 왜냐하면 언어는 오직 추상적인 것만을 표시하며 또 오직 이것만을 표시하지 않을 수 없기 때문이다. 그렇지 않을 경우에 언어는 무익할 것이다. 왜냐하면 낱말의 수는 지각의 수보다 적지 않을 것이기 때문이다." 이 경우에 낱말은 사고의 기관이 아니라, 자기 정신의 광맥으로부터 사고를 채굴하고 사고에 높은 가격을 부여하는 도구로서가 아니라, 고정된 사고의 기호로서 받아들여진다. 또한 다음과 같은 질문들이 대답을 듣지 못한 채 남겨져 있다. 추상적인 것은 인간의 예외적인 속성을 이루는가? 또 만일 아니라면, 언어는 어떤 특별한 의미를 인간의 추상 개념에 부여하는가?

정신 속에서 나머지 지각들을 지배하는 지각들에 대한 형성, 그리고 이것과 연관된 감각적 형상의 무의식적 결합은 우리가 감각적 형상의 배경으로 지칭했던 상당한 수의 인상들을 의식에서 제거하는 것을 언제나 전제하며, 또한 추출 또는 추상화의 최후의 과정의 원형이기도 하다. 우리가 관심을 집중했고, 또 우리가 다른 나머지 전부로부터 골라냈던 감각적 형상이 감각을 통해 우리에게 전달된 모든 특징을 결코 자기 안에 담아두지 못한다는 점-정확히, 기억 하나만을 의존해서 그려진, 부재하는 인물의 초상화가 화가의 눈에 영향을 끼쳤고, 화가의 의식 속에 머물렀던 인물의 모든 특징을 결코 묘사하지 못하는 것처럼 그렇게-을 입증하기란 어렵지 않다.

여러 시간대에 입수된 복수의 형상들의 단일 형상으로의 무의식적 융합은, 만일 언제나 복잡한 이 형상들이 동등한 충만함 속에서 정신에 의해 유지되고, 우리에게 일정한 관계를 통해 연관되지 않은 개별 부분들의 탈락을 통해 끊임없이 해체되지 않는다면, 전적으로 불가능할 것이다. 기억 속에 보존된 형상들의 특성이 적을수록, 그만큼 장애물을 덜 만나는 이런 융합은 이미 추상화이다. 내가 적절한 시간에, 또 그런 융합 후에, 심지어 나의 동의 없이 사유했던 것의 총체는 더 이상의 하나의 대상과 관련되지 않고 복수의 대상과 관련되며, 그럼으로써 다소 불명확한 대상들의 도식으로 변형된다. 그것과 유사한 도식을 동물에게서 추정하는 것은 불가피하다. 동물의 많은 행동은 생리학적 충동 하나만으로는 설명되지 못하기 때문이다. 개는 거지를 향해 짖을 뿐, 이를테면 학생복 차림의 자기 주인처럼 차려입은 사람에게는 짖지 않는다. 개의 이런 행동은 그것에게서 서로 다르게 옷을 차려입은 사람의 도식, 즉 개별적인 차이를 담지 못하는 도식이 합쳐졌고, 새로운 인상들이 이런 도식 가운데서 때로는 이것과, 때로는 저것과 관련되면서 순간적으로 나름의 특성-그러나 틀림없이 정신에 남아있을-을 잃어버린다는 점을 드러내고 있지는 않은가?

만일 동물이 익숙한 먹이를 알아보고 익숙한 위험을 피한다면, 만일 동물이 본능의 지시에 조종당할 뿐 아니라 의심의 여지가 없는 자신의 경험을 사용한다면, 이것은 육감적 자료를 일반화할 수 있는 능력 때문에만 그것에게 주어지는 것이다. 많은 이들이 정당한 이유로써 유달리 인간의 정신 활동에 관한 사유와 결합하는 '종합화'라는 낱말을 피해서 우리는 이것을 이렇게도 표현할 수 있다. 정신 속에 저장된 지각들의 총합을 온전히, 변경 없이 유지할 수 있는 능력의 부재로써 우리가 부정적으로 표시할 수 있는 것, 그것은 인간의 삶과 동물의 삶 모두에서 절약을 위해 불가피한, 정신의 긍정적인 속성이다.

인간에게 자기의식이 출현하기 전 인간의 지적인 삶은 동물의 영적인 삶만큼이나 우리에게 어두웠으며, 그런 까닭에 우리는 인간과 동물에게서 이 삶의 최초의 발견들 사이에 의심할 바 없이 존재하는 태생적 차이에 관한 추측으로만 언제나 논의를 한정해야 할 것이다. 그러나 의심할 수 없는 사실은, 동물이 육감적 형상의 어렴풋한 묘사를 벗어나지 못하는 반면, 인간에게 이런 어렴풋한 묘사는 이후의 창조를 위한 토대이자 출발점으로만 기능한다는 점이다. 이를테면, 인간의 무수한 작품들 속에서 신과 운명과 우연과 법 등의 개념들 속에서 오직 과학적 분석만이 감각적 지각의 흔적을 파헤칠 수 있다. 명백한 사실은, 인간에게는 그로 하여금 독특하게, 그만의 고유한 방식으로 자연의 인상을 변형시키는 힘이 있다는 점이다. 이 힘의 인간적 성질이 확연해지며, 일반화가 동물과 구별되는 성격을 띠게 되는 지점이 언어의 출현이라는 사실을 인정하는 것은 쉽다. 그러나 언어는 감각적 도식에 도대체 무엇을 보태는 것일까? 언어가 무엇을 더하든지 그 무엇은 사고의 최후의 완성의 본질적인 조건이 될 것임에 틀림없다. 그렇지 않으면 언어는 불필요한 것이 될 것이기 때문이다.

위에서 우리는 언어를 감각적 형상의 통일성을 의식하는 수단으로 정의했다. 여기서 우리가 덧붙이고자 하는 것은 다만, 언어는 동시에 형상의 보편성에 대한 의식의 수단이라는 점이다. 다른 경우에서처럼 여기에서는, 이미 존재하고 있는 것에 대한 의식에 이 기존하는 것을 개조할 수 있는 능력-그러나 창조하거나 무에서 만들어내는 능력이 아니라-을 보탤 수 있다. 만일 운동이 인간의 동의 없이 자연에 의해 인간에게 주어지지 않았다면, 인간은 운동을 개발해내지 못했을 것이다. 만일 인간이 나무 그늘 아래에서 또는 동굴 속에서 이미 주어진 상태로 집을 발견하지 못했다면 인간은 집을 짓지 못했을 것이다. 또는 아래에서 우리가 보게 되듯이, 만일 인간의 낱말 하나하나가 시적 작품이 아니라면, 인간은 노래나 시를 짓지 못했을 것이다. 마찬가지로, 만일 언어 이전에 보편성이 존재하지 않는다면, 언어는 보편성을 제공하지 못할 것이다. 그럼에도 불구하고 무의식적 동작과 발레, 목재와 사원의 열주, 낱말과 영웅서사시 사이에는 커다란 격차가 존재한다. 그것은 마치 언어 이전의 형상의 보편성과, 언어를 통해 포착되는 사고의 추상성 사이의 격차와도 같다.

말하지 못하는 아이가 자기 엄마를 알아보고 즐거워하며 엄마에게 이끌린다면, 아이는 이미, 소위 엄마의 추상적 형상을 가지고 있는 것이다. 즉, 하나의 대상과 관련되지만, 이 대상에 대한 여러 시간대의 지각을 통해 주어진 상이한 특징들을 담아두고 있지 않은 그런 형상을 갖고 있다는 주장(이를테면 아이가 엄마를 바라보았을 때, 엄마는 여러 시간에 걸쳐서 여러 옷을 입고 있을 수 있었으며, 서 있거나 걸어 다니거나 앉아있을 수 있었다)은 옳다고 생각된다. 여기에 언어를 덧붙여보자. 아이는 엄마에 대한 여러 지각을 '엄마'라는 동일한 낱말로 지칭한다. 동일한 개에 대한 지각, 그러나 털, 크기, 형태가 다르고 다른 위치에 처한 여러 개들에 대한 지각이 그에게서, 이를테면 '쮸쨔'라는 하나의 낱말을 불러일으키는 것이다.[5)]

---

5) 이 낱말들은 원초적, 의성어적, 시적인 말들로서, 온갖 문법적인 한정사를 결여하고 있다고 가정해 보자. 그러나 엄밀히 말해서 이것은 허구다. 왜냐하면, 이를테면, 'цюця 쮸쨔'라는 낱말은 숱한 내적, 외적 변화의 흔적을 자체 내에 지니기 때문이다. 첫째, 이 낱말은 우리 모국어의 다른 모든 낱말들과 유사하게 순수히 형식적인 어미를 지니는 명사이다. 둘째, 이 낱말은 어근에서 유추할 수 없는 강화의 기능을 지니며(여기서 어근은 아마도

새롭게 통각 되는 지각은, 그 술어가 끊임없이 동일한 낱말에 의해 표현될 만큼 불변적인 상태로 남아있는 가변적인 주어들일 것이다. 아이는 자신의 의식 속에 포함되는 지각들(여기에서 각각의 무리는 다른 무리 속에 존재하는 일정한 기질을 결여하고 있거나, 다른 무리가 자체 내에 지니지 못하는 그런 기질을 자체 내에 지니고 있다)의 격동 속에서 오로지 소리, 그리고 그 소리와 결합된 표상이 부동의 상태로 남아있으며, 그러는 동안 낱말은 동질적인 지각 전부에 대해 동일하게 관련되어 있음을 조만간 알아차릴 것이다. 따라서 본질, 물자체와 같은 범주의 창조를 위한 기초가 놓이게 되고, 진리의 인식을 위한 한 걸음이 내딛어진다. 인간에게 실질적 중요성을 나타내는 것은 본질에 대한 지식뿐이다. 대상 속에서 발견할 수 있는 a, b, c, d, e의 다양한 특징들은 개별적으로도(왜냐하면 개의 털 색깔 등은 아직 개가 아니기 때문이다), 또 종합적으로도 대상 A 자체를 이루지 못한다. 왜냐하면 첫째, 이 총체는 종합, 복수성이지만, 대상은 언제나 우리에게 통일성이기 때문이다. 둘째, 대상으로서 A는 우리에게 알려져 있는 특징들 a+b+c의 종합뿐 아니라 미지의 x+y의 가능성까지도 자체 내에 담고 있지 않을 수 없기 때문이다. 즉, A는 자신의 특징들과 구별되고, 그러는 한편으로, 그것들을 통일하고, 그것들의 생존을 제약하는 무엇이어야 하기 때문이다. 형상의 통일성과 보편성에 대한 표상으로서의 언어를 통해, 형상을 구성하는 우연하고 가변적인 결합들을 지속적인 표상(우리가 기억하는바, 원시적인 낱말에서 표상은 동작도 성질도 아니다)으로 치환하는 언어를 통해 인간은 하나의 컴컴한 기원

ку일 것이다. 그리스어 κύ-ωγ, 리투아니아어 šuo, 라틴어 ca-nis는 모음에서만 차이가 난다), 비교적 뒤늦게 나타난 소러시아어 цюця와 소리상 조화를 이룬다.

의 존재에 대한 의식에로, 대상에 대한 앎에로 최초로 이르게 된다.[5)]

여기서 우리는 물론 그런 의미가 진리가 아니며, 저 멀리 있는 어떤 진리의 존재를 가리키고 있고, 인간을 대체로 특징짓는 것은 진리에 대한 앎이 아니라 진리에 대한 열망과 사랑, 진리의 존재에 대한 확신이라는 점을 기억해야 한다.

의식 속에 다시 나타난 지각을 언어를 통해 통각하면서, 또 술어의 의미를 갖고 있는 단 한 개의 낱말을 발음하면서, 인간은 통각의 성분들의 최초의 무차별성을 제거하고, 이 성분들 가운데서 가장 중요한 성분, 즉 술어를 자신의 사고의 대상으로 또 다시 만들면서 그것을 독특한 방법으로 돋보이게 한다. 언어의 그러한 불완전한 지배가 결여하고 있는 것이 무엇이고, 오직 개체적인 낱말을 통해서만 발언되는 사고의 불완전성이 무엇인가를 보기 위해서는 그러한 단독적인 살아있는 낱말을 낱말들의 결합체와 비교하는 것으로 충분하다. "쮸쨔!"가 의미하는 바는 이것이다! 나의 의식 안에 또 다시 들어오는 형상은 내가 그런 방식으로(그런 어떤 내적 형식을 통하여) '쮸쨔'라는 낱말에서 표상하는 본질이다. 여기서 대상 자체는 아직 자신의 속성과 동작으로부터 분리되지 않았다. 왜냐하면 이 속성과 동작은 새로운 지각과 그것의 통각하는 형상 모두에 들어있기 때문이다. 그것은 우리 언어의 "개가 짖는다."라는 표현과 상응하는, 일차적 언어의 복잡한 성구 속에도 더 이상 존재하지 않는다. 여기서는 단지 낱말 속에서 개의 본질이 의식될 뿐 아니라, 검은 덩어리처럼 이런 본질을 에워싸는 특징들 중 하나가 또한 선명하게 분리되어 나온다. 만일 발화에서 개별

---

6) 훔볼트는 이렇게 말한다. "언어 없이는 개념이 불가능하듯이, 개념 없이는 정신과 대상이 존재하지 못할 것이다. 왜냐하면 모든 외적 대상은 오직 개념을 통해서만 정신을 위한 충만한 본질을 획득하기 때문이다(Ueb. die Versch. 59)". 필자가 덧붙이고자 하는 말은, 개념은 이미 그것 이전에 주어진 것만을 발전시키는 견해이다.

낱말이 표상이라면, 슈테인탈의 주장에 기대면, 두 낱말의 결합은 표상의 표상이라고 지칭할 수 있을 것이다.[7] 만일 고독한 표상이 감각적 형상의 해체의 최초의 행위라면, 두 낱말로 이루어진 성구(成句)는 이미 일차적인 것 위에 건축된 이차적인 무엇이 될 것이다. 이 점은, 낱말을 매개로 의식된 한정사가 이번에는 본질성을 획득하고 한정사들의 무리의 중심이 될 수 있고, 그 결과로서, 이를테면, 개의 형상의 특징들 전부를 통일시키는 말과, 이런 특징들 중 단 한 개의 특징(개가 짖는다)을 표시하는 다른 낱말이 결합할 때, 오직 그 때에만 짖음이라는 특징 자체에서 고유의 특징들이 발견될 수 있다. 그러나 어떻게 낱말이 술어에서 주어로 될 수 있는가? 어떻게 낱말이 특징들 전체의 표지로부터 단 하나의 특징을 매개로 하여, 단 하나의 특징의 표지가 될 수 있는가? 우리는 슈테인탈에게서 이에 대한 만족스러운 대답을 발견하지 못한다. 그가 말하는 것은 오직 그 전까지 술어였던 말이 "술어의 힘을 획득하는 가변적인 특징들의 주어로 변하는" 시기가 도래한다는 점이다. "오직 그 때에만 말은(주어로서) 대상의 본질의 의미를 획득하고, 대상은 나름의 활동과 속성에서 분리된다. 그 때에는 이 가변적인 속성과 활동에 대한 지각 역시 유아적 정신의 관심을 자극하며, 소리를 통해 반영된다."[8] 그는 곧 이어서, 그런 소리는 원시인이 만든다고 말한다. 그러나 이것은 불가능하다. 우리가 이해하는바, 그 자신의 이론에 의하면, 본래 낱말은 활동과 성질, 그리고 대상 간의 완벽한 무차별성일 수 있으며, 결코 성질이나 행위 자체의 표지일 수 없다. 이를테면, (이것, 다시 말해 새로운 지각인) "엄마!"와 같은 아주 단순한 통각으로부터, '엄마'가 추상적인 행위 또는 성질을 의미하는 술어의 주어인 그런 통각으로의 직접적 이동은 가능하지 않다. 자기

7) Gr. L. u. Ps. 328-9.
8) Gr. L. u. Ps. 327.

언어의 발전 단계 위에 서 있는 우리에게는 먼 과거에 대해 말하면서 그것으로부터 벗어나기란 매우 힘들다. 그것은 이 언어가 우리의 사고 속에 불어넣은 것이다. 만일 술어 '걸어가다(идёт)'로부터 이것을 3인칭 현재 시제로 만드는 모든 형식적 한정어를 떼어내고 어근 и만 남긴다면, 그 때 우리는 이 и가 어떤 지각의 무리와도 특별한 공통성을 드러내지 않으며, 그런 지각들 가운데 어디에서나 동일하게 마주할 수 있는 속성이나 동작을 무차별적으로 지시하고, 이런 까닭에 이미 자신의 탄생의 순간부터 이 и는 다양한 감각적 형상들에서 취해진 동작의 지각들의 융합의 결과였다고 생각하게 될 것이다. 이것이 그렇게 여겨지는 까닭은, 우리가 언어의 어근들 사이의 그 전면적인 관계를 언어의 시원 자체와 관련짓기 때문이다. 그런 전면적인 관계는 사실은 사유의 지속적인 노력의 결과일 수만 있을 뿐이다. 그러나 우리가 착오를 범하지 않는다면, 이런 관점을 약간 수정하여, 두 낱말의 최초의 결합이 가졌던 그 의미를 대략적으로 지시할 수 있다.

일반적으로 우리는 분석적 판단과 종합적 판단을 구분한다. 분석적 판단에서 술어는 주어 안에 숨겨진 계기의 선명한 반복일 뿐이며, 따라서 판단 전체는 어떤 사유 단위의 해체로 간주된다. 이를테면, '물이 흐른다.', '황금은 노랗다.'에서 물+흐름, 황금+노란색은 물과 황금의 감각적 형상, 미해결된 판단으로써 이미 주어져 있다. 종합적 판단에서는, 이를테면, '삼각형의 세 내각의 합은 두 직각의 합과 같다.' 또는 '시계는 인간과 유사하다.'처럼, 주어에 대한 관계에서 술어는 이 주어에게서 직접적으로 사유될 수 없지만 매개적인 사유의 계열체에 의해 주어와 연관되어 있는 새로운 무엇이다. '시계는 인간과 유사하다' 에서 서로 결합되는 성분 '시계', '인간과의 유사성' 사이에는 중간적인 무엇이 있다. 이를테면, 시계나 사람이나 모두 겨울보다 여름에 느리게 가는 것이다. 이런 판단들 간의 차이를 지우려 하지 않고, 성분들의 결합이 추론의 결과인 엄밀한 종합적 판단에서조차 일단의 사유의 해체를 목격할 수 있음을 지적할 수 있다. 왜냐하면 어째서 주어가 그러한 술어를 요구하며, 또한 역으로, 어째서 술어가 다른 주어와의 결합이 아닌 그 주어와의 결합의 필연성을 지시해야 하는가가 주어 자체에 놓여 있어야 하기 때문이다. 만일 우리가 여기에, 보다 큰 지적 수고를 전제하는 판단으로서 종합적 판단은 보다 뒤늦게 출현하기 마련이며, 감각적 지각으로부터 직접적으로 분석적 판단의 예외적인 지배의 시간이 나타나기 마련이라는 점을 덧붙인다면, 우리는 대체로 "문장과 판단은 두 개의 표상 또는 개념이 조립되어 만들어지지 않고, 감각적 형상, 따라서 통일성은 최초의 것이며, 판단은 이미 이런 통일성의 해체인 것이다."라는[9] 견해에 동의할 것이다. 그러나 언어의 관점에서 이런 주장을 덧붙이는 것이 필요하다. 즉, 감각적 형상의 그러한 해체는 그것과 다른 유사한 단위의 결합을 통해서만 실현될 수 있고, 따라서 판단이 최소한 두 낱말의 결합을 통해 표현되는 만큼 판단에서는 단위의 해체뿐 아니라 이원론으로부터 통일성의 출현까지도 확인할 수 있다는 견해이다. 우리는 문장의 최초의 의미에 관한 문제와 이것의 연관성에 대해 몇 가지 사례를 통해 설명할 것이다. 낱말 '물'이 의식 안으로 들어가고 통각을 요구하는 물의 감각적 지각들에게 익숙한 술어라는 점을 가정해보자. 즉, 아직 특별히 대상을 의미하지 않고, '흐르다'('젖은', '축축한'을 뜻하는 라틴어 ud-us, 그리스어 ὕδ-ωρ, 강의 고유 명사인 러시아어 Уды를 참고하라)라는 특징을 통해서 물의 감각적 형상 전체를 의식에 제시하는 술어라고 가정해보자. 따라서 형식적 소사가 제거되어 있고 원초적 형태로까지 승화된 러시아어 낱말 светить, светлый는 светить의 특징을 통하여 본질

9) Steinth. Gr. L. und Ps. 330. 또한 Waitz Lehrh, der Ps. 533-4를 참고하라.

과 한정사의 무차별적인 총체로서 특정한 형상을 의미했음을 인정하게 될 것이다. 문장 "вода светла 물이 맑다."의 원형에서 각각의 구성 부분은 그것들이 따로따로 떨어져 사용될 때에만 그것들에게 속해 있는 속성들을 여전히 잃어버리지 않았다. 만일 물에 대한 새로운 지각에서 눈이 물의 투명성 또는 물속의 햇빛의 반사에 의해 충격을 받는다면, 이런 지각은 처음에는 낱말 '물'에 의해 여전히 통각의 대상이 되다가(이 경우에는 우리의 판단 "이것은 물이다!"와 상응하는 판단이 일어날 것이다), 그 다음에 의식 속에 전혀 다른 형상을 불러일으킬 것이며, 그 형상과 연관된 낱말 'светлый 밝은'에 의해 또 다시 통각의 대상이 될 것이다.

새로운 지각을 x로, 의식에 최초로 도입된 낱말을 a로, 두 번째로 도입되는 낱말을 b로 표시하면 우리는 그 과정 전체를 x=a=b로 표현할 수 있을 것이다. 그러나 x는 낱말을 통해 표현되고 의식되지 않으며, 그런 까닭에 의식에는 오직 a=b만이 남게 된다. 이 문장의 의미는, 낱말 '물' 에서 내가 제시하는 것이 나에게 그렇게 영향을 끼치거나, 낱말 '맑은'을 통해서 내가 제시하는 것이 나에게 존재한다는 것이 될 것이다. 바로 그렇게, 낱말 'зелёный 푸른'은 옛날에는 오늘날 우리가 그 낱말에 부여하고 있는 의미보다 덜 분명한 의미를 가지고 있었을 뿐 아니라, 또한 의심의 여지없이, 밝은 대상의 분명한 감각적 형상(비록 그것이 어떤 형상인지는 말할 수 없지만)과의 연관을 뚜렷이 드러낸다. 소리와 색채의 감각적 형상은 그 자체로서 모순이다. 왜냐하면 우리는 단 하나의 색채가 아니라 색채가 있는 대상을 보기 때문이다. 또 그 실제 원천이 우리에게서 가려질 수 있는 소리조차 우리는 그것을 그것이 들려오는 그 대상과 일치시키기 때문이다. 몇몇 색채의 명칭은 여전히, 지금도 그것이 분리되어져 나온 감각적 형상들을 명확히 지시한다. 'голубой 남색의'가 'голубь 비둘기'의 색이고, 'соловый

흐린'이 'соловей 꾀꼬리'의 색이며, 폴란드어 niebieski가 '하늘 nebo'의 색이듯이, 'зелёный 푸른'은 최초에 성질로서 개별적으로 사유되지 않고, 대상과 동작과 성질을 에워싸며 이른 바 낱말 гар 또는 гр('푸른'을 뜻하는 소러시아어 гряный와 г의 з, р의 л로의 일상적 전이를 참고하라)로써 표시된 감각적 형상 속에서 사유되었다. 이 낱말이 낱말 трава(어근 тру(ти)에서 보이듯이 이 낱말의 내적 형식은 жрать이고, 여기에서 о-тру-та와 о-трав-а가 파생된다)와 결합했을 때, 그럼으로써, 그 전까지 분할된 두 개의 감각적 형상이었던 것들의 관계가 의식되었고, "풀은 푸르다."라는 문장은 이것을 의미했다. '내가 снедь 먹는 것'으로 표상하는 것은 나에게, 내가 'светлый 밝은 것'으로 표상하는 바를 의미한다.' 우리는 발화자에게 분명한, 두 개의 독립적으로 형성된 감각적 형상들의 비유의 형태 외에는 최초의 문장을 상상할 수 없으며, 이와 관련하여, 낱말 일반을 통각의 수단 또는 마찬가지로서, 비유의 수단으로 앞서서 정의했던 것을 상기시키고자 한다. 언어에는 고유한 표현이 존재하지 않는다. 우리가 어떤 낱말을 보다 세밀하게 분석하면 할수록, 그 낱말은 가장 최근의 민요시의 상징적 표현들과의 공통점을 그 만큼 더 드러낼 것이다. 물론, 그 민요시의 상징적 표현들 전체는 최초 탐색의 대상이었던 태초의 성구들보다 훨씬 더 복잡하고 추상적인 모습이 될 것이라는 차이가 존재한다.

우리가 태초의 문장들 속에서 비유를 보기로 동의한 다음에는, 이와 함께 그것들의 사고 전체에 대한 불완전성과 미흡함을 수용해야 할 것이다. 비유가 아무리 아름답다고 하더라도, 또 비유가 사유되는 주어의 불가피한 속성을 전혀 이루지 않는 많은 것에 대해서 우리로 하여금 생각하게 만들더라도, 그것은 우리를 즐겁게 만들거나, 또는 그 자체로서, 보다 아름답게 표현해서, 엄격한 사유를 하는데 반드시 필요한 그런 긴장의 부재이다. 노부부를 자손 없는 두 그루터기에 비유하는 것('마치 베어낸 두 개의 그루터기처럼'이라는 세르비아어 표현을 참고하라)은 고아 신세와 무자식의 상태를 우리에게 전해준다. 그러나 이런 술어는 주어와 직접적으로 연결되고, 우리로 하여금 인간에게서 나무(본질적으로 인간의 삶과는 완전히 다른 삶을 가진)로 옮겨가도록 만들며, 인간의 자식 없는 노년에 대한 관념에 대해, 우리의 관점(시각)에서 이런 관념 속에 담길 수 없는 그런 많은 요소를 결합한다. '물이 맑다', '풀은 푸르다'라는 문장의 최초의 의미에 대해서도 똑같은 내용을 말하지 않을 수 없다. 이 문장들은 비록 현실에서는 더 이상 지각의 우연적인 연상이 아니지만, 어쨌든 한층 더 지나치게 그런 연상을 상기시켰다. 여기에서 말미암는 수단에 관한 질문, 즉, 비유를 고유한 표현으로 간주할 수 있는 가능성을 우리에게 부여하는 그런 정도의 추상성에 사고는 어떤 수단을 통해서 이르는가, 또 부차적인 것에 대해 생각하지 않고 주어 속에서 일정한 특징들을 어떤 수단을 통해서 발견하는가라는 물음에 대한 답변, 이것에 대한 답변은 만일 우리가 다음의 내용을 이해한다면 발견될 것이다. '풀은 푸르다'라는 문장에서 주어와 독립적으로 고찰되는 술어는 우리에게 잘 알려진 대상의 색깔이 아니라, 일반적인 푸른 색깔이다. 왜냐하면 우리는 이 낱말의 내적 형식뿐 아니라, 그런 내적 형식에 의하여 의식으로 이르게 된 그 특정한 특징들의 무리(형상)까지도 망각해 버렸기 때문이다. 마찬가지로, 또한 주어 '풀'은 우리에게 모든 비유 없이 그것에 일정한 술어를 결합시킬 수 있는 가능성을 우리에게 제공한다. 왜냐하면 우리에게 이 낱말은 '음식으로 기능하는 것'을 의미하지 않고, 모든 한정사를 수용할 수 있는 실체로서의 식물 일반을 의미하기 때문이다. 내적 형식에 대한 그런 망각은 낱말들을 이항적 단위들로 결합하는 과정의 수차례에 걸친 반복으로부터 만족스럽게 도출해 낼 수 있다. 술어 '푸르다'와 결합하는 다양한 주어들의 수가 크면 클수록,

다른 주어들의 무리 속에서는 원래 그것과 관련되었던 형상의 특징들이 그만큼 더 상실되었다. 낱말의 출현 이전의 감각적 형상의 통일의 순간처럼 이 경우에도 망각의 능력은 일정한 지각의 특징들을 돋보이게 하고 전경화하는 수단이다. 그러나 그런 식으로 그림자 속에 남겨진 것은 아무 연고 없이 사라지지 않는다. 왜냐하면 다른 한편으로, '풀'이라는 낱말에서 다양한 술어가 많이 나타날수록, 그 전까지 분할되어 있지 않았던 풀의 형상은 그만큼 더 많은 수의 판단들로 분해되었기 때문이다. 풀의 실체는 부차적인 모든 것에서 벗어나서 이와 동시에 한정사를 풍성하게 갖게 된다.

모든 판단은 통각, 해석, 인식의 행위이며, 따라서, 우리는 감각적 형상이 해체된 결과인 판단들의 총체를 형상에 대한 분석적 인식이라고 부를 것이다. 그런 총체가 바로 개념이다.

감각적 형상의 해체가 언어 없이는 불가능하기 때문에 개념에 대한 언어의 필연성 또한 인정하지 않으면 안 된다. 필자는 다시 한 번 이것과 관련된 훔볼트의 언급을 인용하고자 한다. 그의 진술에서는 방금 언급한 개념에 대해 보충하는 중요한 특징을 이제 손쉽게 발견할 수 있을 것이다. "지적 활동은 완전히 정신적이고 내적인 활동으로서, 어떤 점에서 아무 흔적 없이 사라지며 발화의 소리 속에서는 청각으로 감지할 수 있는 외적인 무엇으로 변한다. 그것(이런 활동)은 자체적으로도(여기서 훔볼트가 언어와 동일시하고 있는 것과 별도로) 소리와의 결합의 불가피성을 포함하고 있다: 이것 없이 사고는 분명함에 이를 수 없고, 표상(다시 말해, 우리가 채택한 학술용어를 사용하면, 감각적 형상)은 개념이 될 수 없다."[10] 이 대목에서는 사고의 명징성과 개념의 동일성이 인정된다. 또한 이것은 옳다. 왜냐하면 정신의 개별

10) Ueb. die Versch. 51.

행위들의 무명의 혼합물로서의 형상은 자기의식에게는 존재하지 않으며, 오로지 우리가 언어를 통하여 그것을, 그 총합이 개념을 형성하는 판단들로 변형시키면서 분해함으로써만 분명해지기 때문이다. 이 경우에 낱말의 의미는 그것의 감각적 성질에 의해 제약을 받는다. 형상으로부터 발전하는 판단의 계열체 속에서 후행하는 판단들은 선행하는 판단들이 낱말 속에서 객관화되는 그 때에만 가능하다. 그렇듯, 체스 선수가 게임의 상황과 일치하는 말을 놓기 위해서는 그 위에 장기가 놓인 판자를 자기 앞에서 보지 않으면 안 된다. 선수에게 처음에 혼란스럽고 불안정한 판세가 그의 진행 과정에서 분명해지는 것처럼, 사고 주체에게도 사고는 낱말 속의 조형적 측면이 부각되고, 이와 함께, 그런 조형적 측면의 타래가 풀리면서 분명해진다. 장기판을 보지 않고도 게임을 벌일 수 있다. 이 때 장기판과 장기 말에 대한 직접적인 감각적 지각은 회상으로 대체된다. 장기 게임처럼 극도로 전문화된 사유가 단지 소수의 사람에게만 인생의 사건이기 때문에, 오직 그런 이유만으로, 이 현상은 몹시 희귀한 사례에 속한다.

마찬가지로, 언어 또는 사고 대상의 내용 자체에 대한 다소간 분명한 지적으로만 스스로를 제한하면서 언어 없이 사고하는 것은 가능하다. 또한 그런 사유는 다름 아닌 자신의 보다 큰 중요성 때문에, 그리고 인간 삶의 많은 측면들과의 연관성 때문에 보다 자주 마주치게 된다(이를테면 언어를 공식으로 부분 치환하는 과학에서 그렇다). 그러나 언어 없이 인간의 방식대로 사유하는 능력 또한 언어를 통해서 주어지며, 발화자 또는 발화자 교사에 의한 학습 없이 놓아는 동물과 같은 수준으로 남게 될 것이다.

개념을 특징짓는 사유의 명징성과 관련되어 있는 것은 개념의 또 다른 속성이다. 즉, 오직 개념(그런데 그것과 더불어, 개념의 불가피한 조건으로서의 낱말 또한)이, 인간이 자신을 둘러싸며 인간이 실제적인 것으로 간주하도록 운명 지어진 그 세계 속으로 합법성과 필연성과 질서의 관념을 도입한다는 그런 사실이다. 만일 우리가 이미 인간의 감성에 관하여 논하면서 그 속에서, 지각을 객관적으로 평가하면서 그 자체 속에서 내적인 합법성을 찾고 그런 지각으로써 어떤 체계(그 내부에서 성분들 간의 관계가 성분들 자체처럼 그렇게 필연적인)를 건축하려는 의지를 보았다면, 이것은 이런 감성을 동물들의 감성과 다르게 구분할 수 없음에 대한 인정에 지나지 않았다. 사실 앞서 언급한 의지는 오직 낱말 속에서만 식별할 수 있고, 개념 속에서 발전한다. 지금까지 우리는 선행하는 사유들이 후행하는 사유들에 끼치는 영향의 형식을 판단과 통각이라고 이름 붙였다(이 통각이 형상 또는 표상과 개념을 결속시키든 어떻든 간에). 그러나 우리는 인식의 존재를 인간에게만 고유한 것으로 인정하면서, 그럼으로써, 새로운 지각을 기존의 도식에 단순히 적용시키는 것과 일정한 종류의 통각을 구분하였다. 여기에서는 다만 엄밀히 인간의 통각-판단, 표상, 개념-이 동물과 다른 것은 그것이 자신의 성분들의 결합의 불가피성에 관한 사고를 낳기 때문이라는 점을 보다 분명하게 말해두고자 한다. 이런 불가피성은 탄력적이다. 이전의 결합들을 소멸시키는 모든 새로운 결합 앞에서 그 이전의 결합들은 망상에 지나지 않는다. 그러나 우리가 오류라고 인정한 것은 자신의 한창 때에는 필연성의 성격을 지녔었다. 또한 망상에 관한 개념 자체는 그것과의 대립성을 허용할 수 있는 정신 속에서만 가능하다. 필립보가 나타나엘에게 "모세가 율법에서, 또 예언자들이 썼던 그 분, 그리고 하느님의 아들, 나사렛에서 온 예수를 우리는 만났소."라고 말했을 때, 그리고 나타나엘이 필립보에게 "나사렛에서 의미 있는 무엇이 나타날 수 있을까?"라고 대답했을 때, 그 다음 자신이 목격했던 것처럼 나타나엘은 착오를 일으켰다. 그러나 나타나엘에게 나사렛 태생의 인간에 관한 매우 불완전한 개념은 훗날 그것 자체와 관련될 모든 것을 반드시 순응시키고야 말 어떤 완성된 규범이었다. 그와 같은 사례들은 삶의 모든 행보에서 발견된다. 우리의 견해를 지배하는 개념들(카차쁘[11], 소러시아인, 집시, 유태인, 소바케비치, 마닐로프 등)의 사용처럼 앞서 언급한 내용과 그런 동질적인 사례들에 멈춰 있지 말고 필자는 별명이 없는 곳에는 또한 명백한 찬사나 비난이 없으며, 대신 보편적인 것이 개별적인 것에 대한 법칙으로 기능한다는 점을 지적하고자 한다. 만일 유명한 속담인 "암탉은 새가 아니고, 소위보(少尉補)는 장교가 아니다."가 진정한 새와 진정한 장교는 어떠해야 하는가에 관한 지식을 전제한다면, "이것은 새이다." 또는 "새!"와 같은 단순한 주장에서 한정적인 개념 또는 낱말은 또한 설명되는 것의 법칙을 자체 내에 포함하지 않을 수 없다. 비록 통각의 한 성분이 사고의 이후의 성공을 위해서 반드시 필요한 종결을 아직 얻지 못한 감각적 지각에 불과한 '새'라는 표현에서 이 법칙은 아직 맹아 단계에 머물러 있을 뿐이지만 말이다. 그러한 입법적 도식에 인간은 자신의 모든 행위를 종속시킨다. 엄밀히 말해서 전횡은, 인간이 자신의 충동을 설명할 때에 사용하는 낱말이나 사유에서가 아니라 실제 행위에서만 가능하다. 고루한 사람은 그 자신의 우행을 하는 근거가 무엇이냐는 물음에 갑작스럽게 대답해야 하는 경우에, "내가 그렇게 하길 원해서."라고 말할 것이다. 그럼으로써 그는 자기 행위의 모든 척도를 거부하고 오로지 자기 자신을 법처럼 구실로 삼을 것이다. 그러나 그는 자신의 대답에 불만족하고 있으며, 그가 그렇게 대답한 까닭은 단지 다른 대답을 찾지 못했기 때문이다. 농담이 아니라, 그러나 분노 없이 발설된 "그렇게 하길 내가 원한다(sic volo)."를 상상하기란 어려워 보인다. 그런 발언과 멀지 않으며, 오히려 보다 차분한 "나

11) 우크라이나인의 대러시아인에 대한 비칭. 옮긴이.

의 습관은 그렇다."에서는, 다른 동작이 아니라 바로 그런 동작이 일정한 도덕적 자질들로부터 비롯될 때 나타나는 어떤 필연성에 대한 보다 분명한 의식과 사죄가 들린다. 보다 빈번하게, 전횡은 자기 외부에서, 즉 "저기에 빛이 있다."는 등의 생각 속에서 변명거리를 찾는다. 여기에서는 개별 현상들의 법칙에 대한 의식이 선명하게 대두한다. "그렇게 하기를 내가 원해!"에 대해 우리가 스스로를 비난하듯이, 마찬가지로, 우리가 법칙을 찾아낼 수 없는 대상은 "이도 저도 아닌 상태"이며, 따라서 우리에게 비난 받아 마땅한 무엇이 된다.

앞서 언급한 내용에서 우리가 알 수 있는 것은, 우리는 상응하는 인간적 형식 속에서 동물의(동물적 형식의) 정신활동을 전제하지 못한다는 점이다. 만일 개가 접시가 딸가닥 거릴 때 기쁨을 표현한다거나, 만일 가축 상인이 내몬 가축이 낯익은 대상들을 마주하지 않으면서 울부짖는다면, 만일 새가 비명을 지르면서 파괴된 둥지 위를 맴돈다면, 그 첫 번째 경우에서는 긍정적 판단과 유사한 무엇이 발생한 것이고(새로운 지각은 이전 지각들의 총합이다. 즉, 새로운 지각은 이전 지각들과 융합한다), 다른 두 경우에는 부정적 판단과 비슷한 무엇이 발생한 것이다(새로운 것은 예전의 것이 아니다. 즉, 새로운 것은 의식 안에 들어오는 옛 것과 융합되지 않는다). 그러나 결합 성분들 사이에는 내적 통일성이 어디에도 존재하지 않는다. 왜냐하면 어디에서도 어떤 성분도 다른 성분을 다스릴 수 있는 법칙이 아니기 때문이다. 결합의 기계적임과 반대되는 내적 통일성은 우리에게는 필연성 또는 우연성에 대한 의식과 동일하다. 이런 통일성은 대상과 그것의 특징 사이의 관계, 본체와 한정사(또는 우연성) 사이의 관계로 귀착된다. 우리는 동물에게, 자신의 지각의 기계적인 흐름을 비판적으로 처리할 수 있는 능력 일반을 부여하지 않으며, 우리는 동물에게서 감각자료들의 대상과 특징으로의 해체를 전제하지 않기 때문에, 우리는 동물에게

서 필연성에 대한 의식을 부정한다.[12)]

언어는 마치 선행하는 것의 뒤를 잇는 무엇처럼, 인간 정신 속에 이미 완성되어 있는 필연성의 관념에 대한 외적인 부가물이 아니다. 언어는 인간 본성의 심연으로부터 흘러나오는 이런 관념을 창조하는 수단이다. 왜냐하면 오로지 언어를 매개로 해서만 사유의 해체 또한 발생하기 때문이다. 언어를 통해 최초로 인간이 자신의 사고를 의식하듯이, 마찬가지로, 언어를 통해 제일 먼저 인간은 그 다음 자신이 세계로 옮겨놓는 그런 합법칙성을 발견한다. 언어를 통해 양육된 사고는 개념들 자체와 직접적으로 관련을 맺기 시작하고, 개념들 속에서 추구하는 의미를 발견하며, 부차적이고 전횡적인 기호를 보듯이 언어를 바라보기 시작하고, 특수한 과학으로 하여금 언어의 건물 전체에서, 또 그것을 이루는 돌 하나하나에서 필연성을 찾도록 제안한다.

언어 역시 선행하는 속성과 분리되지 않는 사고의 다른 속성에 관하여, 이른바, 모든 것에 대해 체계 내에서 자기 고유의 위치를 지정하려는 의지에 관하여 마찬가지의 중요한 역할을 수행한다. 우연적인 모든 것을 배제하는 개념과 과학에서 필연성이 발전을 획득하듯이, 체계화하려는 성향은, 비논리적인 것이 포함되지 않는 과학에 의해 충족된다. 과학으로 이르는 노정은 언어를 통해서 준비된다. 로체는 이렇게 말한다. “우리는 그 속성에 대해 사면에서 연구한 어떤 대상, 우리가 그 완전한 형상을 이미 만들어낸 어떤 대상에 대해, 만약 우리가 그 이름을 모를 경우, 그것을 완전히 알지 못하는 대상인 듯 종종 생각하곤 한다. 필시 이런 암흑을 순간적으로 흩트리는 것은 오직 낱말의 소리뿐일 것이다. 비록 이 소리가 내용에 아무 것도 보태지 않고, 비록 항상 낱말이 다른 대상들의 연쇄 속에서 또는 보다 상위 개념

12) Lotze. Mikrokosm. I, 253-6; II, 231-2, 277-8, 280-3.

의 덩어리 속에서 그 대상의 위치에 대한 지적으로서 대상을 결코 설명하지는 않지만 말이다(러시아어와 유사한 사례들(지팡이-나무, 고래-물고기)이 독일어(wallfisch, Rennthier)에는 매우 희귀하다). "식물의 라틴어 명칭을 아는 것이 식물을 채집하는 젊은이들에게 만족감을 전달하는가?" 아니면, 우리에게 보다 익숙한 사례를 취하기 위해서, 우리가 마주 오는 마을의 이름을 마부에게서 꼼꼼히 알아내는가(비록 필시 이것이 우리에게 고유명사를 제공하겠지만 말이다)? "우리에게는 대상의 지각만으로는 부족하다. 존재에 대한 권리를 가지기 위해서 이 대상은, 우리의 지식과 별도로, 그 자체로 의미를 지니는 분열된 체계의 일부분이어야 한다. 만약 우리가 자연 전체 속에서 일정한 현상이 점유하고 있는 위치를 실제로 규정할 수 있는 힘을 가지고 있지 않다면, 이름 하나에만 만족해야 할 것이다. 이름은 우리에게, 많은 타인들의 관심이 이미 우리가 마주한 대상 속에 존재하고 있음을 입증한다. 이름은, 보편적 이성이 최소한 이미 이 대상에게 보다 광범위한 전체의 통일성 속의 특정한 위치를 지정하려고 노력했다는 사실을 우리에게 보증한다. 설령 이름이 새로운 무엇도, 대상의 어떤 세부사항도 제공하지 않는다고 해도, 이름은 사물들의 객관적 의미를 포착하려는 인간의 의도에 부합한다. 이름은 인류의 보편적 사고가 모르지 않는 무엇, 그러나 이미 오래전에 자신의 위치에 놓이게 된 무엇으로 우리에게 낯선 것을 전달한다. 그런 까닭에, 우리가 난데없이 제시한 이름은 이름이 아니다. 사물을 되는대로 지칭하는 것만으로는 부족하다. 사물은 우리가 그것을 부르는 그대로 지칭되어야 한다. 이름은 사물이 보편적으로 인정된 것과 인식된 것의 세계 속에서 취해졌음을 입증해야 하고, 사물에 대한 견고한 정의로서, 개인적인 전횡에 대해 확고히 저항해야 한다."[13] 여기에서 발췌된 모든 것은 완전히 정당한 것으로 여겨지며, 훔볼트의 사고를 상기시킨다. "말하기란 자기 개인의 협량한 사고를, 자기 종족, 민족, 인류의 사유와 결합하는 것을 뜻한다." 우리에게는 인간이 개념들의 과학적 체계를 다소간 이해할 수 있게 됐던 그 때에 비로소 언어는 실제로 사고에 거의 아무것도 기여하지 않는다고 부언하는 일만 남아있다. 즉, 처음부터 언어는 하나의 사유되는 단위가 다른 사유되는 단위에 대해 맺고 있는 관계를 지시하면서 사실상 새로운 내용을 제시한다. 이를테면 신화학적 연구의 언어에 토대를 둔 모든 이성적인 것으로부터 이 점을 확신할 수 있다. 어떤 시기마다 내적 형식의 활기는 언어의 투명한 깊이 속으로 침투할 수 있는 가능성을 사고에 제공한다. 가령, 인간의 노령을 표시하는 낱말은 나무를 지칭하는 낱말들과의 유사성으로 인하여 나무로부터 인간의 기원에 관한 신화를 지시하고, 자기 방식대로 인간과 자연을 결속시키며, 결과적으로는, '노령'이라는 낱말에서 연상되는 것을, 과학적인 것과 일치하지는 않지만 과학적인 것에 의해 예상되는 독특한 체계 속으로 도입한다.

지금까지 언급된 언어에 대한 개념의 관계는 다음과 같이 요약된다. 즉, 언어는 개념 형성의 수단이며, 더욱이, 글쓰기를 위한 도구, 장작을 패기 위한 도구 등 인간이 발명한 도구처럼 외적인 수단이 아니라, 인간의 본성 자체가 불러일으킨, 다른 무엇으로 대체될 수 없는 무엇이다. 개념을 특징짓는 명확성(특징들의 분할성), 한정사에 대한 실체의 관계, 그것들의 결합에 대한 필요성, 체계 내에서 한 위치를 차지하려는 개념의 열망. 마치 인간의 손이 모든 가능한 기계의 모델이 되듯이, 이 모든 것이 원초적으로 언어를 통해 성취되고, 언어에 의해서

13) Lotze. Mikr. II, 238-9.

변형된다. 이런 측면에서 언어는 개념과 유사하다. 그러나 여기에서는 언어와 개념의 차이 또한 확연히 드러난다.

심리학적으로, 다시 말해서, 논리에서처럼 자기 내용의 한 가지 측면에서가 아니라, 현실 속에서 자신의 출현 형식의 측면에서, 한 마디로, 활동으로서 관찰되는 개념은 일정한 양의 판단들이며, 따라서, 단일한 사고 행위가 아니라 그것들의 계열체 전체이다. 논리적 개념, 즉 형상 속의 특징들의 집합체와는 구분된 특징들의 동시적 총체는 허구이다. 그러나 과학에는 반드시 필요한 허구이다. 심리학적 개념은 나름의 지속성에도 불구하고 내적인 통일성을 지닌다. 어떤 의미에서 심리적 개념은 감각적 형상으로부터 이런 통일성을 차용한다. 왜냐하면 당연하게도, 만일 예를 들어, 나무의 형상이 그것과 함께 인식되었던 부차적인 모든 것과 분리되지 않는다면, 보편적인 주체에게 그것의 판단으로의 해체는 불가능할 것이기 때문이다. 그러나 우리가 다만 표상과 언어를 통해서만 형상의 통일성에 관하여 알 수 있듯이, 마찬가지로, 대상에 관한 판단의 연속체는 우리에게 동일한 낱말로써 결속되어져 있다. 따라서 언어는 감각적 형상과 개념 모두를 균등하게 표현할 수 있다. 그러나 일정 시간 동안 낱말을 사용했던 사람은 아주 희귀한 경우에만 낱말을 감각적 형상으로 해석할 것이며, 보통 감각적 형상을 염두에 두면서 일련의 관계를 생각할 것이다. 낱말 '태양'이 밝은 햇빛의 원에 대한 기억만을 자극할 수 있다고 상상하는 것은 쉽다. 그러나 그 낱말은 천문학자 뿐 아니라 유아나 야만인까지도 태양과 다른 대상들과의 비유의 연속체, 즉, 사유주체의 발달에 따라 보다 많이 또는 보다 적게 완성된 개념을 사유하도록 만든다. 이를테면, 태양은 지구보다 작다(혹은 지구보다 훨씬 크다), 태양은 바퀴다(태양은 구의 형태를 가지고 있다), 태양은 인간에게 이로움을 주거나 위험한 신이다(또는 기계적인 법칙에 완전히 종속당한 생기 없는 물질이다) 등등. 내용에 따라서 우리의 사고는 형상이거나 개념이다. 전자와 후자 사이에 중간적인 3자는 없다. 그러나 우리가 낱말을 개념 또는 형상으로 설명하는 것에 멈춰서는 경우는, 오직 우리가 그 낱말에 특별한 관심을 가지거나 보통 하나의 낱말에만 관심이 국한되는 경우이다. 이 때문에 사고가 의식 안으로 들어오는 형식의 측면에서 사고는 단지 형상 또는 개념일 뿐 아니라 또한 표상 내지 언어일 수 있다. 이로부터 개념에 대한 낱말의 관계는 분명하다. 언어는 사고의 발전의 수단, 형상을 개념으로 변경하는 수단이면서, 그 자체로는 사고의 내용을 형성하지 못한다. 만약 낱말이 표현하는 형상의 중심적 특징이 기억된다면, 그것은 이미 우리가 말했듯이, 자체로 의미를 지니지 않고, 일정한 내용의 기호나 상징으로서 의미를 지닌다. 만약 근본적인 어휘들로 간주되는 러시아어 낱말의 상당부분이 그렇듯이 개념의 형성과 함께 내적 형식이 상실된다면, 낱말은 사고에 대한 순수한 지시로 변할 것이며, 발화자의 의식에 대해 낱말의 소리와 내용 사이에는 어떤 중간적인 것도 남지 않을 것이다. 따라서 표상하기란 사고의 복잡한 계열체들로써 (이것들 중 단 하나도 의식 속으로 도입하지 않으면서) 사유하는 것을 뜻한다. 이런 측면에서 정신생활에 대한 언어의 의미는 수학에서 수적 크기에 대한 문자적 표시의 중요성, 또는 교환을 위해 고가의 대상들 (이를테면, 돈과 어음)을 직접적으로 교체하는 다양한 수단들의 의미에 비유될 수 있다. 만일 사고의 창조를 직물의 제조에 비유한다면[14], 언어는 날실들의 연속체 속에서 씨실을 단

---

14) 1부. 메피스토펠레스와 학생의 대화.
(그렇게 사고를 만들어낸다. 심지어 이를테면
방직기계에 이것을 비유할 수 있다.
여기서 실을 다루는 것은 복잡하다.
북이 위아래로 빠르게 움직이고,
눈에 보이지 않게 실들이 천으로 합쳐진다.

숨에 통과시키며, 느린 직조를 대체하는 직조기의 북이 될 것이다.[15) 이 때문에 언어가 우리 사고의 흐름을 완만하게 한다고 언어에 대해 비판하는 것은 부당할 것이다. 자신의 실행의 순간 언어의 직접적인 교과서를 요청하지 않는 우리 사고의 행위들은 매우 빠르게 일어난다. 즉각적인 판단과 동작을 요구하는 상황에서, 이를테면, 우리의 대답이 어떠할 것인가에 많은 것이 달려있는 예상 밖의 질문 아래서, 인간은 대답을 하기 전 거의 나눌 수 없는 한 순간에 말없이 아주 많은 생각을 할 수 있다. 그러나 언어는 인간에게서 이런 능력을 빼앗지 못한다. 반대로, 언어는 그런 능력을 주지는 못하지만, 최소한 그런 능력을 강화시킨다. 생활적, 과학적, 문학적 박자라고 지칭되는 것은 삶, 과학, 문학에 관한 사고를 전제한다. 다시 말해 언어 없이는 존재하지 못하는 사고를 전제한다. 만일 인간에게 언어 없는 결정의 신속함이 가능하다면, 만일 자기계발의 조건으로서 언어가 사고의 완만함과 불가분적이라면, 그럴 경우 그럼에도 불구하고 이런 완만함을 신속함보다 선호해야 할 것이다. 그러나 언어는 정신의 동시적인 활동을 순차적인 활동의 계열체들로 부수면서, 동시에 하나의 분할되지 않는 사고의 충동으로써 다수를 품으려하는 인간에게 선천적인 의지의 지지대로서 기능한다. 언어에 귀속되는 사유 활동의 세분성과 추론성은, 우리가 일단 한 번 들어간 뒤에는 그 바깥으로 다시는 나가지 못하는 그 질서정연한 세계를 창조했다. 언어 이전에 의식의 극도의 빈궁함과 제한성은 재론의 여지가 없다. 또한 언어의 미완성과 해독에 관하여 논하는 것은, 만일 우리가 인간 의지의 성취 불가능한 목표, 사고의 신적 완벽함(감각적 지각의 완전한 명료함과 직접성을, 사고의 완전한

단 한번의 밀침으로 수백 개의 매듭이 감긴다.

15) G. Steinthal. Zur Sprachphilos. Zeitschrift von Fichte und Ulrici, XXXII, 197-201.

동시성 및 특출함과 화해시키는)을 인간의 자산으로 간주할 수 있는 그런 경우에만 적절할 것이다.

언어는 한편으로는, 사고의 해체의 도구일 수 있고, 다른 한편으로는, 사고의 응축의 도구일 수 있다. 그 이유는 단지 언어는 표상이기 때문이다. 다시 말해 언어는 형상이 아니라 형상의 형상이기 때문이다. 만일 형상이 의식의 행위라면, 표상은 이런 의식에 대한 인식이다. 단순한 의식은 우리와 무관한 활동이 아니라 우리 자신에게서 기원하며, 우리의 존재에 의해 조건화되는 활동이기 때문에, 의식의 의식은 우리가 자기의식이라고 지칭하는 그것이거나, 아니면 자기의식의 기초를 이루고, 자기의식과 최대한으로 유사한 무엇이다. 언어는 인간에게서 우연히, 본능적으로 탄생하며, 그런 까닭에 언어의 결과인 자기의식 역시 본능적으로 형성될 수밖에 없다. 만일 우리가 자유와 의도성을 자기의식의 속성으로 삼는다면, 우리는 모순에 봉착할 수 밖에 없다.

만일 내가 생각하고 감각하는 바로 그 순간에 나의 사고와 감정이 자기의식적인 내 안에 반영된다면, 앞서 언급한 모순은 실로 완벽한 효력을 나타낼 것이다. 객체로서의 나의 편에는, 표상과 감정이 서로를 교체하면서 우리의 승낙 없이 이런 저런 결합을 형성하는 데 수반되는 불가피성이 놓이게 될 것이며, 주체로서의 나의 편에는, 이 내부의 눈이 때로는 정신생활의 무대로 향하고 때로는 그 무대를 외면할 때 수반되는 자유가 놓일 것이다. 의식주체로서의 나와 의식대상으로서의 나는 어떤 공통점도 지니지 못할 것이다. 객체로서의 나는 우리에게 잘 알려져 있고, 가변적이며 향상의 가능성을 지닌다. 주체로서의 나는 규정될 수 없다. 왜냐하면 그것에 대한 온갖 규정은 자기를 의식하는 나와 동일하지 않은 사고의 내용, 자기의식의 대상이기 때문이다. 자기를 의식하는 나는 불변적이고 향상될 수 있는 존재가 아니다.

그것은 최소한 우리가 알고 있는 형상으로 향상될 수는 없다. 왜냐하면 변화가 일어날 수밖에 없는, 그것에 대한 술어들을 우리는 알지 못하기 때문이다. 의식대상과 의식주체의 동시성을 가정할 때, 우리는 어째서 자기의식이 의식과 함께 우리에게 주어지는 것이 아니라, 오직 오랜 발전의 경로를 통해서만 획득되는지에 대한 설명을 거부하지 않을 수 없다.

그러나 경험은 우리의 현재 상태가 우리의 관찰의 대상이 아니며, 우리가 우리 자신에게서 관찰한 것이 이미 과거에 속한다는 것을 보여준다. 나의 사고의 활동은 그것 스스로 나의 관찰의 대상으로 변하면서, 일정하게 변형되고, 자기 자신을 벗어난다. 보다 분명한 것은, 감정에 대한 의식, 즉 사고가 이런 감정이 아니라는 점이다. 우리는 이로부터, 자기의식에서 정신은 의식대상과 순수 의식주체인 나로 분열하지 않으며, 꼭 마치 비유에서 원관념으로부터 보조관념으로 옮겨가듯이, 하나의 사고로부터 이런 사고에 대한 사고로, 즉, 다른 사고로 옮겨간다고 결론을 내릴 수 있다. 그런 식으로 이해되는 자기의식에 대한 설명에서 마주치는 난점들은 단순한 비유를 설명할 때에 나타나는 어려움과 동일하다. 우리는 자기의식의 과정에서 의식되는 대상이 과거라고 말함으로써, 의식주체인 나에 대한 그 의식대상의 관계를, 우리가 읽은 전반기가 우리가 이 순간 읽고 있고 전반기를 보충하며 그것과 동일한 사고 행위로 융합하는 후반기와 맺고 있는 관계와 근접시키고자 한다. 만일 내가 "나는 그렇게 생각한다."라고 말할 때, 이것은 내가 어떤 순간 나의 지적 활동 전체를 잠식하는 어떤 나 자신의 사고를, 나의 자아를 구성하는 감각적 지각, 사고, 감정, 의향의 연속적인 계열체에 맞추는 것을 뜻한다. 즉, 이것은 특정한 순간 의식에 극히 작은 일부만이 존재할 수 있는 나 자신이 언급한 사고를 통각하는 것을 뜻한다. 통각하는 주체는 여기서 불변적인 순수한 나가 아니라,

반대로, 우리의 전체적 성장과 함께 증가하는 매우 가변적인 무엇이다. 통각하는 주체는 자기의식에 관련되는 통각의 대상과 일치하지는 않으나 동질적이다. 자기의식에서 정신의 어떤 상태는 정신 자체 속에 반영되지 않고, 그것의 다른 상태, 즉 어떤 다소 일정한 사고의 관찰을 받는다고 말할 수 있다. 그렇듯, 예를 들어, 내가 아무거와의 대화에서 무심코 쓸데없는 말을 하지는 않았는지 나 자신에게 물으면서, 나는 순수한 자아와 나의 경험적 자아의 내용 전부가 아니라, 이 사람과 내가 대화를 해야 한다는 것에 관한 사고, 의심의 여지없이 나의 과거 전체와 연관되어 있는 사고 하나만을 명료하게 이해하려고 애쓴다. 그렇듯, 심리학자에게서 그가 자신에 대해 관찰하는 목표인 일정한 과학적 질문은 동시에 그의 의식 안에서 지배하는 그의 자아의 관찰하는 일부이다. 자기의식이 온갖 다른 통각과 유사성을 갖는 그런 관점에서 자기의식을 관찰할 때, 언어를 통한 통각, 다시 말해 표상과 같은 그런 고의적이지 않은 정신적 행위로부터 자기의식을 이끌어내는 것이 가능하다.

우리가 표상이 자기의식의 본능적 원칙이라는 점을 증명하려고 할 때에, 그러나 우리는 자기의식의 내용, 즉, 의식 속에 존재하고 있고 존재했던 모든 것을 '자아'와 '비자아'로 구분하는 것이 끊임없이 발전하는 무엇이라는 점을 잊어서는 안 된다. 또한 이제 막 말하기를 시작한 유아에게서 성인이 자신에게서 발견하는, 세계로부터 자아의 그런 분리를 찾지 못하게 될 것임이 자명함을 잊어서도 안 된다. 만일 유아에게 그의 생애의 초기에 그의 감각이 초래하는 모든 것, 그의 정신의 모든 내용이 아직 분할되지 않은 덩어리라고 한다면, 그에게 자기의식이란 존재하지 못하고, 그 대신, 이미 자기의식의 불가피한 조건, 이른바 의식 속에 존재하는 모든 것의 의식 주체에 대한 직접적인 근접성의 형용불가능한 감정이 존재할 것임이 분명하다. 성인은 그의 삶의 현재의 순간들을 채우고 있는 감각들의 활기를, 그 다소간의 평정(성인은 이런 평정을 느끼면서 현재의 높이로부터, 그가 더 이상 자신의 것이라고 생각하지 않는 과거를 바라본다)과 비교함으로써, 또는 인간의 인격을 구성하지 않는 외부 대상들에 대한 인간의 무관심한 태도와 비교함으로써 이런 감각에 관한 어떤 개념을 얻을 수 있다. 인생의 초기에서 유아에게는, 비록 그가 아직 내적인 것과 외적인 것을 구분하지 못하기 때문에, 다른 한편으로, 그에게는 자기 자아가 전혀 존재하지 않는다고 말할 수 있지만, 아직 모든 것이 자신의 것이고, 아직 모든 것이 그의 자아이다. 지각의 일정한 결합이 대상의 형상으로 조립되면서 이 컴컴한 지면에서 분리되어 나감에 따라, 유아의 자아가 또한 형성된다. 이 자아의 성분은 얼마나 그것이 비자아를 자신으로부터 분리시켰고 객관화시켰는가에 따라, 또는, 정반대로, 얼마나 자아 자체가 자신의 세계로부터 분리되었는가에 따라 결정된다. 우리가 이렇게 말하든 저렇게 말하든 어쨌든 마찬가지다. 왜냐하면 의식의 최초의 상태는 자아와 비자아의 완전한 무차별성이기 때문이다. 대상들에 대한 객관화의 경로는 달리 말하면, 세계관의 형성 과정이라고 지칭될 수 있다. 이 세계관은 한가한 사람들이 꾸며낸 이야기가 아니다. 인류의 역사는 분할될 수 없는 것 속에서 두드러지게 나타나는 그런 세계관의 다양한 단계들을 거대한 규모로 반복한다. 이를테면, 인류에게 세계가 동물적인, 다소간 인간과 유사한 존재들의 계열체로서만 존재했을 때, 인간의 눈에서 하늘 위의 천체가 그것을 조종하는 역학적 법칙 때문이 아니라 나름의 원인에 지배되어 움직였을 때, 분명한 점은 그 때 인간은 세계로부터 자아를 덜 분리시켰고, 그의 세계는 보다 주관적이었으며, 그럼으로써 그의 자아의 조직 역시 지금과는 다른 무엇이라는 사실이다. 우리는 우리 자신의 세계관이 현실 세계에 대한 진실한 사진이라는, 안심시키는 사고에 머무를 수 있다. 그러나 우리는, 어째서 신화 시기의 인간에게 세계가 다른 모습이 아니라 그런 모습으로 표상되었는지의 원인이 다름 아닌 의식 속에 놓여 있음을 보지 않을 수 없다. 신화의 창작을 인류의 오류이자 질병으로 간주하는 태도가, 인간이 엄밀히 과학적인 사고로부터 단숨에 시작할 수 있다고 생각하는 것, 작은 나비가 처음에는 나비가 아니라 벌레이면서 스스로를 오해한다고 생각하는 것과 다름 아니라고 부언할 필요가 있을까?

자연에 대한 인격의 태도를 포괄하는 체계들의 연속적 계열체의 형성에 언어의 참여를 사실대로 제시하는 것이 언어 역사의 주요 과제이다. 만일 우리가 언어는 이미 완성된 사고를 표현하는 수단이 아니라, 사고를 창조하는 수단이며, 언어는 기존의 세계관의 반영이 아니라 세계관을 창조하는 활동이라는 기본적인 입장을 받아들였다면, 우리는 이런 언어의 참여의 의미를 그 보편적인 특징에서 정확히 이해한 것이다. 인간은 자신의 정신적 운동을 이해하기 위하여, 자신의 외적 지각을 해석하기 위하여, 그것들 각각을 낱말로써 객관화 시켜야 하며, 이 낱말을 다른 낱말들과 연관지어야 한다. 자신의 본성과 외부의 자연을 이해하는 것과, 우리에게 이 자연이 어떻게 표상되는가, 이른바 어떤 비유를 매개로 하여 그 개별적 기질들이 우리의 이성에 감지되었는가, 이런 비교 자체가 우리에게 얼마나 진실한가 등등은 결코 무관하지 않다. 한마디로 말해서, 낱말의 내적 형식의 원초적 속성과 그것의 망각의 정도는 사고와 무관하지 않다. 이를테면, 언어 속에 뚜렷한 흔적을 남긴, 정신운동과 불, 물, 공기의 비유, 인간 전체와 식물의 비유 등등이 우리에게 수사적 미사여구의 의미만을 갖지 않거나, 완전히 기억에서 사라지지 않는다면, 현재 상태의 과학은 존재하지 못할 것이다. 그러나 그럼에도 불구하고 과학은 언어를 매개로 하여 형성된 신화들로부터 발전했다. 신화 자체는, 그것 역시 세계에 대한 객관적인 인식에 대한 지향에 의해 생산된다는 점에서 과학과 유사하다.

사고의 출발점이 되는 형식인 감각적 형상은 또한 주관적인(왜냐하면 그것은 우리에게만 속한 활동의 결과이며, 각각의 정신 속에서 다르게 구성되기 때문이다) 동시에 객관적(왜냐하면 다른 외적 자극이 아니라 바로 그 자극을 통해 나타나며, 정신에 의해 투사되기 때문이다)이다. 외적 영향에 의해 인간에게 주어지지 않으며, 따라서 그 자신에게 속해있는 측면과 앞의 객관적 측면을 분리시키는 것은 오직 낱말을 통해서만 가능하다. 발화는 이해와 불가분적인 관계를 이룬다. 발화자는 언어가 자신에게 속해있다고 지각하는 동시에 (그가 이해하는 내용이 또한 청자에게도 속하므로) 언어와 표상이 그만의 개인적인 속성이라고는 생각하지 않는다.

필시 우리가 만일 언어를 놀이, 유희에 비유한다면, 사고의 발전에 대한 언어의 큰 중요성에 관하여 앞서 언급한 내용과 모순을 빚지는 않을 것이다. 비유는 "증거가 아니다." 그러나 비유는 사고를 불러일으킬 수 있다고 말한다. 성인과 진지한 인간의 삶에서 유희를 제거하는 것은 불가능하다. 그러나 그에게 지금 유희가 어떤 중요성을 지니기 때문만이 아니라, 과거 어린 시절에 유희가 어떤 중요성을 띠는가의 이유 때문에도 성인은 유희의 중요성에 관하여 숙고하지 않을 수 없다. 유아는 자신의 활동을 노동과 유희로 아직 나누지 못하며, 놀이 외에 다른 노동을 아직 알지 못한다. 유희는 노동에 대한 준비활동이며, 놀이는 유아의 생애의 노른자위를 차지하고, 그런 까닭에 유아는 놀이를 높이 평가한다. 바로 그렇기 때문에 비록 우리가 언어보다 많은 점에서 우월하지만(또 개별 인간이 자신의 민족 전체보다 열등한 만큼 많은 점에서 언어보다 열등하지만), 우리는 언어에서 벗어나지 못한다. 우리가 언어를 어떻게 바라보는가 뿐 아니라, 앞선 세월 동안 우리가 언어를 어떻게 바라보았는가에 의해서도 우리는 언어의 중요성에 대해 판단해야 한다. 여기서 우리는 본격적인 연구에 접어들기보다는 지난 어둠의 세월동안의 이런 관점을 특징짓는 몇 가지 알려진 사실들을 지적하고자 한다.

지금 평민들에게서는 수많은 유사한 낱말 중 어떤 것이 현재 사용되고 있는가에 대해 일정한 무관심을 발견할 수 있다. 몇 개의 속담(이를 테면, "다닐로는 죽지 않았다. 질병이 그의 목을 조른 것이다.")을 통해 판단해 보면, 민중은 낱말들의 차이 너머에서 사고의 동일성을 보지 못하는 것이 우습다고 생각하는 것이다.[16] 우리는 이와 유사한 속담들이 지시하고 있는 그런 발전의 단계 위에 서 있다. 우리에게 대상에 대한 지시만으로 기능하는 낱말 너머에서 우리는 우리의 관점과 독립적인 대상 자체를 본다고 생각한다.[17] 오늘날에서 먼 시간대에, 또 심지어 많은 경우, 앞서 언급한 속담들을 사용하는 오늘날의

16) 이것을 다음과 비교해보시오. 폴란드어 Nije kijem, ino pałka, 세르비아어 Nije po šiji, već po vratu(Срп. Посл. Кар. 216); Nije ukrao, već uzeo, da niko ne vidi(Ib. 219); Ne bojim se, no me je strah(어떤 사람이 자신은 두렵지 않다고 농담으로 말하는 경우)(Ib. 194); Uzeo naše ognjilo pa mu nadjeo ime ocilo(어떤 사람이 타인의 문화를 받아들인 뒤에 그것을 알아보지 못하도록 약간 개작하는 경우)(Ib. 230) 등등이 그렇다.

17) 이런 까닭에 우리는 유아에게 대단히 어려운 상황인 바, 자기 내용과 별도로 취해진 낱말에 사고를 집중할 수 있는 가능성을 얻는다. 우리는 잘 알려지지 않은 어떤 독본에 붙여진 서문에서 이것에 해당하는 대목을 발췌하고자 한다. "이를테면 학생에게 '식탁(탁자)'이라는 낱말에서 어떤 소리(즉, 어떤 모음)를 들을 수 있는가라고 물을 경우, 학생은 낱말을 대상으로부터 분리하지 못할 수도 있다. 또한 학생이 식탁(탁자)을 보더라도 거기서 어떤 소리도 발견하지 못할 수도 있다. 그런 경우에 그 학생이 낱말을 대상으로부터 분리된 무엇으로 상상할 수 있는 그런 상태에까지 이르게 하는 것이 필요하다. 학생 자신이 알지 못하는 낱말들을 설명함으로써 이런 상태에 도달할 수 있다."(자밧스키)

평민들에게서 우리는 그것을 추정하지 못한다. 모국어 낱말과 대상에 관한 사고 사이에는, 반대로, 낱말의 수정이 틀림없이 대상의 수정처럼 여겨졌을 만큼 그토록 밀접한 연관관계가 있었다. 이것의 사례로서, 라차루스는 프랑스인들의 기행(奇行) 목록에 프랑스인들이 빵을 '뒤 빵'으로 부르는 것을 포함시켰던 한 독일인에 대한 일화를 인용하고 있다. 다른 이가 그 독일인에게 우리는 '브로트'라고 말한다고 대답했다. "그렇다, 하지만 빵은 또한 브로트이다." 이 독일인에게는 독일어 낱말 '브로트'의 내적 형식이 이미 명백히 상실되었고[18] 이 낱말은 그에게 아무 것도 설명하지 못하지만, 그럼에도 '브로트'가 빵에 대한 유일하게 합당한 명칭인 것처럼 여겨졌다는 점을 지적하지 않을 수 없다.[19] 이로써 우리는 다음과 같은 주장을 추론할 수 있는 권리를 부여받는다. 즉, 언어가 공허한 울림이 아니라 여전히 통각의 신선한 결과였던 때, 바로 그 때에 언어의 적확성 및 언어와 대상 자체의 연관성은 훨씬 더 생생하게 감지되었을 것이라는 견해다. 이른바 그것은, 그

18) 그림에 의하면 brot는 영어 breotan과 동일한 계통에 속한다. 우리는 고대 독일어 briotan, brechen(부수다)를 추정한다. 따라서 brot는 이로 부수거나 깨물거나 쪼개는 대상을 뜻한다.

19) 이것과 대단히 유사한 슬라브족의 일화와 속담을 찾을 수 있는 것처럼 생각된다. "마치 보스니아 일대에서 특히 가난한 터키인들이 실제로 '분구르'를 쌀밥(즉, 쌀로 만든 '필라프' 대신에)이라고 부르고 사용하고 있듯이 어떤 헤르체고비나 주민이 터키인들이 '분구르'를 '필라프'라고 부르는 것을 듣고는 '나는 우리의 분구르(옥수수죽 또는 밀죽)를 알아보지 못한다' 라고 말했다(Посл. 208)." 헤르체고비나인(대러시아인이 소러시아인을 조롱하듯이 세르비아인에게 조롱당하는)은 익숙한 죽을 알아보지 못했다. 왜냐하면 똑같은 음식을 자신에게 낯선 이름으로 불렀기 때문이다. 또한 다음의 사례를 이와 비교해보라. "상인이 항상 이득을 남긴다면, 그는 스스로를 장사꾼이 아니라 사냥꾼이라고 불러야 할 것이다(Ib. 115)." "사냥꾼이 항상 사냥감을 얻는다면, 그는 스스로를 사냥꾼이 아니라 짐꾼이라고 불러야 할 것이다(Pjeчн.)." 상인과 사냥꾼의 일상적인 명칭이 유일하게 적합한 것으로 생각된다.

전까지 어두운 현상들 전부를 비추며 첫 순간에 그 어두운 현상들과 분리될 수 없었던 사고가 머릿속에서 일순간 빛을 발하는 과정을 어떤 학자가 체험하는 것과 같은 희열의 감정으로 인간을 채우는 지각에 대한 설명의 결과였다. 그리고 실제로, 언어와 시 속에는, 인도 유럽 민족 전체의 신념에 따라서 언어는 사고이고, 언어는 진리와 진실과 지혜와 시를 표상한다는 점을 입증할 수 있는 실증적인 증거가 존재한다. 지혜와 시와 더불어 언어는 신의 영역에 속한 것으로 간주되었다. 유대인과 고대 그리스 로마인의 신의 로고스에 대한 숭배는 물론이고, 언어 자체에 대한 숭배를 표현하는 신화가 존재한다. 독일 민족에게서 독수리 모양을 한 오딘이 거인들로부터 신의 꿀을 훔치듯이, 힌두교 신자에게서는 새로 변형된 일정한 시적 율격이 동일한 기능을 한다는 것만 언급하고자 한다. 언어는 사물 자체이며, 이 점은 언어와 사물을 표시하는 낱말들 간의 문헌학적 연관에 의해서보다는, 그것들이 현상의 본질을 표현한다는, 언어 전반에 확산된 신념에 의해서 입증된다. 기도와 저주에서 사물의 본질로서의 말은 자연에 대한 지배력을 부여받는다. "언어는... 성난 바다와 동요하는 강물을 가라앉힌다(Ovid. Met. VII, 150. Ib. 204 외 기타 여러 곳을 참조하라)." 시는 또한 지식이기 때문에, 이 낱말들은 주문에서뿐 아니라 운문에서도 동일한 효력을 지닌다("때로는 지난 세월이, 때로는 공적이 망망대해를 위로하는 듯하다(Др. Р. Ст.)." 언어의 힘은 발화자의 도덕적 힘의 결과로도(만일 그렇다면 이것은 말과 사유의 분리를 전제했을 것이다. 그러나 이런 분리는 일어나지 않았다), 또 그에게 수반하는 예식들의 결과로도 간주되지 않았다. 기도하는 자의 충동이 제 아무리 강력하다고 할지라도 그는 자신이 바라는 것을 실현하기 위해서는 어떤 낱말을 사용해야 하는지를 알아야 한다는 사실에서 이미 낱말의 독립성은 분명하다. 언어와 대상의 본질 간의 비밀스런 연관은 주문의 신성한 낱말들에 국한되지 않는다. 그런 연관은 일상적 발화의 낱말 속에도 남아있다. 악을 불러들여서는 안 될 뿐 아니라("악을 부르지 마라, 악은 제 발로 찾아오기 때문이다."(Посл. 199) 또한 가장 순진한 의도를 가지고, 가장 평화로운 대화에서 익숙한 실체를 기억해서도 안 된다. 또는 최소한, 그런 실체를 빼놓고는 말하는 것이 불가능 할 때, 일상적이고 적절한 그것들의 이름을 다른, 자의적이고 그런 힘을 가지지 못한 우연적인 낱말들로 치환하는 것이 필요하다.[20) 그것과 유사한 낱말들 중 한 개를 순진하게 말하고 나서 소러시아인 농민은 좀 더 꼼꼼하게 부언한다. "머리에 떠오르지 않고 꿈에서도 보이지 마라." 세르비아인은 대화에서 행복한 자와 불행한 자를, 살아있는 자와 죽은 자를 비교할 때 이렇게 말한다. "현실로 옮겨지지 않을지어다(Посл. 195)." 또한 이 경우에 어디에서 일상적인 예절이 끝나고 대화상대자의 삶과 행복에 대한 진지한 염려가 시작되는지를 결정하기란 쉽지 않다. 만일 사고가 요구하는 그런 낱말을 혀가 우연히 발설하지 못한다면, 발화자의 사고는 실현되지 못하고 낱말만이 실행될 것이다. 이를테면, 세르비아 마녀는 비행하기를 원할 때(우리 러시아의 마녀처럼) 자기 겨드랑이 밑에 어떤 연고를 바르고 이렇게 말한다. "Ni o trn, ni o grm(참나무와 총림 역시 가시가 많은 것처럼 여겨지고 있다), već na pometno gumno!"[21) 한 여자가 이 연고를 몸에 잔뜩 바르고 난 뒤 우연히 'ni o trn'이라고 말하지 않고 'i o trn'이라고 말했다가, 날아간 뒤에 나무에 걸려 잡아 찢겨졌다는 이야기가 전해오고 있다.

20) 이것을 방증하는 독일어의 사례들 다수를 그림의 신화학과 사전에서 발견할 수 있다. 이에 대한 슬라브 민족의 사례 역시 매우 많다.

21) "가시에도, 덤불에도 걸리지 말고, 탈곡장에 내리기를!"- 옮긴이.

10

운문, 산문, 사고의 응축

상징을 창조하는 과정은 언어의 시적 측면으로 지칭될 수 있을 것이다. 이와 반대로, 언어의 내적 형식의 망각 과정은 필자의 견해로 보았을 때 언어의 산문적 측면으로 여겨진다. 만일 이런 비유가 정당하다면, 말의 내적 형식의 변화에 관한 문제는 운문과 산문에 대한 언어의 관계의 문제, 즉 문학적 형식 일반에 대한 언어의 관계의 문제와 동일한 것으로 판명된다. 시는 예술 중 하나이고, 따라서 시와 언어의 관계는 언어와 예술의 보편적 측면들을 지시하지 않을 수 없다. 이 측면을 발견하기 위해서 필자는 언어의 계기들과 예술작품 간의 동일성에서부터 논의를 시작하고자 한다. 필시 이런 계기들의 유사성 자체는 아직 아무 것도 말해주지 못할 것이다. 그러나 그런 유사성은 최소한 이후의 결론을 쉽게 내리도록 해줄 것이다.

낱말에서 우리는 외적 형식과 내적 형식을 구분한다. 외적 형식이라 함은 성분분절적인 소리, 즉, 소리를 통하여 객관화될 수 있는 내용을 말하며, 내적 형식이라 함은 내용을 표현하는 수단인 가장 가까운 어원적 의미를 뜻한다. 어떤 경우에도 내용을 내적 형식과 혼동할 여지는 없다. 이를테면, жалование, annuum, pensio, gage 등의 낱말에서 사고되는 다양한 내용은 많은 공통점을 지니며, '지불'이라는 공통의 개념 아래 종합될 수 있다. 그러나 앞서 언급한 경우에 이 내용이 어떻게 묘사되고 있는가에 대해서는 어떤 공통점도 없다. annuum은 일 년마다 방출되는 무엇을, pensio는 무게가 측정되는 무엇을, gage(디츠에 의하면 이 낱말은 독일어가 기원이다)는 본래 담보, 보증, 사례 등등 대체로 상호의무의 결과물을 뜻한다. 반면 жалование는 사랑의 행위(동의어 миловать와 жаловать의 관계를 참고하라. 여기서 후자는 이미 부분적인 경우에 любить의 뜻을 나타낸다[1]), 선물이며, 결코 합법적 보상(legitimum vadium), 두 사람의 계약의 결과가 아니다.

이런 낱말들 각각의 내적 형식은 다른 방식으로 사유를 집중시킨다. 만일 우리가 동일한 새로운 지각이 정신 속에 축적된 저장물과 함께 자신을 투입하게 될 결합을 고려하며 낱말 속에 이런 저런 표상을 불러일으킨다고 말한다고 해도, 동일한 결과가 나타나게 될 것이다.

외적 형식은 내적 형식과 분리될 수 없으며, 내적 형식과 호환이 가능하다. 또한 외적 형식은 내적 형식 없이 단독으로 존재할 수 없으나 그럼에도 불구하고 내적 형식과는 구분된다. 이런 차이점은 시간이 경과해도 동일한 발음을 유지하는, 상이한 기원의 낱말들 속에서 특히 손쉽게 감지할 수 있다. 소러시아인에게 낱말 мыло와 мило는 외적 형식이 아니라 내적 형식에 따라 구별된다.

예술작품에서도 동일한 성질이 존재한다. 따라서 우리가 다음과 같

---

1) миловать는 '애무하다', '총애하다'를 뜻하고, жаловать는 본래 '수여하다', '주다'의 의미이지만, '예뻐하다', '사랑하다'의 제2의 의미도 가지고 있다. 옮긴이.

은 방식으로 판단한다면 그런 성질을 찾아내는 것은 어렵지 않을 것이다. "이것은 검과 저울을 들고 있는 여인(내적 형식)의 대리적 조각상(외적 형식)으로, 공정한 재판(내용)을 표상한다."[2] 낱말 속에서 표상이 감각적 형상 또는 개념과 관련되듯이, 예술작품에서 형상은 내용과 관련되는 것으로 드러난다. 예술작품의 '내용' 대신에 우리는 '관념'이라는 보다 일반적인 표현을 사용하고자 한다. 이 경우, 관념과 내용은 동의어가 아니다. 왜냐하면 가령 그림 속에 묘사된 형상들의 성질과 관계, 소설 속 사건과 인물 등을 우리는 내용이 아니라 형상과 관련시키기 때문이다. 또한 우리는 그림과 소설의 내용을 형상이 관객과 독자에게 불러일으킨 일련의 사고, 또는 창작 활동의 시간 동안 화가 자신에게 형상의 토대로 기능했던 일련의 사고를 뜻하는 것으로 이해하기 때문이다.[3] 형상과 내용의 차이는 분명하다. 죽음의 필연성에 대한 사고, '생각은 바다 너머를 향해 있으나 죽음은 어깨 너머에 있다.'에 관한 사고는 죽음의 무도의 장면 각각마다 동일하게 머릿속에 떠오르기 때문이다(부슬라예프, 1861, 1권, 634쪽). 이 경우에 형상이 크게 변하더라도 내용은 상대적으로(그러나 다만 상대적으로만) 비유동적이다. 이와는 반대로, 동일한 예술작품, 동일한 형상은 여러 사람에게 각양각색으로 영향을 끼치며, 또한 동일한 인물에 대해서도 여러 시간에 따라 다르게 작용한다. 마치 동일한 낱말에 대해 각

2) Steinth. Der Urspr. der Spr. 130.

3) 이런 사고의 계열체 속에서 여러 사고를 구별해 낼 수 있다. 시간적으로 형상의 지각에 가장 가까운 사고(이를테면, "『돈키호테』는 기사도 소설에 대한 조롱이다."라고 독자가 말하는 경우), 그리고 형상의 지각과 보다 멀리 떨어져 있으며 동시에 그만큼 더 우리에게 중요한 사고("『돈키호테』에서 희극성은 인간성의 일상적이고 고상한 속성을 묘사하는 수단일 뿐이다. 작자는 자신의 희극적 주인공을 사랑하고 사방에서 그에게로 질타를 퍼붓지만, 그를 그 주변의 인물들 모두보다 무한하게 높이 평가한다."라고 독자가 말하는 경우)가 그것이다. 이러한 차이는 지금 우리에게 불필요하다.

각의 사람마다 다르게 이해하는 것과 같다. 여기에서는 내용이 가변적임에도 불구하고 형상은 상대적으로 비유동적이다.

만일 우리가 조각상의 외적 형식이 다듬어지지 않은 거친 대리석 덩어리가 아니라 일정한 방법으로 깎아놓은 대리석이며, 그림에서는 캔버스와 물감이 아니라 특정한 색채 표면, 따라서 그림 자체라는 점을 이해한다면, 내적 형식과 외적 형식을 혼동하지 않는 것은 조금 더 어렵다. 이 경우에는 언어와의 비유가 우리를 곤경에서 벗어나게 해준다. 말의 외적 형식은 또한 질료로서의 소리가 아니라 이미 사고에 의하여 형성된 소리이다. 반면에 이 소리 자체는 아직 내용의 상징이 아니다. 언어의 후기 시기에는 내용이 소리에 직접적으로 부착되는 많은 낱말들이 나타난다. 앞서 언급한 낱말들의 상태를, 그 안에서 세 개의 계기가 분명하게 구분되는 그런 상태와 비교해본 뒤에야 우리는 전자의 경우에 낱말들은 형상이 결여되어 있고, 오직 후자의 경우에만, 예술작품에 대한 이해와 심미적 쾌감과의 상응점을 제시하는 이해가 가능하다는 점을 간파할 수 있을 것이다. 만일 누가 리투아니아어 baltas가 '선한(또는 아마도 '상냥한', '사랑스러운')'을 뜻한다는 것을 안다고 가정하면, 그에게는 이 낱말에서 매우 뚜렷한 소리와 그것에 못지않게 뚜렷한 내용이 주어졌으며, 그러나 이 낱말에 대한 심미적 이해는 주어지지 않았다고 말할 수 있을 것이다. 왜냐하면 그는 어째서 다른 수백 개의 소리가 아니라 바로 이런 소리들의 결합이 '선함'과 같은 뜻을 나타내야 하며, 또한 반대로, 어째서 그런 내용이 바로 그런 소리들을 요구하지 않을 수 없는지를 알지 못하기 때문이다. 만일 소리와 의미의 연관이 의식에게 상실된다면, 소리는 이 낱말의 심미적 의미 속에서 외적 형식이기를 멈출 것이다. 조각상의 아름다움을 감각하는 자에게 그 조각상의 내용(이를테면 최상위의 신, 뇌신에 관한 사고)은 조각상 안에서 발견되는 대리석 표면의 굴곡들의 총체에 대한 관계 속에서 나타날 것이다. 낱말 baltas의 아름다움을 의식 속에서 상기시키기 위해서는 우리가 알고 있는 그 내용이 다른 내용, 즉 흰 색의 의미에 의하여 제약된다는 것을 알아야 한다. 즉, baltas는 '흰색의'를 뜻하기 때문에 '선한' 등등을 의미한다. 마치 러시아어 낱말 '흰색의', '밝은' 등이 albus, lucidus[4] 같은 고유의 의미의 결과 때문에 다른 무엇보다 '사랑스러운'을 뜻하는 것과 같은 이치다. 낱말의 상징주의가 우리에게 존재하는 오직 지금에서야(즉, 내적 형식을 의식하고 있는 경우에만) 이 낱말의 소리는 내용이 필연적으로 요구하는 외적 형식으로 변한다. 우리가 '흰색의'를 뜻하는 baltas의 소리와 albus의 의미의 결합의 원인을 알지 못하더라도 상황은 조금도 변하지 않는다. 우리가 묻고자 한 것은 결코 이것이 아니라, '사랑스러운'의 의미와 소리의 관계에 관한 물음이다. 한정적인 요구를 만족시키는 것은 무조건적인 원인의 의미가 아니라 제한된 원인의 의미인 것이다.

언어에 대해 필자가 언급한 내용을 근거로 하여 예술작품에서 내적 형식과 외적 형식을 구분하기 위해서는 인상의 상실된 심미성이 오직 내적 형식에 대한 의식을 통해서만 복구될 수 있는 그런 사례를 발견하는 것이 필요하다. 우리가 잘 알지 못하는 대상인 그림과 조각상에 대해서는 언급하지 않고, 각각의 비유가 독립된 시적 전체로 간주될 수 있는 민요에서 나타나는 일반적인 비유에 대해 멈추고자 한다.[5]

---

4) albus는 '흰색의'를, lucidus는 '밝은'을 뜻한다. 옮긴이.

5) 다음 하이네의 4행시처럼 각각의 비유는 총체적이다.
Mein Herz gleicht ganz dem Meere,
Hat Sturm und Ebb', und Fluth,
Und manche schöne Perle
In seiner Tiefe ruht.
(Buch der Lieder. Die Heimkehr, 8. 「Du schönes Fischermädchen」)
나의 영혼은 바닷물처럼
밀려왔다 떠나가며 날뛰네.

이를테면 그런 비유를 이해하기 위해서 우리에게 필요한 것은 무엇인가?

Čystas vandenelis tek'
Čystame upuželyj'
O ir vierna meiluže,
Viernoje širdatej'"[6)]

무수히 아름다운 진주가
그 깊은 곳에 놓여있네.

6) 깨끗한 물이 흐르네
깨끗한 시내 안에서.
진실한 사랑이 숨쉬네
진실한 가슴 속에서.

이 구절을 다음의 시행들과 비교해 보시오.
Elkš šenai, mergyte,
Elkš šenai, jaunoji,
Kalbesiva kalbužatę,
Dümosiva dümužatę,
Kur srove giliausia,
Kur meile meiliausia.
(Ness. 3)
이리 오라, 처녀여,
이리 오라, 아가씨여,
강물의 어디가 깊은지
사랑이 어디가 짙은지
헤아리고 맞춰보자.

차용이 어디에서 유래하는지 확인할 수 있을 만큼 앞서 언급한 시에서도 비유는 완전히 독립적으로 사용되고 있다. 우리는 다음의 모라비아 민요에서 동일한 모티프를 만날 수 있다.
O lásko, lásko, bud' mezi nami,
Jako ta vodička mezi břehami.
Voda uplyne, břehy podryje,
Tebe si, dzevuško, synek ne vezme.

(Nesselmann, 1858년, 93쪽, 115편)

여기에서 우리에게 필요한 것은, '선한'이라는 뜻의 낱말 baltas을 이해하기 위해서는 외적 형식(또는 보다 좋게 말해서, 외적 형식이 되어야 하는 것)과 의미의 관계의 합법성이 요구된다는 사실이다. 형식과 내용은 상대적인 개념들이다. 자신의 형식 A와의 관계에서 내용이었던 B는 우리가 C라고 부르게 될 새로운 내용과의 관계 속에서 형식이 될 수 있다. 윗변이 왼쪽으로 향한 각 ∠는 자신의 형식과 자신의 윤곽을 가지는 특정한 내용이다(이를테면, 각은 예각이거나 둔각이거나 직각일 수 있다). 그러나 그 다음 순서로, 이 내용은 수학이 자신의 개념들 중 하나를 표현하는 그런 형식이다. 바로 그런 식으로, 낱말의 의미는 고유의 음성적 형식을 지닌다. 그러나 소리를 전제하는 이런 의미 자체는 새로운 의미의 형식으로 변한다. 정확히 그런 방법으로 낱말의 의미는 자신의 음성적 형식을 지닌다. 그러나 소리를 전제하는 이 의미는 스스로 새로운 의미의 형상으로 변한다. 시작품의 형식이 되는 것은 최초의 외적 형식인 소리가 아니라 소리와 의미의 통일성인 낱말이다. 앞서 인용된 비유에서 지적 활동이 지향하고 있는 목표이자 그것이 정지해 있는 곳은 가슴을 가득 채우고 있는 사랑에 관한 사고이다. 만일 우리가 보다 큰 단순화를 위해서 이 내용을, 그것의 언어적 표현으로부터 분리시킨다면, 우리는 그 내용이 우리에게 처음의 2행시의 내용을 이루는 형식으로서 존재한다는 것을 보게 될 것이다. 그러나 흐르는 맑은 물의 형상은 (그것이 낱말 속에서 표현되어 있는 한) 사랑에 관한 사고의 외적 형식으로 존재할 수 없다. 사랑에 대한 물의 관계는, baltas의 소리가 добрый의 의미에 대해 가지는 관계

(Morav. năr. p. F.S. 300)

와 마찬가지로 외적이고 자의적이다. 물과 사랑의 합법적 연관성은 이런 사고들 중 하나로부터 다른 사고로 도약하지 않고 전이할 수 있는 가능성이 주어지는 경우에, 이를테면, 물의 한정어들 중 하나인 빛과 사랑의 연관성이 의식 안에 존재하게 될 때에 설정될 것이다. 이것은 앞선 두 항을 연결하는 제 3의 항이며, 이것이 바로 내적 형식이다. 또는 달리 말해서, 내적 형식이란 첫 2행 시구에 의해 표현된 물의 형상의 상징적 의미이다. 요컨대, 우리에게 물과 사랑의 비유가 미적 의미를 나타내기 위해서는 제일먼저 의식에 주어지는 형상이 자신이 표현하는 사고에 대한 언급을 담고 있는 것이 필요하다. 그런 형상은 이런 상징적 의미를 지니지 못할 수도 있으나, 그럼에도 매우 분명하게 지각된다. 따라서 거친 질료(캔버스, 물감, 대리석)의 의미로서가 아니라 사고의 지배를 받는 질료(조각상의 윤곽선 전체)라는 의미로 간주되는 외적 형식은 내적 형식과는 전연 다른 무엇이다.

또 한 가지 사례를 더 들어보자. 소러시아에서는 봄에 처녀들이 이런 노래를 부른다.

둥근 바퀴 하나가
울타리 너머로 지켜보네
멋진 구경을 많이 한 바퀴라네.
바퀴야, 너는 보았느냐,
내 님이 어디로 떠났는지를?
그 분이 간 곳에는 파란 풀과
싱싱한 참나무가 자라있답니다.
둥근 바퀴 하나가
울타리 너머로 지켜보네
멋진 구경을 많이 한 바퀴라네.

바퀴야, 너는 보았느냐,
미운 그이가 어디로 떠났는지를?
그 분이 간 곳에는 파란 풀과
참나무가 웅성거린답니다.

필시 이 민요를 어떤 이가 피상적으로만 이해할 것이라고, 다시 말해 이 민요를 완전히 이해하지는 못할 것이라고 추측해 볼 수 있다. 여기에 묘사되어 있는 것의 특징들 전부, 나중에 외적 형식이 될 모든 것은 정신에 의해 이해될 수 있겠지만, 결국에는 불합리한 결과가 초래될 것이다. 울타리 너머로 지켜보는 바퀴는 과연 무엇인가? 하지만 이런 얼토당토않은 말들이 내적 형식을 가지도록 허용해보자. 그러면 이 노래에서 자연과 처녀의 삶의 봄기운이 우리에게 전해져 올 것이다. 이 노란 바퀴는 바로 태양이다. 태양은 위에서부터 내려다보며, 진기한 일들을 많이 본다. 태양은 이 시를 노래하는 처녀에게 그녀의 연인이 떠난 곳에는 풀이 파랗게 변해있고 참나무가 즐겁게 웅성거린다고 이야기한다.

흡사 앞서 언급한 내용에서는 시적 작품, 즉, 예술작품 일반에는 낱말이 가지고 있는 것과 똑같은 기질이 존재한다는 점이 명백하게 드러나는 듯하다. 감각적 형상 또는 그것에서 성장 발달한 개념과 일치하는 내용(또는 관념). 이런 내용을 지시하고 표상(이런 표상 또한 상징으로서만, 즉, 어떤 감각적 지각의 총체 또는 개념에 대한 암시로서만 의미를 지닌다)에 일치하는 형상, 즉 내적 형식. 그리고 마지막으로, 예술적 형상이 객관화되는 외적 형식. 낱말의 외적 형식(소리)과 시적 작품의 외적 형식 사이에 존재하는 차이는, 보다 복잡한 정신 활동의 현상으로서의 시적 작품의 외적 형식이 보다 많이 사고로 침윤되어져 있다는 점이다. 그러나 낱말의 형식인 성분분절적인 소리 또한 사고로 침윤되어져 있다. 우리가 위에서 보았듯이, 훔볼트는 성분분절적인 소리를 '정신의 활동'으로만 이해한다.

완전한 크기의 언어, 그리고 각각의 개별적인 낱말은 단지 자신의 기질에서뿐 아니라 또한 그런 기질의 결합 방법에서도 예술에 상응한다.

훔볼트는 말한다. "언어의 창조는 그 첫 번째 기질에서부터 시작해서, 낱말의 엄격한 의미에서 종합적인 활동이다. 바로, 개별적으로 취해진 구성부분 속에 존재하지 않는 그런 무엇이 종합에 의해 창조된다는 의미에서 그렇다."[7] 간투사, 감정의 반사와 감각적 형상 또는 도식으로서의 소리는 아직 언어 이전의 단계에 머물러 있다. 그러나 낱말 자체는 이런 기질들의 기계적인 결합으로 주어지지 않는다. 내적 형식은 자신의 탄생의 순간에 소리와 감각적 형상 모두를 변경한다. 소리의 변경은(가장 나중의, 보다 복잡한 소리 현상은 물론이고), 간투사에 고유한, 성분분절성을 파괴하는 그 열정적인 뉘앙스의 제거에 있다. 지금 우리는 낱말의 창조에서 사고가 당면하게 되는 변화들 가운데서 오직 그런 변화, 즉, 낱말 속의 사고가 발화자 자신의 고유한 속성이기를 멈추고, 자신의 창조자에 대하여 독립적인 삶의 가능성을 부여받게 되는 그런 변화만을 지적하고자 한다. 이런 독립성, 즉, 각각 자기 방식대로 이해될 수 있으며, 상호 이해의 가능성을 제거하지 않는 언어의 능력을 염두에 둘 때, 우리는 훔볼트의 다음과 같은 발언의 중요성을 이해하게 된다. "언어를 전체적으로 조감할 수 있고 느긋하게 전달할 수 있는 고정된 무엇으로 바라보아서는 안 된다. 언어는 영원히 창조되며, 이 때, 이런 창조의 법칙은 일정하다. 그러나 이런 생산의 규모, 또 어떤 점에서 생산의 종류는 불명확한 상태로 남겨

---

7) Ueb. die Versch. 104.

져 있다."[8] "언어는 이미 형식을 부여받은 기질들뿐 아니라, 또한 그것과 마찬가지로, 무엇보다 그런 기질들이 언어에 의해 규정되는 그런 방향과 그런 형식으로 정신의 활동을 계속할 수 있는 방법들로 이루어져 있다. 단호히, 단단하게 형성된 기질들은 모종의 방식으로 즉은 덩어리를 이룬다. 그러나 이 덩어리는 무한한 결정가능성의 생생한 맹아를 자체 내에 지닌다."[9] 여기서 언어 전체에 대한 논의사항 전부를 우리는 개별 낱말에 적용하고자 한다. 발화자가 발음한 낱말의 내적 형식은 청자의 사고에 방향을 부여한다. 그러나 그런 내적 형식은 청자를 자극할 뿐이며, 낱말에 대한 그의 이해에 한계를 짓지 않고 청자에게 의미 계발의 방법을 제공할 뿐이다. 낱말은 발화자와 청자 모두에게 균등하게 소속되며, 그런 까닭에 낱말의 중요성은 그것이 발화자에게 특정한 의미를 나타내는 것에 있지 않고, 낱말이 의미 일반을 지닐 수 있다는 사실에 존재한다. 오직 낱말의 내용이 성장할 수 있다는 사실 때문에 낱말은 타인을 이해할 수 있는 수단이 될 수 있다.

예술은 낱말과 똑같은 의미에서 창조이다. 분명하게도, 예술작품은 자연에 속하지 않는다. 예술작품은 인간에 의해 자연에 보태진다. 인공물들, 이를테면, 조각상들은 한편으로는, 조각가 자신에게도 불명료하고 다른 누구도 이해하지 못하는, 조각가의 무형적인 사고이면서, 다른 한편으로는, 이런 사고와 어떤 공통점도 지니지 않는 대리석 조각이다. 그러나 조각상은 사고도, 대리석도 아니며, 자신의 생산자와 구별되는 무엇, 자신의 생산자를 뛰어넘는 무엇을 자체 내에 담고 있는 무엇이다. 종합, 창조는 산술적인 행동과는 두드러지게 구별된다. 만일 예술작품 자체 이전에 존재하는, 예술작품의 행위자들을 2 더하기 2로 표시한다면, 예술작품 자체는 결코 4가 되지 못할 것이다. 예

8) Ib. 56-7.
9) Ueb. die Versch. 62.

술가의 구상과 거친 질료만으로는 예술작품을 전부 소진시키지 못한다. 마치 감각적 형상과 소리가 낱말을 소진시키지 못하는 것과 마찬가지이다. 두 경우 모두에 첫 번째 기질과 두 번째 기질 모두는 그들에 대한 제 3의 기질인 내적 형식과의 결합을 통해서 본질적으로 변화된다. 사실 내용에 대해서는 의혹이 있을 수 있다. 예술가가 어떤 내용을 대리석, 낱말, 또는 캔버스 위에 묘사하기 이전에 정신 속에서 그 내용을 가지고 있어야 할 뿐 아니라, 또한 이 내용이 의식의 전후에 변함없이 동일했다는 점을 생각해 볼 수 있다. 그러나 이것은 이미 단 한 가지 사실, 즉 예술가가 객관화시킨 사고가 예술가 자신과 가까운 무엇, 하지만 동시에 별로 상관없는 무엇으로서 예술가에게 영향을 끼친다는 사실 하나만으로도 이미 옳지 못하다. 예술가가 자신의 창조물 앞에서 무릎을 꿇든지, 아니면 예술가가 자신의 창조물에 대해 정당하든 정당하지 않든 어떤 비판을 가하든지, 어떤 경우든 예술가는 평가자로서 자신의 창조물을 대하며, 그것의 독자적인 존재를 인정한다. 예술은 예술가의 언어이며, 언어를 통하여 타인에게 자기 생각을 전달하는 것이 불가능하고, 단지 타인에게 타인 자신의 생각을 일깨울 수만 있듯이, 예술작품에서도 사고를 전달하는 것은 불가능하다. 그런 까닭에, 예술작품의 내용은(그것이 완성되어 있을 때) 더 이상 예술가에게서가 아니라 이해하는 주체에게서 발전한다. 청자는 낱말 이면에 숨겨진 것을 발화자보다 훨씬 더 잘 이해할 수 있고, 독자는 시인 자신보다 그의 작품의 사상을 더 잘 이해할 수 있다. 그런 작품의 본질과 위력은, 작자가 그것을 어떻게 이해했는가에 있지 않고, 그 작품이 독자나 관객에게 어떻게 작용하는가에 있다. 결국 작품의 본질과 위력은 작품의 소진되지 않는 잠재적인 내용에 있는 것이다. 우리가 투사하는 이런 내용, 즉 작품 자체 속에 투여되는 이런 내용은 실로 그것의 내적 형식에 의해 제약된다. 그러나 그 내용은 자주 자신의 개인적 삶의 협량한 임시적 욕구를 만족시키면서 창작을 하는 예술가의 계산에 결코 포함되지 않을 수 있다. 예술가의 공로는 창작 당시 그에게 생각되었던 그 최소한의 내용에 있지 않고, 형상의 어떤 유연성, 매우 다양한 내용을 일깨울 수 있는 내적 형식의 위력에 있다. 시시한 수수께끼 하나를 살펴보자. 어떤 이가 말한다. '저발 소원을 들어주십시오, 하느님.' 다른 이가 말한다. '제발 소원을 들어주지 마십시오, 하느님.' 또 다른 이가 말한다. '나는 어떻게 되든 상관없어.' (이들은 차례대로 창문과 문과 쓰레기이다). 이 수수께끼는 정치적, 도덕적, 과학적 이념의 개화에 대한 각계각층 민중의 태도에 관한 사고를 불러일으킬 수 있다. 또한 그러한 해석은 우리가 그 해석을 수수께끼에 의해 일깨워진 우리의 개인적 상태가 아니라 수수께끼의 객관적 의미로 간주하는 그런 경우에만 잘못된 것이 될 것이다. 한 거지가 자신의 잔에 든 우유를 희석시키려고 사바 강에서 물을 뜨려고 했다가 파도가 그의 잔에서 우유를 흔적 없이 치워 버리게 되는 한 단순한 이야기를 살펴보자. 거지는 이렇게 말한다. "사바, 사바여! 너 스스로 희게 변하지 못하고, 나만 검게 만들었구나(즉, "나를 슬프게 했구나."라는 뜻)."[10] 이 이야기에서 혹자는 전 세계적인 사건의 흐름이 개인의 행복에 끼치는 가차 없고, 자연적이고 파괴적인 영향력에 대해, 또한 돌이킬 수 없고, 개인적인 관점에서 보면 부당한 손실 때문에 가슴으로부터 터져 나오는 통곡에 대해 깜짝 놀랄 수도 있다. 민중에게 이런 저런 해석을 강요하는 것은 잘못일 것이다. 그러나 분명한 점은, 이와 유사한 이야기들이 자신의 문자적 의미를 위해서가 아니라, 그 속에 투입될 수 있는 무엇을 위해서 몇 백 년에 걸쳐 살아 내려오고 있다는 점이다. 어째서 어두운 인간들과 세월 속에 나타났던 창조가 높은 발

---

10) Посл. 273를 참조하라.

전의 시기에도 자신의 예술적 의미를 보존할 수 있으며, 이와 더불어, 어째서 예술의 가상적 영원성에도 불구하고, 이해하는 순간의 난해함의 증가와 함께, 내적 형식의 망각과 함께 예술작품이 자신의 가치를 잃어버리는가하는 문제가 이런 이유로 설명된다.

예술작품의 독립적인 삶으로 지칭될 수 있는, 관념의 그런 보편화와 심화의 가능성은 관념과 형상의 분리불가능성에 대한 부정이 아닐 뿐 아니라, 또한 반대로, 그런 분리불가능성에 의해 제약된다. 자주 예술작품에 고유한 최초의 구상의 심오함에도 불구하고 계도적 작품들은 종합의 결여(이것은 가끔씩 대단히 포착하기 힘들다) 때문에, 기존에 형성된 질료의 무한한(새로운) 결정가능성의 맹아의 부족 때문에 때 이른 망각에 처해진다.

필시, 개별 낱말은 그것을 여러 사람이 이해할 때 낱말의 내적 형식의 변화가 의식에 포착되지 않기 전까지만 개별 예술작품과 비교될 수 있을 것이라는 점을 부언할 필요는 없을 것이다. 내적 형식의 연쇄적인 변화는 이미 동일한 기원의 낱말들의 연쇄이며, 서로 연관되어 있는 예술작품들의 연쇄에 상응한다. 마치 다른 시간대에 창작된 설화들이 동일한 유형의 발전을 드러내는 것처럼 말이다.

낱말을 완성된 사고의 표현으로 보는 것은 불가능하다. 우리가 제시하려고 노력했듯이, 그런 관점은 정신적 경제학 속에서 언어의 의미에 관한 많은 오해와 모순을 일으킨다. 반대로, 낱말은 그것이 사고의 창조에 대한 수단으로 기능하는 만큼만 사고의 표현이다. 낱말의 유일한 객관적 내용인 내적 형식은 오직 그것이 정신 속에서 마주하는 그런 지각들의 집합체를 변형시키고 완성시킨다는 이유 때문에 의미를 지닌다. 만일 의당 그렇듯이, 우리가 예술작품의 내적 형식(형상, 이상(理想))이 자기 안에 객관화되어 있는 사고와 관련되듯이, 내적 형식이나 표상이 감각적 형상과 관련된다는 점을 인정한다면, 우리는 이상을 "분할불가능성 속에서 관념을 묘사하는 것"[11]으로 규정하는, 이상에 대한 익숙한 정의를 거부해야 할 것이다. 만일 우리가 형상 속에서 완성된 관념의 구현이라는 의미로서 이런 정의를 인정하기를 거부하지 않을 경우, 우리는 그 결과들을 또한 수용해야 할 것이다. 첫째, 인간의 지적 열망은 형상 자체로써가 아니라 관념으로써, 즉 형상에 의해 일깨워지고 원천으로서의 형상에 관계하는 사고들의 총체로써 만족되기 때문에, 예술가는 만일 그가 완성된 관념을 가지고 있을 경우에는 그런 관념을 형상으로 표현하고자 하는 어떤 필요성도 개인적으로 느끼지 못할 것이다. 둘째, 만일 이런 관념이 일정한 자극에 의해서 형상 속으로 투입된다면, 이해하는 주체에게 그런 관념의 전달은 낱말의 고유한 의미에서 전달일 수만 있다. 이것은 외적 자극에 대해 자기 내부에 어떤 내용을 창조하는 것으로 이해를 정의하는 상식에 모순될 것이다. 예술을 인간 삶에서 필요하지 않거나 완전히 불필요한 현상으로 만들지 않기 위해서는 예술 역시 언어와 유사하게, 사고의 표현이라기보다는 사고 창조의 수단이라는 점을 받아들여야 할 것이다. 즉, 예술의 목표는 언어의 목표처럼, 생산자 자신에게뿐 아니라 이해하는 자에게도 일정한 주관적인 마음을 일으키는 것이라는 점, 예술작품 역시 '에르곤'이 아니라 '에네르게이아,' 즉, 끊임없이 창조되는 무엇이라는 점을 받아들여야 할 것이다. 이로써 예술과 언어의 개별적인 유사성의 특징들이 정의된다.

사고에 영향을 끼치는 언어, 또는 보다 정확히 말하면, 내적 형식, 표상의 의미는 첫째, 그것이 감각적 형상을 통일시키고, 둘째, 감각적 형상에 대한 의식을 제약하는 것으로 요약된다. 예술에서의 이상 역시 자신의 영역 안에서 동일한 것을 생산한다.

---

11) W.Humb. Gesamm. W. IV. Hermann u. Dorothea. 33.

첫째, 예술은 낱말의 가장 폭넓은 의미에서 자연을 자신의 대상으로 삼는다. 그러나 예술은 정신 속에서 자연에 대한 직접적인 반영이 아니라, 이런 반영에 대한 일정한 변형이다. 예술작품과 자연 사이에는 인간의 사고가 위치해 있다. 오직 이런 조건 아래에서만 예술은 창작이 될 수 있다. 훔볼트는 현실(현실은 이미 통각의 결과라는 일상적인 의미에서가 아니라, 온갖 가공을 결여한 직접적인 지각의 총체라는 의미에서)을 예술의 출발점으로 가정한 후에 이렇게 정당하게 말했다. "환상의 왕국(이것을 우리는 정신의 창조적 능력 일반을 의미하는 것으로 이해할 수 있다)은 현실의 왕국과 궁극적으로 반대되며, 이 두 영역에 속하는 현상들의 성격 또한 마찬가지로 상반된다." 현실의 개념(정신분석이 밝히고 있는 바에 따르면)과 불가분적으로 연관되어 있는 것은 각각의 현상은 오직 자신을 위해서 독립적으로 존재하며, 어느 하나도 다른 것에 대해 토대나 결과로서 의존하지 않는다는 점이다. 우리는 그런 의존성을 직접적으로 지각하지 못할 뿐 아니라, 오직 추론을 통해서만 그런 의존성에 이를 수 있다. 현실의 개념은 이런 의존성을 찾아내려는 노력을 불필요한 것으로 만든다. 우리 앞에는 현상이 놓여 있다. 그것의 현실성에 대한 온갖 의심을 떨쳐내기 위해서는 그것만으로도 충분하다. 무엇 때문에 현상은 그것의 원인 또는 동작을 통한 변호를 필요로 한단 말인가? 나아가, 원인과 동작의 범주들 자체는 직접적인 지각을 통해서 주어지지 않는다. "오히려, 잠재적인 것의 영역에서 모든 것은 다른 것에 의존하는 만큼만 존재한다. 따라서 철저한 내적 연관의 조건 아래에서만 사유될 수 있는 모든 것은 낱말의 가장 엄격하고 단순한 의미에서 이상적이다. 이런 측면에서 이상적인 것은 현실적인 것, 실제적인 것과 정면으로 반대된다. 따라서, 예술의 손이 상상의 깨끗한 영토 속으로 옮겨놓는 모든 것은 이상화되지 않을 수 없다."[12)]

분명한 점은, 그러한 이상화가 예술과 상상 뿐 아니라 이성적 활동 전반의 고유한 특징이라는 사실이다. "관념들의 왕국으로 자연 전체를 옮기기, 즉 크기 면에서 자기 체험의 내용을 세계에 비유하기, 이 파편적인 현상들의 거대한 덩어리를 비분열적인 통일체와 조직된 전체로 결합하기... 그것이 인간의 정신 활동의 최종적인 목표이다. 이런 활동에 대한 예술의 가담은, 우리가 우리 자신의 현재의 임무에 우리 스스로를 훈련하는 데에 사용되는 그 기계적이고 종속적인 활동이 아니라, 우리가 우리의 임무를 직접적으로 수행하는 데에 매개가 되는 그 지고의 활동에 예술이 속한다는 것을 보여준다."[13)]

이상적인 것, 다시 말해, 현실이 아닌 것에 대한 최초이자 가장 폭넓은 이 정의와 결합하는 것은 또 하나의 다른 정의인데, 이에 의하면 예술은 자연을 고상하게 만들고 치장하며, 이상은 현실을 능가하는 무엇의 의미를 지닌다는 것이다. 예술가는 자신의 상상 속에서 대상을 재현하면서 "오직 우연성에만 근거한 온갖 특징을 제거하고, 각각의 특징을 오직 다른 것으로부터 독립적인 것으로 만들며, 특징들 전부를 오직 예술가 그 자신에게서 독립적인 것으로 만든다. 만일 그가 성공한다면, 마침내 그에게서는 동일한 묘사적 형식들, 가변적인 상황들에 의해서 정화되었거나 정화되지 않은 자연의 동일한 형상들이 나타나게 될 것이다. 이런 이미지들 각각은 자신의 특성의 자극을 자체 내에 지니며, 이런 특성은 오직 형식 속에만 담겨 있고, 오직 일목요연하게 인식되며, 개념으로는 표현되지 못한다."[14)]

그러나 시인이 자연을 숭고하게 만든다는 표현을 사용하는 것은 대

---

12) Humb. Herm. u. Doroth. 20.
13) Ib. 21.
14) Ib. 22.

단히 신중해야 한다. 왜냐하면 엄밀히 말해서, 예술작품과 자연의 창조물은 동일한 영역에 속해 있는 것이 아니며, 동일한 척도에 의해 비교될 수 없기 때문이다. 바로, 감각적 형상과 낱말을 통한 그것의 표상은 정신적 삶의 형식들의 동일한 연속체에 속하지 않기 때문이다. "화가가 그린 과일들이 자연의 과일들보다 더 아름답다고 말할 수는 없다. 대체로 자연은 상상력이 그것을 아름답게 표현하는 만큼만 아름답다. 자연 속의 외형이 덜 완벽하며, 색깔이 덜 활기 있다고 말할 수는 없다. 차이는 단지, 현실은 감각에, 예술은 상상력에 영향을 끼친다는 점에 있다. 또한 현실은 혹독하고 단호한 윤곽을 제공하고, 예술은 비록 분명하지만, 이와 동시에 무한한 윤곽을 제공한다는 점에 있다."[15)]

여기서는 예술의 두 가지 속성이 언급되고 있다. 첫째, 인간에 대한 예술의 영향력의 특성이 자연(이 낱말의 일상적 의미에서조차 그렇다)의 영향력과 비교될 수 있다는 점. 둘째, 모든 예술작품에서 정반대되는 성질들, 즉 윤곽의 분명함과 무한성의 공존. 첫 번째 속성은 현실에서는 관심을 불러일으키지 않는 자연과 인생의 많은 현상들이 필시 예술 속에서 완전히 진실하게 묘사되기 때문에 우리에게 강하게 영향을 끼칠 수 있다는 그 아주 평범한 현상에서 이미 발견된다. 속담 "그리고 태양은 더러운 곳을 지나갔지만 더러워지지는 않았네."에 의하면, 예술은 가장 화려하고 유혹적인 아름다움 또는 가장 불쾌하고 추한 현상들을 묘사할 수 있으며, 순결하고 아름다운 모습으로 남아 있을 수 있다. 이것의 원인은 예술 창작은 완전히 자연에 충실하면서 자연 현상들을 분해하고, 그 결과로서 다음과 같은 사실들을 초래한다는 점에 있다. 첫째, 모든 예술은 오직 대상들의 한 측면만을 자기

---

15) Ib. 23-4.

몫으로 취한다. 이를테면 조각은 꽃의 다양한 움직임을 제거하고 형식의 조형적 아름다움만을 취하며, 회화는 빛, 그림자, 색깔 등등만을 취한다. 둘째, 각각의 개별적인 작품은 현실에서 주어진, 그리고 예술의 도구가 포착할 수 있는 대상의 필수적이지 않은 특징들 다수를 생략한다. 마치 낱말이 개인의 이해력에게 이 형상을 소리, 두께 등의 다른 특징들로 보충하도록 제안하면서, 이를테면 '황금'의 형상을, 그것의 유일한 특징, 즉 노란색을 통해서만 표시하는 것처럼 말이다.

형상의 일회성과 그 윤곽의 무한성 사이의 모순을 살펴보면, 이런 무한성은 얼마만큼, 또 어떠한 내용이 그것의 지극히 분명하게 지각된 표상에 관하여 이해 주체 속에서 진전되는가를 언어로써 규정할 수 없는 확연한 불가능성일 뿐이다. 최초에 낱말이 표상 덕분에 당장 보편화의 가능성을 얻는, 매우 제한적이고 구체적인 감각적 형상의 기호이듯이, 마찬가지로, 예술적 형상은 창조의 순간, 매우 협소한 감각적 형상들의 무리와 관련되면서, 당장 전형과 이상으로 변한다.

언어의 영역에서는 감각적 도식을 통일시키고 대상을 다른 모든 것으로부터 분리시키는 표상을 통하여, 다시 말해 대상에게 이상성(理想性)을 전달하는 표상을 통해서 지각들의 내적 연관, 즉 지각들의 기계적인 결합과 구별되는 그런 내적 연관이 설정된다. 개별 낱말이 우리의 지각으로부터 단 하나의 미미한 부분만을 골라내기 때문에 추정으로서의 개별 낱말은 우리의 지각의 총체에 아직 조화를 불어넣지 못한다는 분명한 입장에서 출발하여 우리는 이 낱말이 또 다시 나타나는 다른 낱말들의 주어 또는 술어가 될 준비가 되어 있기 때문에 이 낱말이 이런 조화의 확립을 정초한다는 점을 덧붙여 말하지 않을 수 없다. 일정한 지각들의 무리를 결집시킨 언어는, 그 다음으로, 가장 가까운 집단의 언어와 내적 결합을 지향하며, 그러한 지향은 언어로 통일된 형상 자체에 의해 제약된다. 한편, 두 개의 낱말로 구성되고 두 형상을 연결하는 문장은 동일한 감각적 형상의 해체로 인식되는 판단에 대한 표시이다. 언어가 인간을 이끌고 가는 행로의 첫 발걸음은 유사한 현상들의 무리 전체를 회피하려는 의지를 불러일으킨다.

훔볼트가 예술의 총체성이라고 지칭한 바는 이것에 해당한다. "시인의 아름다운 사명은 자신의 질료에 대한 전면적인 제한을 통해서 무제한적이고 무한한 동작을 발생시키고, 개별적인 형상을 통하여 관념의 요구를 충족시키며, 하나의 관점에서 현상들의 세계 전체를 여는 것이다."[16] "모든 것을 보여주는 것이 관건이 아니다."(이것을 주장하는 것은 이른바 하나의 낱말에서 우리 사고의 모든 잠재적인 내용을 퍼 올릴 수 있다고 말하는 것과 같을 것이다). "그것은 그 자체로 불가능하다. 또는 심지어 많은 것을 보여주는 것 역시 불가능하다. 이것은 예술의 다수의 종류를 제거할 것이기 때문이다. 중요한 문제는 우리가 모든 사물을 시선으로써 에워쌀 준비가 되어 있는 그런 마음의 상태로 몰아가는 것이다." "시인이 자신의 계획 속에 채택한 사물들의 숫자라든지, 인류의 지고한 관심에 대해 그것들이 맺고 있는 관계는 아무 의미도 없다. 비록 작품의 효과를 강화할 수 있기는 하지만, 전자든 후자든 작품의 예술적 가치와는 무관하기 때문이다." "오직 시인만이 우리를 한 점에 집중하고 어떤 대상을 위하여 우리 자신을 잊게 만들도록 하자. 이 대상이 무엇이든지 바로 여기 우리 앞에는 세계가 펼쳐져 있다. 그 때 우리의 존재 전체는 창작 활동을 드러낼 것이며, 이런 분위기 속에 우리의 존재가 생산하는 모든 것은 그것 자체와 조화를 이루어야 하고, 동일한 통일성과 전일성을 지녀야 한다. 그러나 이른바 이 두 개념을 우리는 '세계'라는 낱말 속에서 결합시킨다."

"여기서는 우리가 이상의 성취 속에서 보았던 것과 동일한 것이 반

16) Herm. u. Doroth. 16.

복되고 있다. 시인이 자기 예술의 최초의, 가장 단순한 요구와 부합하도록 우리를 현실의 경계선 너머로 옮기게 놔두자. 그러면 우리는 각각의 점이 전체의 중심을 이루며, 따라서 전체가 무한하고 끝없는 어떤 영역 속에 처하게 될 것이다. 예술가가 그런 식으로 영향을 끼쳤던 그 정신은 그것이 어떤 대상에서 출발하든지 이 대상과 유사한 현상들의 무리 전부를 순회하고 그런 현상들을 하나의 완전한 세계로 모으는 경향을 언제나 가지고 있다."[17] "시인이 상상에 전달하는 그 포괄적인 무엇은 바로 그 상상이 한 곳에 뿌리내릴 만큼 그렇게 둔중하게 행진하지 않으며, 점점 더 멀리 미끄러져 나가서 자신이 지나온 원을 함께 지배한다는 사실, 즉, 상상의 쾌락이 고통과 경계를 접한다는 (또 그 역도 가능하다) 사실 속에 존재한다. 또한 상상은 현실의 색깔 그대로 대상을 보지 않고, 상상의 신비로운 마력이 그 대상을 덮어씌우는 그런 광채 속에서 본다."[18]

언어에서 어째서 개별 낱말은 다른 낱말들과의 결합을 지향하는가에 대한 원인이 이 낱말이 자신의 감각적 형상을 해체한다는 사실 뿐 아니라, 또한 이 형상 자체가 해체의 능력과, 따라서 다른 형상들과의 연관의 능력이 있다는 사실에도 존재하듯이, 예술적 가치의 조건 또한 이상화하는 현실의 속성들 뿐 아니라 객관적으로 포착된 그 대상들 속에도 존재한다. "인간의 모든 다양한 상태와 자연의 모든 힘들(따라서, 예술의 모든 잠재적인 내용)은, 자신의 계획 속으로 집합 전체를 포함시키지 않고는 그들 중 어느 하나를 생생하게 묘사하는 것이 불가능할 정도로 서로 유사하며, 그렇게 서로를 지지하고 제약한다."[19] "시 작품에서 어떤 비유에 대한 제기 방법은 상상으로 하여금

17) Ibid. 31.
18) Ibid. 32.
19) Ibid. 28-9.

그 비유에 다른 많은 비유들을 덧붙이도록 강제할 뿐 아니라, 또한 그 비유와 함께 폐쇄적인 집합을 형성하기에 충분한 양의 비유들을 또한 덧붙이도록 강제한다."[20] 따라서 복잡한 예술작품은, 복문이 단일한 감각적 형상의 발전이듯이, 마찬가지로, 하나의 중심적 형상의 발전의 결과인 것이다.

둘째, 의식 안에 이미 존재하는 것에 대한 의식과, 다시 말해, 자기의식과 예술이 맺고 있는 관계에 대해서는 아래와 같이 진술할 수 있다.

앞서 우리는 우리가 보기에 대단히 설득력 있는 견해를 인용했다. 이에 따르면, 낱말의 날 질료인 소리는 유기체를 안정시키고 유기체가 외부로부터 받은 충격을 제거하는 수단 중 하나이다. 낱말의 심리적 측면 또한 자신의 영역에서 동일한 기능을 한다. 훔볼트는 말한다. "인간에게 선천적인 습성은 조금 전에 들은 것을 말하려는 의지이다."[21] 인간에게 선천적인 또 다른 습성은 자신의 정신에 작용하는 힘을 언어를 통해 타인에게 전달하고 현명한 존재가 그 힘을 받아들일 것인가 아닌가를 종종 신경 쓰지 않으면서 그런 힘이 발생시킨 불안에서 스스로 벗어나는 것이다. 이런 의지는 특히 원시인과 아동에게서 생리학적 필연성과 인접한다. 아동과 여성이 자신의 슬픔을 덜어내기 위해서 실컷 울어야 하는 것처럼, 정신적인 충만함 때문에 자신의 견해를 밝히는 것은 불가피하다. 이런 사고는 이미 오래 전에 민요시의 자산이 되었다. 어느 세르비아 동화에서는 트로얀 왕에게 염소귀가 달렸다는 이야기가 나온다. 이것을 부끄러워한 나머지 트로얀은 자신의 면도사들을 모두 죽인다. 왕은 비밀을 지키는 조건으로 한 소년 이발사를 용서해준다. 그러나 진실을 말할 수 없는 고통에 시달리게 된 소년은 약하고 초췌해졌으며, 결국 그는 자신의 비밀을 땅 속에

20) Ibid. 33-4.
21) Ueb. die Versch. 55.

털어놓는 방법을 깨우친다. 소년은 들판으로 나가서 땅 속에 구멍을 뚫고, 그 속으로 머리를 밀어 넣은 다음 "트로얀 왕은 염소 귀가 달렸다."라고 세 번 외친다. 그러자 그의 마음이 가벼워졌다.[22] "슬픔에 잠긴 마음은 바다 한복판의 섬과 같다."라는 속담이 있다. 여기서 마음과 슬픔은 섬을 에워싼 바다에 비유되고 있다. 만일 이런 비유를 유지한다면, 영웅서사시의 결론부의 행은 원래의 축자적인 의미 대신에 보다 심오하고 진실한 의미, 즉 마음을 다스리는 시의 힘의 의미를 획득하게 될 것이다.

때로는 조국이, 때로는 위업이
푸른 바다를 위로하네

훔볼트는 예술적 전일성 속에서, 한정된 수의 주어진 현상들에 대하여 인간 전체를 흔들 수 있는 기술에 있어서 아직 그 누구도 고대인들을 따라잡지 못했다고 밝히고 나서[23] 계속 말을 잇는다. "고대문헌을 읽을 때 순수한 성향의 정신이 경험하는 그런 평정은 이로부터 비롯된다. 그것으로부터, 고대인들은 열정적인 흥분과 압도적인 절망의 상태마저도 영혼의 평화를 향해 끌어내리거나 불굴의 용기로 승화시

22) Приповјет. No.39를 참조하라.
23) "핀다로스의 모든 찬가, 비극작가들의 모든 위대한 합창, 호라티우스의 모든 송시는 동일한 원을 통과한다. 다만 무한히 가변적인 변화가 있을 뿐이다. 도처에서 시인은 신들의 고상함, 운명의 강력함, 인간의 의존성을 묘사한다. 그러나 이와 더불어 시인은 그에게 운명과 싸우고 운명보다 높이 설 수 있는 가능성을 주는 그의 정신의 위대함과 용기를 그리고 있다. 호메로스의 창작 전체에서뿐 아니라 각각의 개별적인 노래, 각각의 대목에서도 우리 앞에는 인생 전체가 개방적이고 분명하게 놓여 있다. 영혼은 단번에, 쉽고 확실하게, 우리가 누구이며 우리가 무엇일 수 있으며, 우리가 얼마나 괴로워하고 즐기며, 어떤 점이 옳고 무엇을 실수하고 있는지를 결정한다." (훔볼트, 1841-1852년, 4권, 28-29쪽).

키는 것이다. 인간이 세계와 운명에 대한 자신의 관계를 온전하게 둘러보았을 때 이 힘을 불어넣는 평정은 불가피하게 출현한다. 외적인 힘 또는 인간 자신의 열정이 그의 평형을 깨뜨리려고 위협하는 곳, 그곳에서 인간이 멈춰 서는 때에만, 오직 그런 경우에만 흥분과 절망이 발생한다. 그러나 대상들의 연쇄 속에서 인간에게 지정된 위치는, 인간이 운명과 담판을 짓는 심각한 순간에 상상을 통해 인간에게 주어지는 한 무리의 현상을 그가 곧 종결짓자마자 조화와 평정이 지체 없이 회복될 정도로 그렇게 유익하다."[24]

예술의 평정시키는 작용은 이른바 예술이 이상적이라는 점, 마치 언어의 평정시키는 힘이 형상에 대한 표상의 결과이듯이, 예술이 현상들 각각을 연결하고 사고를 정화하고 단순화시키며 사고에 대한 조망과 사고에 대한 의식을 다른 누구보다 예술가 자신에게 제공한다는 점에 의해 제약된다. 표상과 이상은 인간을 흥분시키는 감정을 해체하면서 그런 감정의 권력을 제거하고, 그런 감정을 과거로 옮긴다. 객관화되지 않은 정신의 상태는 낱말 또는 예술작품 속에 객관화된 의식을 자기에게 복종시킨다. 낱말 또는 예술작품 속의 객관화된 의식은 그에게 복종하고, 이후의 정신적 삶의 토대를 이룬다. 이로부터 낱말이든 예술작품이든 예술가의 성장의 시기들을 종결지으며, 그의 정신적 삶의 전환점으로 기능한다. 어떤 시인은 자신의 이성을 수년 동안 혼란스럽게 했던 강력한 형상과의 분리를 시를 통해 이루는가하면,[25] 또 다른 시인은 자신의 주인공들에게 자신의 불쾌한 감정을 전

24) Herm. u. Dor. 29.

25) 이런 야만적인 잠꼬대가
나의 이성을 수 년 씩이나 따라다녔다.
그러나 나는 다른 공상들과 헤어진 후
그런 이성에서 마저 벗어났다. 시의 도움으로.
미하일 유리예비치 레르몬토프. 「아동을 위한 이야기」

달하곤 한다. 그러한 시인들의 고백은 예술 역시 자기의식의 기관이라는 점을 눈부시게 입증한다.

예술작품이 세 개의 계기(외적 형식, 내적 형식, 내용)의 종합이자, 무의식적 창작의 결과이며, 사고와 자기의식의 계발의 수단이라는 것을 목격할 때에, 다시 말해 낱말에서와 똑같은 특징들을 예술작품 속에서 발견할 때에 우리는 낱말 또한 예술, 다시 말해 시라고 결론을 내리게 된다.

분명한 것은, 한편으로는 조형예술과 음악의 출현을, 다른 한편으로는 낱말과 시의 출현을 강제하는 것은 동일한 내적 욕구가 아니라는 점이다. 예술은 정신생활의 여러 측면을 표현하고, 그런 까닭에, 어느 하나가 다른 무엇으로 대체되는 것은 불가능하다. 라차루스는 이렇게 말한다. "조각상의 부분들 또는 조각상 전체를 지시들의 연쇄(이를테면 높은 이마, 곱슬곱슬한 턱수염, 긴 곱슬머리, 숭고한 얼굴표정 등)를 통해 표시하는 것은 가능할지 모른다. 그러나 낱말을 통해서 그 조각상에 대한 정확한 묘사를 성취하는 것은 불가능할 것이다. 치수와 굴절에 대한 수학 공식을 통해서만 묘사가 가능할 것이다. 즉, 의인화된 수학처럼 우리가 그런 공식의 무한한 다수를 작성하고 그것들을 일목요연한 형상으로 조립할 수 있을 때에야 비로소 가능할 것이다."[26] 그러나 그런 불가능한 작업의 목표, 즉, 조각상을 다른 언어로 번역하는 일은 성공하지 못할 것이다. 왜냐하면 필요한 심미적 인상은 공식들과 낱말들의 총체로부터가 아니라 그것들의 조립의 결과로부터, 다시 말해 조각상 자체로부터 얻을 수 있기 때문이다. 건축과 회화와 음악 상호간의 관계, 또 시와 언어 및 시와 언어에 의해 제약되는 과학에 대한 건축과 회화와 음악의 관계에 대해서도 동일한 내

26) Das Leb. der Seele, II, 222.

용을 말하지 않을 수 없다. 인간 사고의 여러 방향은 서로를 반복하지 않는다. 왜냐하면 그것들은 외부로부터 유입되거나 우연적인 것이 아니라, 인간의 본질 자체로부터 유래하기 때문이다.

한 예술을 다른 예술이나 낱말로 치환하는 것의 불가능성은 한 예술이 다른 예술의 생존의 조건이 되는 그러한 관계에 모순되지 않을 뿐 아니라 또한 그러한 관계를 요구하기까지 한다. 다른 예술의 역사 속에서 시의 의미에 관한 중요하고 까다로운 민중 심리학적 과제의 해결을 위해 싸우려고 하지 않으면서, 우리는 다만 최초의 낱말이 시라는 단 하나의 사실 때문에 시가 다른 모든 것에 선행한다는 점만을 지적하고자 한다. 본래 모든 예술은 예외적으로는 아닐지라도 주로 종교에 봉사하였다. 그런데 종교는 오직 언어와 시에서만 발전한다. 인간에게는 자신의 목소리를 다룰 수 있는 능력보다, 더 나아가, 조형예술이 전제하는 기술적 발전의 정도보다 먼저 시의 질료로서의 낱말과 성분분절성을 통어할 수 있는 권력이 주어진다. 하지만 이로부터, 어째서 그리스에서 호메로스의 찬가가 조각과 건축의 융성 시기보다 훨씬 오래되었는지, 대체로 가장 완성도가 높은 민요시 작품들이 그림이나 조각상에 필적할 만한 무엇을 이해하지도 생산하지도 못했던 때에 관련되는지를 설명할 수 있다. 민요가 언어처럼 비인칭적인 창작품이라는 사실을 인정하고 나서야 우리는 앞서 언급한 현상의 또 다른 원인까지도 발견하게 될 것이다. 즉, 건축, 조각, 회화는 이미 작품의 덩어리로부터 예술가의 인격의 추출과 분리를, 그리고 언어가 그 토대를 이루는 고도의 자기의식과 자연에 대한 인식의 가능성을 전제한다는 사실을 발견하게 될 것이다.

처음에 언어와 시는 민중의 심미적 삶 전체를 자기 안에 집중시켰고, 다른 예술들의 맹아를 자기 안에 품었다. 그것은 다른 예술들만이 이해할 수 있는 내용의 총체가 원래는, 언어에 대한 표현되어지지 않고 의식되지 않은 보충을 이루기 때문이다. 이 점은 음악과 상당부분 관련된다. 비록 예술이 언어로부터 분리되는 시기가 이미 지나갔고 그 시기가 인류의 최상류계급에게 잊혀졌으며, 음악이 대부분의 경우 언어를 전혀 요구하지 않고, 또한 필시 언어를 전제하지 않을 듯한 독립적인 예술이 되었지만 말이다. 그러나 다른 계급들의 경우에는 아직 우리 눈앞에서 시로부터 음악의 분리 과정이 진행되고 있다. 오직 우리와 보다 가까운 시기가 돼서야 노래는 선율을 위해 불러졌고, 내용에 대한 여하한 관심 없이 기계적으로 파편들로써 꿰맞추어질 수 있었다. 이것은 한편으로는, 언어의 운명에 좌우되는 민요의 쇠퇴를 전제하고, 다른 한편으로는, 음악적 모티프의 복잡화를, 말하자면, 언어를 통해 표현될 수 없는 감정을 예술로 객관화하면서 그것을 구분하고 의식하려는 열망을 전제한다.

도덕적 성장에 대해 라차루스가 언급한 사항은 예술적인 것에도 또한 완전히 부합한다. "보다 고결하고 보다 세련되고 섬세한 도덕적 삶의 관계들 전부는 오직 그것들의 이전 단계들이 의식의 완전한 명징성에 도달했을 때에만 발전할 수 있다. 도덕적 삶은 감정과 내적 형상으로부터 시작한다. 대부분 이 감정들은 내적 지각의 어둡고 불명확한 대상이다. 그러나 그것들은 언어를 통해 표시되고 언어에 의해 뚜렷해지는 표상들로 형성되고 분명해질 수 있다. 예전의 감정들이 표상으로 변하는 때에야, 그것들로부터 새로운, 보다 섬세한 감정들이 생겨난다. 감정의 영역들은 표상들의 분과가 되지 않으면 안 되며, 이것들로부터 새싹들이 피어난다. 언어는 정신이 생산한 것을 공고히 하고 강화시키며, 그럼으로써 정신에게 새로운 창작 활동으로 옮겨갈 수 있는 잠재성을 허락한다. 그렇게 발생하는 인간의 숭고화의 본질이 인간이 자기 감정의 최초의 자연적인 삶을 냉철한 추상적 반성의 대상으로 만든다는 점에 있지 않음은 물론이다. 인간의 숭고화는 감정의 자연적 세계를 정신의 의식적 속성의 단계, 분명한 표상으로까지 높이는 조건 아래에서만 가능하다."[27] 자신의 감정에 대한 병적이고 약화시키는 분석의 행위는 오로지 분석의 불완전함과 미완성 때문에 일어난다. 분석 자체는 인간 발달의 강력한 도구이다. "새로운 감정들을 끌고 나오는 표상들이 그렇게 심미적 감정으로부터 발달한다." 새로운 예술작품 또한 그렇게 끌려 나오는 바, 이것들은 마치 식물이 자기가 자란 토양의 흔적을 지니지 않는 것처럼 자기보다 선행하는, 언어에 의한 사고의 해체를 자체적으로 표시하지 않는다.

이른바 정신생활의 다른 현상들에 대해서 언어와 시가 맺는 관계 또한 동일하다. 본래 시와 동일했던 언어로부터, 따라서 시로부터 시와 산문의 가장 나중의 구분과 대립이 발생한다. 훔볼트의 언어로 표현하면 시와 산문은 '언어 현상'으로 지칭되어야 한다. 물론 이것은 시로부터 다른 예술들 전부를 분리시키는 경우와 같은 의미에서만 주장될 수 있다. 조각이 시에서 형성되지 않고, 비록 그것이 시의 일정한 발전 정도를 요구하지만 새로운 창작 행위이듯이, 마찬가지로 산문은 시로부터가 아니라 시에 의해 마련된 사고로부터 형성된다.[28] 여기서 우리는 산문을 과학으로 간주한다. 이 두 개념들이 항상 일치하지는 않음에도 불구하고 말이다. 산문적 형식을 요구하는 산문적인 사유의 습성과 특징은 과학에서 충분히 뚜렷하게 나타나며, 시와 대조를 이룬다.

"전자와 후자 모두는 현실(앞서 언급한 의미 그대로의)로부터 그런 현실에 속하지 않는 무엇으로 이동한다."[29] 현실과 관념과 법은 시와 산문 모두에 공통적인 계기들이다. 전자든 후자든 사고는 감각 자료

27) Das Leb. der Seele, II, 202.
28) Ueb. die Versch. 234.
29) Ib. 230.

의 다양성에 연관성과 완결성을 불어넣으려 한다. 그러나 그런 감각 자료에 고유한 수단과 결과의 차이는 인류가 '지향'할 때까지 이 두 갈래의 사고가 서로를 지지하고 보완할 것을 요구한다.

"시는 어째서 그것이 현실인지를 염려하지 않고, 심지어는 현실의 이런 성격을 의도적으로 제거하며 감각적 현상 속에서 현실을 취한다." 다른 어떤 원천으로부터가 아니라 감각적 지각의 변형으로부터 시는 현실을 취한다. 이를테면, 「염소 귀가 달린 트로얀 왕」이 그렇다. 그러나 시는 새 지각을 통한 이런 형상에 대한 검증을 자신으로부터 제거하고, 트로얀이 염소 귀를 가질 수 있었는지를 묻지 않으며, 이 형상 자체가 가지고 있는 의미에 만족한다. "반대로, 산문은 산문이 존재에 뿌리내리고 있는 그것, 산문과 존재를 연결시키는 그 끈들을 현실에서 탐구한다."[30] 다음으로, 산문은 「염소 귀가 달린 트로얀 왕」의 형상이 어떤 도덕적 현상들의 필연성과 연관성에 대한 의식으로 이끈다는 점에만 이끌리면서, 그 이야기의 내용을 사실로 인정하지 않는다. 또는 시인의 정신생활의 한 현상으로서만 이런 형상에 관심을 가진다.

시에서 형상과 관념의 연관성은 증명되지 않고, 정신의 직접적인 요구라고 단언된다. 과학에서 법에 대한 사실의 종속은 검증되어야 하고, 검증의 힘이 바로 진리의 척도이다. 검증은 언제나 일차적 자료의 분해이며, 그런 까닭에, 조금 전에 언급한 생각을 다른 말로 바꾸어 표현할 수 있다. 바로 이렇게 말이다. "시적 형상은 자신의 심미적 작용의 시간 동안 해체되지 않는 반면에, 과학적 사실은 보다 세분될수록, 즉, 거기에서 더 많은 판단들이 발달해 나올수록 그만큼 우리에게 더 잘 해석된다." 따라서 시적 형상이 보다 쉽게 통각될수록, 이로

30) Ib. 230-1.

부터 비롯되는 즐거움이 보다 클수록, 우리에게 이 형상들은 보다 완벽하고 보다 완전무결한 것처럼 여겨진다. 이와는 반대로, 우리가 과학적 사실을 보다 잘 이해할수록, 그 완성도의 불완전함에 그만큼 더 많이 놀란다. 아무 것도 더하거나 뺄 수 없는, 시로써 만들어진 형상들이 많이 존재한다. 그러나 완벽한 과학적 저술 또한 존재하지 않으며 존재할 수 없다. 그러한 시와 과학의 대립성은 만일 우리가 그런 대립성을 시와 과학의 가장 단순한 기질들-표상과 개념-의 관계로 환원할 경우에 명료해질 것이다. 시는 온갖 가공을 상실한 감각 자료들에게 언어로써 직접적으로 접속한다. 예술에서의 이상에 상응하고 언어에 대한 통각의 시간 동안 감각적 형상을 통일시키기로 임무가 정해져 있는 표상은 그것이 감각적 형상에서 개념을 창조해내고 이 개념의 특징들 다수와 뒤섞이기 전까지 나름의 독자성을 상실하지 않는다. 과학 또한 현실과 관계한다. 그러나 이 현실이 언어의 형식을 통과한 후에야 그렇다. 과학은 표상을 전제하는 개념 없이는 존재할 수 없다. 과학은 현실을 개념과 비교하며 전자와 후자를 균질화하려고 노력한다. 그러나 각각의 지각의 무리 속에 든 특징들의 양은 소진될 수 없기 때문에 개념 또한 결코 폐쇄적인 전체가 될 수 없다.

과학은 세계를 조화로운 개념들의 체계로 다시 조립하기 위해 세계를 분해한다. 그러나 이 목표는 그것에 접근할수록 멀어진다. 체계는 그 속에 포함되지 않은 온갖 사실 때문에 무너지며, 사실들의 숫자는 소진될 수 없다. 시는 세계의 조화에 관한 이런 이해불가능한 분석적 지식을 추월한다. 무한한 복수의 지각을 요구하지 않는 자신의 구체적 형상들에 기대어 이런 조화를 지적하면서, 개념의 통일성을 표상의 통일성으로 치환하면서, 시는 모종의 방식으로 과학적 사고의 불완전성을 보상하고, 모든 곳에서 완전하고 완벽한 것을 보려는 인간의 선천적 욕구를 충족시킨다. 시의 임무는 과학을 훈련시키는 것뿐 아니라, 지상에서 높지 않은 위치에 과학의 가건물을 완성시키는 것이기도 하다. 이미 오래전부터 지적되어왔던 바, 시와 철학의 유사성은 바로 여기에 있다. 그러나 철학을 이해할 수 있는 사람은 극소수다. 철학의 육중한 행보는 인생의 일방적인 파편성에 대한 불만족의 감정을 신뢰하지 않으며, 이로부터 생겨나는 도덕적 고통을 지나치게 천천히 치유한다. 이런 경우에 인간을 구출하는 것은 예술, 특히 시, 그리고 시와 원래 긴밀히 관련되어 있었던 종교이다.

폭넓은 동시에 엄격한 의미에서 우리 사고의 모든 주장은 주체적이다. 비록 그것이 외부 세계에 의해 제약을 받지만, 그것은 개인적 창조성의 산물이다. 그러나 이런 포괄적인 주체성 속에서는 객관적인 것과 주관적인 것을 구분할 수 있으며, 객관적인 것에는 과학을, 주관적인 것에는 예술을 관련지을 수 있다. 그 근거는 이렇다. 예술에서 모두의 공통적 자산은 단지 형상뿐이다. 그것에 대한 이해는 모든 사람마다 다르게 발생하며, 형상에 의해 자극되는 오직 분해되지 않은(현실적이고 또 전적으로 개인적인) 감정 속에만 있다. 과학에는 형상이 없으며, 감정은 연구대상으로서만 발생할 수 있다. 과학의 유일한 질료는 이미 언어에 객관화된 형상의 특징들로 이루어진 개념이다. 만일 예술이 정신생활의 원초적 자료에 대한 객관화의 과정이라면, 과학은 예술에 대한 객관화의 과정이다. 사고의 객관성의 정도들 간의 차이는 사고의 추상성의 정도들 간의 차이와 동일하다. 모든 과학 가운데서 가장 추상적인 수학은 자신의 명제에 있어서 가장 명백한 것이며, 개인적 관점의 가능성을 가장 덜 허용한다.

필시 대상의 표면을 미끄러져 내려갈 뿐인 우리의 일상적 사고는 모든 깊이를 결여해 있을 것이라고, 심지어 이런 사고는 과학적 분석의 결과를 구성하며 한층 더 표면적인 사고를 추정하는 매우 복잡하고 비교적 늦은 현상일 것이라고 많은 요인이 추측하도록 만든다. 우리는 우리의 구어의 추상성과, 평민의 일상적, 세태적 언어의 시성을 비교한 뒤에, 우리가 이해할 수 없는 평민이 지닌 세계관의 완전성에 주목한 뒤에 이 점을 확인할 수 있다. 이를테면, 교육받은 인간이 해결되지 않는 수수께끼에 사면에서 둘러싸이고, 현상들의 무연관적인 분열성 너머에서 민요시에 대한 그것들의 연관성과 조화를 가정하듯이, 그때 이 연관성은 현실적이고 가지적으로 존재하며, 이 연관성에는 채워지지 않은 지식의 공백이나 현세나 내세의 비밀 어떤 것도 존재하지 않는다. 과학은 천천히, 그러나 꾸준히, 이 협소한, 그러나 아름다운 전일성을 파괴한다. 과학은 세계의 경계선을 확장시킨다(이를테면, 땅이 하늘과 만나는 곳에서 우리가 서 있는 지면이 끝날 때, 혹은 육지를 실어 나르는 고래가 헤엄치고 있는 바다를 떠받치고 있는 것이 무엇이냐 같은, 완전히 대답이 불가능한 질문이 제기될 때에만 시의 지배는 가능하기 때문이다). 그러나 동시에 과학은 미지의 것에 대한 관계에서 기지의 것의 의미를 축소하고, 미지의 것의 조그만 파편을 통해서만 기지의 것을 표상한다. 그러나 시적 활동과 과학적 활동의 정반대되는 속성들 사이에는 정상적 관계가 존재할 수밖에 없다. 그것들 사이에는, 인간 내부의 고통이 그 파괴를 불러오는 일정한 평형이 존재할 수밖에 없다. 신화가 과학적 명제를 자기 내부로 취하듯이, 과학 또한 시와 믿음 모두를 추방하지 않고, 비록 그것들과 경계에 관한 논쟁을 벌일망정 그것들과 나란히 공존한다.

본래 언어는 상징과 이상이며, 예술작품의 모든 속성을 지닌다는 오로지 그런 이유 때문에, 언어는 사고의 기관이고, 세계와 자아의 이해에 대한 최후의 성장 전체의 필수적인 조건이다. 그러나 만일 언어처럼 시적 작품에도 그렇게 지속적인 삶이 주어질 경우, 시적 작품이 그 자신이기를 멈추는 것으로 끝나듯이, 언어는 시간이 흐르면서 이런 속성을 상실하지 않을 수 없다. 언어와 시적 작품 모두는 어떤 부차적인 원인 때문에 변화하는 것이 아니라, 자신의 가장 가까운 목표를 성취함에 따라, 발화자와 청자의 내부에서 형상에 의해 유발되는 사고의 부피가 커짐에 따라 변화한다. 따라서 이른바 낱말과 시적 작품 모두는 자신의 독자적 발전으로 인해 자신의 구체성과 형상성을 박탈당한다. 이를테면 속담 "딱따구리에게 부리는 악과 재난을 초래한다(왜냐하면 사냥꾼이 두들기는 소리를 듣고 그를 찾아내서 매복해 있다가 죽일 것이기 때문이다. Посл. 78을 참조하라)."는 처음에는 발화자에게 특정한 사례와 관련될 수 있었다. 그러나 청자의 정신 속에서 이 속담은 보다 폭넓은 의미를 취했다. 다시 말해, 그 속담에 담긴 형상은 관념을 불러일으켰고, 딱따구리, 그리고 대체로 인간과 관련된 유사한 사례들 모두에 관련되었다. 분명한 점은, 만일 언급한 표현이 그러한 목표에 도달하지 못한다면, 그것은 속담이 되지 못할 것이라는 사실이다. 그러나 내용의 변화는 형상 자체의 변화를 동반하며, 우리는 유사한 다른 속담에서 그런 변화를 추측할 수 있다. "모든 새는 자기 부리 때문에 죽는다." 여기서 종전에 완벽하게 규정된 형상은 이미 다양한 해석을 허용한다. 그 문제와 관련하여 우리는 부리를 두들김으로써 자기도 모르게 자신의 존재를 사냥꾼에게 드러내는 딱따구리뿐 아니라, 먹이를 찾고 먹어야 하는 필요성 때문에 죽임을 당하는 모든 새에 관하여 생각할 수 있다. 이 속담의 상징성, 그리고 더불어 심미적 작용의 상실은, 항상 우리의 불행이 우리 자신 탓만은 아니라는 신념 때문에,[31] 또는 우리가 새 사냥꾼이 아니라 지극히 다양한 다른 직업을 가지고 있기 때문에, 다른 인상들에게 밀려난 사냥 생활의 인상이 첫 번째 기억으로 우리 머릿속에 떠오르지 않을 것이라

31) 따라서 어떤 자격에 의해, 이른바 이런 특징(표상, 형상)이 나머지 모든 특징들의 대표자로 기능하는가에 대한 필시 무의식적으로 제기된 질문 때문에, 즉 형성되는 개념의 기질들의 상대적 중요성에 관한 질문 때문에.

는 사실 때문에, 우리에게 일어날 수 있다. 속담이 고유의 의미를 상실하는 이유는, 우리의 위치가 그것보다 더 높아지기 때문이다. 마찬가지로, "부싯돌 속에서 불이 보이지 않듯이"라는 표현은, 비록 고의적일지라도, 돌과 불의 본성에 관한 이해의 어떤 협소함의 조건 아래서만 인간의 어떤 도덕적 속성을 훌륭히 규정할 수 있다. 부싯돌 속에 불이 숨겨져 있다는 생각이 보다 올바른 개념들에 의해 완전히 밀려나 있는 사람에게 비유의 아름다움은 존재하지 않는다.

개별 낱말들에서도 나타나는 유사한 현상의 사례를 인용해보도록 하겠다. 옛날에는 인간의 도덕적 속성이 인간을 만든 여러 기질들 중 어느 하나가 지배적이냐에 따라 영향을 받는다는 믿음이 확산되어 있었다. 코스토마로프가 인용하고 있는 한 필사본 모음집의 발췌본에는 이런 대목이 등장한다. "흙에서 몸이 만들어졌다. 그 인간은 검고 말수가 없다. 바닷물에서 인간 몸속의 피가 만들어졌다. 그 인간은 차갑다. 불에서 체온이 만들어졌다. 그 인간은 화를 낸다. 돌에서 뼈가 만들어졌다. 그 인간은 인색하고 비정하다."[32] 우리에게는 하나의 기질인 돌에 관하여 몇 마디 하는 것으로 충분할 것이다. 여기서 언급된, 돌과 뼈[33]의 연관성은 지극히 민중적이다. 왜냐하면 그런 연관성은 돌과 뼈로부터 인색함으로 의미 이동의 사례를 상당히 많이 제시하는 언어의 지배를 받기 때문이다.[34]

---

32) Очерк жизни Великор. Нар. Совр. 1860. X.

33) 뼈와 돌은 민요시에서, 또 언어적으로도 서로 가까운 의미로 쓰인다. 다음의 세르비아 속담을 참고하라. "Месо при кости и земља при кршу." (뼈 위의 고기와 돌 위의 흙). Срб. посл. 177.

34) a)돌과 인색함: кремень, 수전노; закирпичеть, 죄다, 쩨쩨하게 굴다. b) 뼈와 인색함: маклак, маклыга, 뼈와 수전노; маклачить, 거래하다, 인색하게 굴다, 타인의 재물을 가로채다. 아마도 'ногтевый인색한' 역시 이것과 관련될 것이다. 돌과 뿌리는 언어에서 동류이다. 낱말 кор-ень, ко-кор, кор-га 등은 낱말 кре-мень에 들어있는 어근 кр에서 기원한다. 우리

돌, 뼈, 그루터기 등 단단하게 결속되고 대체로 응축되어 있고 딱딱한 무엇과 같은 대상들의 형상에서는 인색함이 인식되었다. 인간의 도덕적 자질에 대한 그러한 견해, 또 그것과 동시에 내적 형식에 대한 그러한 기억은, 오직 우리가 인색함의 한 측면, 이른바 인색한 자가 타인들에 대해 가지는 태도에, 그의 완고함에 주목하기 전까지만, 이 완고함이 결코 인색함이 될 수 없음을 보기 전까지만 가능하다. 사고가 언어에 의해 방향지워지는 목표인 그런 보편화와 심화가 보다 성공적일수록, 낱말 속에 보다 많은 내용이 쌓일수록, 사고의 원래 출발점(내적 형식)은 그만큼 덜 필요해진다. 그 결과, 만일 우리가 현실적인 쾌락보다 인생의 행복의 쾌락의 잠재성을 선호하는 과장되고 변태적인 열망으로서의 인색함의 개념에 이르게 된다면, 그 경우 불가피하게, 'маклак 대퇴골', 'жила 혈관' 같은 낱말들의 명시적 의미는 다른 특징들, 우리에게 보다 중요하고, 우리가 보기에, 현실과 더 잘 조화를

는 세르비아어 'крш 돌'에서 '마디투성이의 그루터기', '굵고 짧은 통나무,' 선박의 항해를 방해하는 '물속에 있는 구불구불한 나무 그루터기'를 뜻하는 러시아어 карша, кирша를 만난다. колода(колоть와 동일한 기원을 갖는)와 'с-кала 바위'는 어근에서 유사하다. 한편 세르비아어 'стена 틈'과 아르항겔스크어 'щелье 바위 전체로 이루어진 화강암의 낮은 해변 언덕'은 유사한 어근을 갖는다. 이런 토대 위에서 c)'корень 뿌리'와 'скупость 인색함'은 친족관계를 이룬다. корень은 '수전노', '혹독하고 완고한 사람'을 가리키고, кокора, кержак 역시 동일한 의미를 지닌다. 아마도 여기에 낱말 'скрыга 수전노', 그리고 보편적으로 통용되는 낱말 'скряга 구두쇠'를 관련시켜야 할 것이다. 앞서 인용한 모든 낱말들에서 들, 뼈, 뿌리, 인색함의 의미 사이에서는 'твердость 딱딱함'(세르비아어 'тврд 인색한,' 'тврдац 수전노'를 이와 비교해보라)의 의미가 매개한다. 따라서 인색함의 명칭을 형성하는 동사 жать는 'жать крепко 꽉 쥐다, 단단히 쥐어짜다'의 의미를 전제한다. d)'жмых 기름을 짜내는 씨앗의 딱딱한 덩어리'와 'скряга'; '수전노'를 뜻하는 жмотик, жмойда, жмор, жом; 역시 같은 뜻의 комыга (сжать в комок이라는 표현 참고), кулак(сжать кулак이라는 표현 참고). 마지막으로, e)'(단단히) 결박하다'라는 의미에서 파생되는 '수전노'를 뜻하는 낱말 крепкой, жила, корпека.

이루는 듯한 그런 특징들의 무리 속에서 사라지게 될 것이다. 따라서 감각적 형상으로부터 개념의 발전, 낱말의 시성의 상실은 서로 상호 규정되는 현상들이다. 모든 언어에 공통적인, 오로지 사고의 기호가 되려는 낱말의 의지의 유일한 원인은 심리학적 원인이다. 그것과 다른 방식으로는 존재할 수 없다. 왜냐하면 낱말은 만들어진 다음, 공기와 비 등의 작용에 노출된 조각상이 아니기 때문이다. 낱말은 그것을 사람들이 발음하는 동안에만 살아있기 때문이다. 낱말의 질료, 소리는 완전히 사고로 침윤되며, 우리에게 낱말의 뜻을 애매하게 만드는 모든 음성적 변화는 사고로부터 생겨난다.

그러나 우리의 사고가 어떠한 추상화와 깊이에 도달한다고 해도, 그런 우리의 사고는 마치 환기시키기 위함인 듯, 자신의 출발점인 표상으로 복귀해야할 필연성에서 분리되지 않는다. 언어는 마치 대리석이 조각술의 질료이듯이, 단지 시의 질료일 뿐 아니라, 시 자체이기도 하다. 그러나 만일 낱말의 명료한 의미가 잊혀졌다면, 언어 속에서 시는 불가능하다. 이런 까닭에, 민요시는 이런 망각이 최소화된 상태에서, 소위 서사적 표현들, 다시 말해 한 낱말이 다른 낱말의 내적 형식을 가리키는 그 지속적인 어결합을 매개로 하여 상상 활동을 자극하는 낱말의 감각적 측면을 복구한다. 우리의 민요시에는 단 두 개의 낱말로만 이루어진 아주 단순한 서사적 공식구들이 더 많이 있다. 이런 공식구들의 성분들의 통사적 의미들('세계-민중', '아름다운 처녀', '머리를 빗다' 등등)로부터 비롯되는, 이 공식구들의 차이점을 제외시킨 뒤, 이런 표현들의 목표-즉, 의식에게 내적 형식을 복구시키는 것-가 그것들 속에서 다양한 정도로, 다양한 수단에 의해 성취된다는 점만 지적하고자 한다. 두 낱말의 명백한 의미들 간의 가장 가까운 혈연성은 'косу чесать 머리를 빗질하다'와 같은 표현에 존재한다. 여기서 두 낱말은 공통된 어근에 속한다. 이것이 완벽한 동어반복과 다른 점은,

음성적 혈연성이 다소 상실되어 있다는 사실 한 가지뿐이다. 'чорна хмара 검은 먹구름', 'ясная зоря 청명한 노을', 'червона калина 순금의 까마귀밥나무 열매'와 같은 지속적인 표현들은 더 이상 완전한 동어 반복적 표현이라고 지칭될 수 없다. 왜냐하면 가령 'чорна хмара 검은 먹구름'같은 표현에서 낱말 хмара 자체가 검은 색의 무엇을 뜻한다고 하더라도, 그런 표현 속에 담긴 검은 색깔의 표상은 틀림없이, 낱말 чёрный에 담겨있는 것이 아니기 때문이다. 어원학은 각각의 언어에서, 동일해 보이는 의미를 가진, 더 이상 분해될 수 없는 어근들 몇 개를 찾아낼 것이다(이를테면 иду가 파생되는 и, міръ, мљра, мљна가 파생되는 ми). 그러나 그 어근들 속에서는 이론적인 이유 때문에, 그리고 파생어들의 차이 때문에 최초의 차이를 측정하는 것이 불가피하다. 'дрібен дощ 작은 비' 같은 표현에서 낱말들의 내적 형식은 서로 간에 훨씬 더 멀리 떨어져 있다. 이 표현에서는 지속적인 형용어구가 자신의 피한정사가 아닌 그것의 동의어의 내적 형식을 설명한다(체코어 표현 'sitno pršeti'를 이와 비교하라. 여기서는 형용어구만이 '작은'을 뜻하는 것이 아니라, 피한정사 'pršeti 비가 내리다' 또한 'прах 먼지'와 같은 종류로서 '작은 비'를 의미하기 때문이다). 여기에서 두 낱말은 진술되지 않은(서사적 표현이 이미 잘 이해되지는 않지만 여전히 살아있는 동안에), 자주 이미 완전히 망각된 제 3의 낱말에 의해 결속된다. 이와 유사한 다수의 표현들 속에서 분명하게 드러나는 사실은, 그런 표현이 만들어지고 있던 때에 민중은 새로운 지각의 속성들이 아니라, 이른바 낱말의 망각된 내적 형식을 복구하려는 무의식적 의지를 따랐다는 점이다. 이를테면, 지속적인 형용어구 'берег - крутой 가파른 언덕'의 경우가 그렇다. 비록 다수의 관찰을 통해 언덕이 항상 가파르지는 않다, 만일 어떤 언덕이 가파르면 다른 언덕은 완만하다는 점을 수긍할 수 있지만, 형용어구는 여전히 그

대로 유지된다. 왜냐하면 낱말 берег는 옛날에, 오늘날 세르비아어 бриjeг와 마찬가지로 '산'의 의미를 가졌고, 독일어 Berg와 의심할 수 없는 유사성을 지니고 있기 때문이다. 마지막으로, 형용어구는 자신의 피한정사의 동의어 대신에, 이 피한정사와 보다 내적인 연관성을 맺고 있는 낱말을 설명할 수 있다. 이를테면, 'горькие слезы 비통한 눈물'이라는 표현이 그렇다. 여기서 눈물은 슬픔에서 비롯되며, 슬픔은 비통하기 때문이다. 이 표현이 예전의 술어를 한정사로 바꾸는 일상적인 순수 통사적 변경이 전혀 아니라는 점은 분명하다.

"собака черна 개는 검다."라는 서술적 관계를 전제하는 'черная собака 검은 개'와 같은 표현에 'слезы горьки 눈물은 비통하다'라는 표현을 전제하는 'горькие слезы 비통한 눈물'이라는 표현이 상응함은 물론이다. 그러나 이 후자의 사례는 "собака черна 개는 검다."와 같은 표현처럼 직접적인 감각적 형상의 통일성에 의해 결속된 것이 아니라, 언어 자체 속에 반영된 연관을 통해 간접적으로 결속된 지속적인 서사적 표현이다.

서사적 공식구들의 구성부분들 간의 관계의 점진적인 복잡화의 결과로 인해 실제로는, 서사적 공식구들을 비서사적 공식구들(서사적 공식구들과 은연중에 융합되어 있는)과 구분하는 것이 어려울 때가 있다. 단지 말할 수 있는 것은, 우리가 민요, 설화, 속담을 더 많이 들여다볼수록, 낱말의 내적 형식의 예전의 삶에 의해 불가피하게 제약된 결합들을 그 만큼 더 많이 발견하게 될 것이라는 사실이다. 또한 다른 한편으로, 현대 시인의 작품에서 내적 형식에 대한 그러한 지각은 단지 우연이며(고골의 작품에 나타난 'лапы - листы'라는 표현을 보자. 여기서 한정어는 'лист 나무이파리'와 동일한 기원을 갖고 있다. 나무이파리를 뜻하는 리투아니아어 lapas와 러시아어 'лепесток 꽃잎', 'лопух 우엉 잎'을 비교해보라), 그런 지각의 부재가 아무에게도 지각되지 않는 점을 고려할 때 불필요하다고 말할 수 있다. 물론, 우리는 언어 일반에 대한 이해의 부재가 아니라, 새로운 시인들이 평민의 시처럼 언어의 유구성에 침윤되어 있지 않다는 점에 대해 논하고 있는 것이다.

민요시의 보다 복잡한 지속적 표현 역시 마찬가지 정도로 언어와의 긴밀한 연관성을 맺고 있다. 우리는 그것들의 연속적인 변형을, 앞서 언급한 가장 단순한 2가 성분의 결합과 마찬가지의 내적 형식의 복원으로 간주할 수 있다. 다음의 소러시아 민요는 이에 대한 예를 보여준다.

> 푸른 단풍나무여!
> 너는 왜 작은가?
> 너는 왜 키가 크지 않은가?
> 너는 왜 뿌리가 깊지 않은가?
> 너는 왜 이파리가 넓지 않은가?
> 젊은 처녀 마루세치카여!
> 너는 왜 작은가?
> 너는 왜 큰 집안에서 나지 않았는가?
> 너는 왜 부자 아비를 두지 않았는가?
> 너는 왜 현명한 어미를 두지 않았는가?

나무이파리의 넓이를 어머니의 지혜에 비유하는 것은 지각의 직접적인 분해로부터 결코 도출될 수 없다. 반대로, 언어에 깊이 뿌리내리고 있고 슬라브-리투아니아족(또는 어쩌면 다른 인도유럽어족)의 공통적 자산을(약간 다른 형식으로) 구성하는 이런 비유가 가능한 이유는 단지, 그런 비유 이전에 이미 개별 낱말들 속에서 지혜와 낱말의 근접, 낱말과 소음의 근접, 나무이파리들의 소음과 그것들의 넓이의 근접이 존재했기 때문이다. 여기서 이 점을 증명하는 것은 불필요하다고 생각한다. 만일 앞서 인용한 사례가 마음에 들지 않는다면, 그것 대신에 수백 개의 다른 사례들을 찾아낼 수도 있다. 그런 사례들은 우리와 동시대의 민요시의 가장 작은 현상들까지도 수 천 년이 흐르는 동안 형성된 기초 위에 세워져 있음을 설득시킬 것이다. 다만 우리가 사용한 낱말 복원의 뜻을 정당화하기 위해 우리가 지적하고자 하는 것은, 내적 형식의 복원이 성장에 무관심한 옛 것의 개간이 아니라, 사고의 성공에 관하여 증명하는 새 현상들의 창조라는 점이다. 새로운 창조행위는 자신의 역사적 전제에, 그런 전제 속에 들어있지 않은 무엇을 덧붙인다. 비유의 내용 뿐 아니라, 비유하는 힘의 긴장까지도 바뀐다. 인간은 나무이파리, 소음, 낱말과 지혜의 관계를 의식의 통일성 속에서 에워싸면서, 소음에서 나무이파리로 옮겨갈 때보다 더 훌륭한 것을 더 많이 창조한다. 비유의 한 성분에서 다른 성분으로 이동하면서 형식 또한 변한다. 또한 이런 변경의 의미는 시가 완성된 내용의 표현이 아니라, 언어와 유사하게, 사고의 강력한 계발 수단이라는 입장을 완벽하게 확증한다.

우리는 이것에 관하여 의도하는 소수의 지적들을 다음의 주장에서 시작하려고 한다. 원초적인, 그리고 만일 예술에 관하여 이렇게 표현할 수 있다면, 비기교적인 시의 모든 비유는 상징이 표시되는 것을 선행하도록 그렇게 구성되어 있다. "화환과 같은 그녀의 집에, 태양처럼 구워진 빵이 꽃망울처럼 혼자 앉아있네(Зап. о Ю.Р.)."와 같은 일상적 표현들이 낱말의 내적 형식에 기반하고 있지 않다고 말하기는 불가능하다. 그러나 낱말들 속에 표현된 사고의 중심 대상(그 자체로서 또한 분명한)으로부터 다른 대상(첫 번째 대상에 단지 새로운 특징만을 부가하는)의 표상으로의 이동은 이미 충분히 복잡하고 뒤늦은 현상이다. 만일 원관념이 본래 자신의 상징보다 앞설 수 있다면, 낱말이 대상 자체를 표현할 수 있다고 가정해야 할 것이며, 이 경우, 비유 자체는 불필요한 것이 될 것이다. 왜냐하면 사고는 비유 없이도 대상의 본질을 포착할 수 있을 것이기 때문이다. 그러나 비유는 불가피하다. 위에서 우리는 첫 이항적 문장을 비유의 방법 외에 다른 방법으로 상상하는 것이 불가능하고, 생생한 발화에서 한 낱말은 감각적 형상에서 그것의 표상 또는 상징으로의 이행이며, 그런 까닭에 비유라고 불려야 한다는 점을 제시하려고 노력했다. 낱말에서도, 발달된 비유에서도, 사유의 출발점은 감각에 직접적으로 작용하는 현상에 대한 지각이다. 그러나 이런 현상은 자신의 비유 속에서 두 번 통각되거나 설명된다. 처음에는 직접적으로, 상징을 표현하는 그 비유의 절반을 통해서, 그 다음에는 간접적으로, 이 절반과 더불어 두 번째 절반을 통해서 통각되거나 설명된다. 이 두 번째 절반의 내용은 사유주체 자신에게 보다 이해하기 쉬우며, 직접적인 지각을 보다 덜 허용한다. 그렇듯 아래의 2행시에서

오, 작은 별 하나 떠올라, 들판 전체를 비추었네
처녀가 밖으로 나와, 카자크인 사내 마음을 움직였네

두 번째 행에 대한 시적, 형상적 이해는 오직 노을에서 처녀로, 빛에서 흥겨움으로 사고가 옮겨가는 조건에서만 가능하다. 왜냐하면, 비록 낱말 '노을', '처녀'가 각각 자기 방식대로 세계를 지시하더라도, 그것들의 이런 어원학적 의미는 결코 첫 순간에 포착되지 않기 때문이다. 또한 분명한 것은, 앞서 언급한 전이가 별, 빛, 처녀, 쾌락의 객관적 속성들에 의해 요구되지 않고, 언어에서 그것들의 상대적으로 주관적인 묘사, '노을'과 '처녀', '빛'과 '아름다움', '세상'과 '쾌락'의 표상들의

관계(오직 언어 체계에 의해 확립된)에 의해 요구된다는 점이다.

민요시의 내용을 이루는 것은 자연이 아니라, 인간, 즉, 세계에서 인간에게 가장 중요한 것이라는 점은 잘 알려져 있다. 예를 들어 다음과 같이 민요의 서두에서 인간이 자연풍경에 의해 배치될 때

갈매기가 그쪽 옆으로 날아갔네
갈매기는 슬프게 부르짖었네
타향에서 나는 슬프네
내가 의지할 곳 없는 그곳에서

높은 산 아래에서
비둘기가 맴돌고 있네
나는 호사도 누려보지 못하고
세월은 흐르고 있네

이것은 어떤 예술적 이유 때문이거나, 화가가 일단의 인물들을 고상한 풍경으로 둘러싸고 있기 때문에 제시되는 것이 아니다. 이 풍경이 화가의 상상 속에서 그림 속 인물들과 아무리 긴밀하게 연결되어 있다고 하더라도, 이 풍경이 이 그림의 심미적 동작에 아무리 필요한 것이라고 하더라도, 이 풍경은 대충 그려지거나, 윤곽만 표시될 뿐인 반면에, 인간의 형상은 이미 완성되어 있다. 또는 그 역도 성립한다. 시에서는, 인용된 것과 유사한 사례들이 속하는 시의 삶의 그 단계에서 자연으로부터 시작해야 할 필연성은 의식과 의도와 독립적으로 존재하고, 그런 까닭에 파괴될 수 없다. 소위 그런 필연성은, 그것 없이는 사고가 존재할 수 없게 되는 사고의 진폭이다. 인간은 처음에는 오직 외적 대상들로부터 자신의 내부로 향하고, 처음에는 오직 자아의 외

부에서만 자아를 인식한다. 내적 삶은 항상 인간에게 직접적인 가치를 지니지만, 서서히, 간접적으로만 의식되고 명료해진다.

비록 민요의 전체 어조가 시작도 하기 전에 이미 가수의 기분에 따라 정해지고, 어째서 외부 자연에 대한 실재하는 많은 지각들 가운데서 사고가 다른 무엇이 아닌 그것들에게로 향하는가, 어째서 이 경우에 가수가 그의 시선이 포괄하는 다른 대상이 아니라, 새의 비상을 표현하는가에 대한 이유가 담겨있어야 하지만, 그럼에도 불구하고, 앞서 언급한 사례들과 유사하게, 서두에서는 자의적인 무엇이 들려온다. 흡사 언어의 매개를 통하여 외부 현상들을 일정한 체계로 조립하고 자신의 정신적 삶의 사건들과 결합시키면서 그런 현상들을 해석함으로써만 자연의 압박으로부터 벗어나는 인간에게 자연은 두려운 마음을 일으키는 듯하다.

긍정적인 비유, 또는 마찬가지로, 개별 낱말의 기질들로서의 표상과 의미에로 징조가 접합해온다. 언어에 대한 어떤 친숙함 아래서 그 가장 오래된 형태대로의 징조가 개별 낱말의 발전, 비유의 변형이라는 점을 포착하는 것은 쉽다. 그렇듯, "만일 귓속에서 울리는 소리가 나면, 우리에 대해 말하는 것이다."라는 징조는 이 징조 이전에 언어에서 소리와 소문 간의 비유가 있었기 때문에만 형성되었다. 이러한 비유에서 상징은 의미를 상기시켰고, 전자와 후자의 연관성은 오직 사고주체에게만 현존하는 것으로, 원관념들에는 외부적인 것으로 표상되었다. 징조에서 이런 연관성은 현상들 자체 속으로 이동하고, 그 현상들 자체의 본질적인 부속적 속성으로 판명된다. 큰 부엉이의 울음소리는 그것이 죽음을 예언하는 당사자에게는 눈에 띄지 않을지 모르지만, 그럼에도 이 사람은 반드시 죽게 되어있다. 내가 꿈에서 본 리본은, 비록 나 스스로 이 꿈을 내 자신에게 설명할 수 없지만 나에게 길을 예언한다. 이 경우에 징조는 그것의 토대를 이루는 비유의 성분들이 서로 긴밀히 연상되었고, 현실에서 자신의 존재를 통해 다른 것에 대한 기대를 불러일으키는 어떤 하나만이 주어지도록 배치되었음을 전제한다. "양초가 꺼졌다, 그 무엇도 사라졌다."라는 비유에서 두 성분은 실제로든 오직 사고 만으로든 존재하며, 따라서 새로운 지각의 보충을 요구하지 않는다. 그러나 "그의 양초(그의 앞에서 혹은 그의 손 안에서, 어떤 성대한 예식에서 타들어갔던)가 꺼졌다, 그는 죽을 것이다."라는 징조에서 두 번째 성분은 기대되는 사건이다. 만일 불명확한 미래 대신에 지금 일어나고 있거나 이미 일어난 사건이 표상하는 미지의 것을 삽입한다고 해도 사정은 똑같을 것이다. 어쨌든, 비유에 대한 관계에서 징조는 사고의 획득, 사고의 지평의 확장이다.

징조는 비유 성분들의 인과적 관계가 아니다. 내가 귓속에서 듣는 종소리는 나에 대한 악평을 생산하지 않으며, 비록 그것이 그 악평들과 대상적 연관성 속에 위치하지만, 이런 연관성이 나에게 완전히 불명확하도록 그렇게 위치한다. 그러나 징조로부터 인과적 종속관계로의 가장 가까운 이동이 비롯된다. 원인 범주의 형성은 보편적 감정에 의해 전달되는 근육의 긴장의 인상들과 욕망의 대상에 관한 사고의 결합을 통해서 설명된다. 이 범주의 출현에 대한 가장 단순한 조건을 우리는 이미 유아에게서 발견한다. 유아에게서, 일정한 수고를 요구하는 그 자신의 울음소리에 대한 회상은, 그 울음소리 뒤에 그에게 먹을 것을 주기 시작했다는 사실에 대한 회상과 연상되었다. 유아는 먹을 것을 생산하거나 먹을 것을 받기 위한 수단으로 울음소리를 사용한다. 그러나 아직 원인의 범주는 가지고 있지 않다. 이 원인의 범주를 창조하기 위해서는 자신의 노력과 그것이 불러일으킨 현상 간의 관계를, 사유하는 인물로부터 독자적으로 존재하며 사유하는 인물에 의해서 간접적으로만 이해되는 대상들의 상호관계로 옮기는 것이 필요하다. 이런 과정은 이미 언어 속에서 비유와 징조를 마주하며, 그것들에게 접합된다. 마법 속에서, 소위 지금 공감적인 수단들 및 언어에 기초한 그와 유사한 현상들에서 인간이 최초로 원인에 대한 의식에 이르렀고, 이른바 원인을 창조했다는 사실은 우리에게 최소한 가능성 이상으로 평가된다. 인간이 어떻게 질병(단독 등)을 불로 치료하기 시작했는가를 설명하는 것은, 만일 이것 이전에 불과 질병간의 비유, 불에 의한 질병의 표상이 존재했었다는 사실을 고려하지 않는다면 불가능할 것이다. 만일 훨씬 이전에 의식 속에서 종과 발화와 소문 사이의 근접이 없었다면, 이 때에 주조된 종(鐘)이 더 잘 울리도록 하기 위해 거짓된 소문을 퍼뜨리겠다는 생각이 누구의 머리에도 떠오르지 않았을 것이다. 심지어 오늘날 평민들의 시야에서도 이 세상의 많은 것들은 유사한 관계들로 결합되어 있고, 과거에는 모든 것이 연관되어 있었다.

그런 방법으로 설정된 현상들 간의 연관성은 우리에게 진정한 것처럼 여겨지는 그 연관성의 관점에서는 주관적이고, 수천 년 동안의 지적 수고를 통해 우리의 세계관 속으로 투입되었다. 그러나 객관적인 것과 주관적인 것의 개념은 상대적이며, 의심의 여지없이, 우리에게 자연 자체의 속성으로 여겨지는 것이 오직 우리 시대의 견해의 특징으로 판명될 때가 도래할 것이다. 언어 속에서 실행된, 비유로부터 원인으로의 이동이 인간에게 어떤 중요성을 나타내는가를 이해하기 위해서는 이 태초의 원인의 범주를 상대적으로 약한 지적 활동의 부동적 결과가 아니라, 새것을 인지할 수 있는 생생한 도구로서 표상하는 것이 필요하다. 현대 인류의 발전이 우리의 개인적인 공로 없이 우리를 세웠던 그 높이로부터, 우리가 이미 어떤 거리를 두고 떠나온 모든 것을 경멸적으로 바라보는 것보다 더 쉬운 것은 없다. 이를테면, 우리가 더 이상 이교도가 아니며, 특별한 사고의 노력 없이 신화 창조와 관련된 모든 것을 불건전한 상상의 기형적 열매로, 열병의 헛소리로

선포할 수 있다는 것에 자부심을 느끼면서 말이다. 그러나 우리가 언어 속에서 보듯이, 현상들과 그것들의 연관성에 대한 그 유아적 이해의 합법칙성에 대한 완벽한 확신에도 불구하고, 이런 이해를 과학적인 것과 분리하는 심연을 메우는 일은 매우 어렵다. 그러나 지적 활동의 가장 단순한 발현과 가장 복잡한 발현 간의 연속적인 인과적 관계에 관한 사고는 이미 오래전부터 더 이상 새로운 소식이 아니다. 우리는 여기에 관련되는 장-폴의 글 가운데서 한 대목을 인용하고자 한다. 장-폴은 사유하는 인간으로서, 가장 나중의 성장에 있어서 유아적 사고의 불안정한 첫 걸음마의 커다란 중요성을 잘 이해했다.

"인간이 이제 막 시작하는(그리고 동물이 끝나가는) 최하위의 단계에서 두 표상들 간의 최초의 가장 단순한 비유는 이미 기지(機智, witz)이다."[35] "기지어린 근접은 성장을 위한 의지의 최초의 창조이다. 또한 기지의 유희로부터 과학으로의 이동은 단지 걸음마일 뿐 도약이 아니다. 모든 발명은 처음에는 기지이다." 기지는 직접적인 창작이다. "witz라는 낱말 자체는 영어 동사 'wit 알다', 명사 'wit 오성, 이성, 의미'처럼 알 수 있는 능력을 무엇보다 지칭했다. 일반적으로, 매우 자주 단 한 개의 낱말이 기지와 정신 일반을 동시에 지칭한다. esprit, spirit, ingeniosus 등을 참조하라."

"정확히 기지와 마찬가지로, 그러나 보다 큰 긴장감과 함께 이성의 명민함(scharfsinn)과 예민한 통찰력(tiefsinn)이 서로 비교된다. "

객관적인 측면에서 이 세 방향은 서로 차이를 나타낸다. 기지는 유사성의 관계, 즉 커다란 상위(相違) 너머에 숨겨져 있는 사적인 균등성의 관계를, 명민함은 상이성, 즉 지배적인 균등성이 숨기고 있는 사적 불균등성의 관계를 발견하고, 예민한 통찰력은 현상들의 기만적인 외

35) Jean Paul's Sammtl. W. XVIII. Vorschule d. Aesth. §45.

관 너머에서 완벽한 균등성을 발견한다.

기지는 주로 통약되지 않는 크기들을 비교하고, 육체적 세계와 정신적 세계의 유사성을 찾으며(이를테면, 태양-진리), 달리 말해서, 자신을 외부의 것과 균등화한다. 그 결과로서 두 개의 직접적인 지각이 나타난다. 기지가 발견하는 관계는 명확하다(청자가 곧 바로 포착할 수 있는 일차적인 것이다). 반면, 명민함은 통약가능하고 유사한 크기들의 이미 발견된 관계 속에서 새로운 관계들을 발견하고 구분하며, 독자(또는 청자)가 연구자의 뒤를 이어 연구의 수고 전체를 반복할 것을 요구한다. 대상들이 아니라 자신의 독일식 이름(scharfsinn: '날카로움', '나누다', '자르다')과 일치하여 비유를 비교하는, 한 단계 더 높아진 기지로서의 명민함은 이미 주어진 유사성을 다시 분할한다.

그 다음, 세 번째의 힘이 발전한다. 또는 보다 좋게 말해서, 동일한 힘이 완전히 지평선 위로 떠오른다. 이것은 예민한 통찰력으로서, 기지에 의해 일목요연하게 연관되고 명민함에 의해 이성적으로 분할되어 있는 모든 것을 균등화하고 통일시키는 것을 지향한다. 예민한 통찰력은 숨어있는 것과 가장 높은 것으로 향한 인간의 측면이다."[36]

이 발췌된 주장과 관련하여 다음과 같은 내용을 언급하고자 한다.

첫째는 '기지'라는 낱말에 관한 것이다. 어떤 합리적인 교육학자도, 언어가 장래의 시와 과학의 원형이자 맹아인 것과 꼭 같이, 유아의 놀이가 오직 성인에게만 고유한 장래의 활동을 맹아상태로 자기 안에 품고 있고, 그런 활동을 미래의 본보기로 내세운다는 점을 의심하지 않을 것이다. 또한 유아를 특징짓는 대담성도 잘 알려져 있다. 그런 대담성을 통해 유아는 과거의 지각으로써 현재의 지각을 설명한다. 유아의 상상력 속에서 못생긴 나무토막은 다양한 모습을 가진 말과 개

---

36) Ibid.t. XVIII, §43.

와 인간으로 변한다. 아이는 장난으로 그의 인형에게 가해지는 모욕을 진지하게 걱정한다. 왜냐하면 아이는 인간의 품위에 대한 우리의 존경심, 가족에 대한 우리의 사랑 등의 토대를 이루는 그 지각들의 연쇄를 통해 인형의 형상을 통각했고, 우리에게는 매우 다른 대상인 인형과 자아를 동격화했기 때문이다. 위의 경우와 유사한 사실들은 이 최초의 근접화를 낱말의 일상적 의미에서 기지로 간주하는 것이, 유아의 최초의 활동에서 노동과 오락의 경계선을 찾고, 최초의 낱말에서 형용사나 동사를 찾는 것만큼이나 오류투성이임을 보여준다. 일정한 근접화를 기지라고 부름으로써, 우리는 스스로 진실하다고 생각하는 다른 관계들의 의식을 추측한다. 만일 우리에게 기지를 대립시킬 대상이 없다면, 기지는 우리에게 완벽한 진리가 된다.

둘째로, 예전의 비유(그리고 비교되는 성분들의 인과관계)를 파괴하는 수단이며, 장-폴이 'scharfsinn'으로 지칭하는 힘은 다름 아닌 부정이다. 최소한 이것은 장-폴이 명민함 속에서 발견한 모든 특징들을 지닌다.

a) 부정은 통약 가능한 크기들의 관계이다. Non-A 자체는 다른 모든 것과 독립적으로는 사유될 수 없다. 그것은 그것을 머리에 떠오르게 하는 경로가 되는 어떤 원인도 자체 내에 품고 있지 않다. 완전한 부정은 불가능하다. 현실은 사고에 오직 실정적인 크기들만을 부여하기 때문에, 부정은 의식 속에서 이런 원인들의 일정한 충돌의 결과가 아닐 수 없다. 이런 충돌이 어떻게 벌어지는가는 다음의 사례에서 확인할 수 있다. 만일 누가 "이 종이는 하얗지 않다."고 말한다면, 최초의 인상이 그로 하여금 종이의 흰색에 관한 예전의 생각을 재현하도록 만들었고, 다음의 인상이 이 생각을 의식에서 밀어냈다는 것이 된다. 사고의 최초의 행동은, 하나의 기질이 다른 기질을 불러 일으켰던, 다시 말해, 그 다른 기질과 공통적인 측면을 가졌던 실정적인 판단을

형성했다. 그러나 술어는 만일 우리가 "이것은 흰 종이가 아니라 회색 종이다."라고 말한다면 또한 낱말로써 표현될 다음의 지각의 압박 아래서 유지될 수 없었다. 회색 종이에 관하여 생각할 때 흰색에 관한 사고의 재현을 방해하기에 충분한 다른 사고 행동들의 수로, 서로 모순되는 술어들을 나눠보자. 그러면 우리는 실정적 판단-"종이는 회색이다."를 얻게 될 것이다.

이로부터 분명해지는 것은, 부정은 하나의 지각을, 그것 뒤에 바짝 따라붙는 다른 지각으로 대체하는 과정에 관한 의식이라는 점이다. 추측되는 순수한 non-A를 현실적인 크기로, 즉, 불완전한 부정으로 바꾸기 위해서는 그것을 의식 안으로 불러들이는 정황을 그것에 추가하는 것이 필요하다. 이런 정황은 non-A와 같은 종류의, 비교될 수 있는 실정적 크기일 수만 있다. 이것을 언어에, 그리고 시의 가장 단순한 형식에 적용시키는 것은 쉽다. 또한 여기에서 기본 형식은 실정적인 비유다. 부정은 그런 실정적인 비유에 합류하고, 그것으로부터 발달하며, 본래는 부정적인 비유였으며, 나중에야 자신의 기원의 흔적을 자기로부터 씻어낸다. 다소 문학적인 속담 "권력은 달콤한 것이 아니며, 자유는 부러워할 만한 것이 아니다."가 가능한 이유는 오직 자유와 행복의 표상이 언어에서 동일한 관계가 되며, 자유가 부러워할 만한 대상이기 때문이다. 카슈브인들의 속담 "어둠은 사람을 잡아먹지 않으며, 그들의 발을 쳐서 쓰러뜨린다."는 어둠이 실제로 사람들을 잡아먹는다는 사고를 전제한다. 이것은 만일 'тьма 어둠(폴란드어 'ćma 밤나무')'이 심장을 먹어치우는 세르비아의 마녀와 동일한 신화적인 존재임을 기억한다면 쉽게 이해될 것이다. 다른 많은 사례들의 경우도 동일하다. 이런 까닭에, 실정적인 비유가 부정의 표현에 선행하는 그러한 부정의 형식은 우리에게 대단히 오래된 것처럼 여겨진다.

저편에도 산이 있고
이편에도 산이 있네
저 산들 가운데서
밝은 아침노을이 떠올랐네
아, 저것은 노을이 아니네
아, 저것은 찬란하지 않네
아, 저기 저것은 나의 아가씨가
물을 뜨러 간 것이네.

응축성과 어둠의 기준에서 위의 형식보다 이후에 나타난 것은, 실정적인 비유가 언어로 표현되지 않는 아래와 같은 형식이다.

사나운 바람이 불어온 것이 아니네
불청객들이 몰려온 것이네.

이미 만들어진 범주들을 과학에 적용시키는 것은 본질적인 의미에서, 이 범주들을 만들어낸 그런 사고의 기법들을 반복하는 것이다. 사실에 대한 최초의 과학적 해설은 실정적 비유에 상응하고, 이 해설을 분할하는 이론은 단순한 부정에 상응한다. 언어에 담긴 일련의 비유들을 과학과 지혜로 보는 사람에게, 시적 부정은 독특한 성격의 해체적 비판이다.

b) 위의 내용으로부터 명민함과 부정의 두 번째 유사성을 또한 발견할 수 있다. 그것은 비유에서보다 부정에서 결합의 보다 큰 복잡성을 나타낸다. 그러나 이런 복잡성이 만약 이후의 한정적 표현을 동반하지 않는다면, 선행하는 사고의 경로 전체를 추적해야하는 불가피성, 그런 부정에 대한 이해가 전제하는 불가피성만큼이나 특출한 부정의

특징이 될 가능성은 희박하다. 이를테면, 나뭇잎과 이성, 또는 펜과 언어에 대한 복잡한 비유에서 그런 성질이 드러나지 않는가?

비록 언어와 의식적 사고의 출발점이 비유라고 하더라도, 비록 그럼에도 불구하고 언어가 이 최초의 형식의 복잡화에서 비롯된다고 해도, 이런 사실로부터, 발화자의 사고가 매 낱말마다 이 낱말이 전제하는 모든 발전의 단계들을 통과해야 한다는 결론이 도출되지는 않는다. 반대로, 대부분의 경우, 우리 사고의 마지막 형식에 선행하는 모든 것에 대한 망각은 불가피하다. 예를 들면, 만약 낱말 'сила 힘(어근 си는 '동여매다', '결박하다'의 뜻임)'이 '편물(編物)'의 표상(감각적 지각을 이상화하는 사고의 첫 단계들 가운데 하나이지만, 이미 힘의 개념과는 별로 관계가 없는)을 계속 생각나게 한다면, 힘에 관한 과학적 개념의 존재가 어떻게 가능할 것인가?

언어는, 필시 낱말에 의해서 직접적으로 의식되고 표현될 수 있을 듯한 그러한 현상들이 실제로는, 지속적인 사고의 준비를 전제하고, 이미 잊혀진 다수의 선행하는 심급들의 계열체 속에서 최후의 심급으로만 판명된다는 점에 대한 다수의 증거를 제시한다. 이를테면, '뛰다', '만들다' 같은 활동과, 신체의 부분들 같은 대상들이 그러하다. 예를 들면, 낱말 гр, гар(또는 이것보다 더 오래된 어떤 음성적 형식)이 '연소'나 '불'의 원초적 의미를 지닌다고 가정해 보자. 다음으로 이 낱말에서는 연소 시 가연성 물질의 축소화, 먹어감에 따라 먹는 음식의 축소화가 통각된다. 이로부터 세르비아어 낱말 жрьти(슬로바키아어 žrét, žrém), 러시아어 жрать가 'есть 먹다'의 의미를 취하게 되는 것이다. '먹다'라는 의미를 가진 낱말에서는, 처음에는 불과 유사하게 먹이를 먹어치우고 없애는 주체로만 표상되는 목의 감각적 형상이 의식된다. 그런 의미는 동일하거나 유사한 소리들로 표시되는 형상들을 통각한다. джерело, горло(하구), жерло(포구, 입)이 이에 해당한다.

위의 낱말들에서 지배적인 구멍의 의미(마치 인간의 목구멍의 의미보다 더 복잡한 것 같은)는 불의 최초의 의미와 거리가 멀고, 따라서 불에 대한 생각을 떠올리게 하지 않는다. A라는 생각의 망각의 정도는, 이 순간 의식 속에 나타난 B라는 생각과 A라는 생각을 분리하는 다른 생각들의 수에 상응한다. 이 때문에, 앞서 인용한 사례에서 사고는 구멍에 대한 의식으로 사고가 도착하는 과정에서 거쳐 온 길로 되돌아가지 않고, 구멍의 의미에 집중될 수 있는 것이다.

사고가 낱말의 매개로 이상화되고, 사고를 억압하고 분할하는 직접적인 감각적 지각의 영향에서 벗어남에 따라, 낱말은 자신의 형상성을 서서히 상실한다.[37] 그럼으로써, 사고의 일정한 복잡성과 추상성 속에 그 본질이 있는 산문의 토대가 놓인다. 아동이 언제부터 청년으로 변하기 시작하는가를 정확히 규정하기가 불가능하듯이, 산문이 언제 시작되었는가를 말하는 것은 불가능하다. 문헌상 산문의 최초의 출현은 산문의 탄생의 시기가 아니다. 만약 산문에 포함되는 낱말들이 시에서처럼 의미를 일깨우는 구체적 형상이 아니라 의미의 기호들이라고 한다면, 이미 그 이전부터 산문은 구어적 발화 속에 있었다.

언어에서 산문적 기질들의 양은 사고 발전의 자연적 행보와 일치하여 꾸준히 증가한다. 형식적 낱말들-문법적 범주들-의 형성 자체는 발화의 가소성(可塑性)의 파괴이다. 산문은 완전 무장의 상태로 태어나지 않으며, 따라서 지금보다 과거에 산문의 수가 적었다고 말할 수 있다. 그럼에도, 여러 언어에서 낱말의 내적 형식의 활기의 다양한 정도

37) 여기서 우리는 그 어디에서도, 형식적인 언어 또는 훔볼트가 말했듯이 '주관적인' 언어의 기원에 관하여 언급하지 않았다. 이 '주관적인' 언어의 내용은 인격 또는 인격에 대한 태도의 표현이다. 그러나 우리는 "인격과 무관하게 운동 등을 뜻하는 객관적인 기술적, 서술적 언어(Humb. Üb die Versch. 114, 116, 122)"와 유사하게 이 언어 또한 자신의 한창 때에는 시적 형상성을 결여하지 않았을 것이라고 추측한다.

가 여러 민족의 보다 크거나 작은 시성의 수준을 제약할 수 있다, 이를테면, 슬라브어와 게르만어처럼 투명한 언어들이 프랑스어보다 개별 인물의 시적 기분에 보다 유리하다는 사고와 산문은 도순되지 않는다. 한 가지 더 덧붙이면, 낱말이 이런 저런 수단을 통하여 시적 의미를 획득하지 못하는 그런 언어의 상태는 없다는 사고와 산문은 모순되지 않는다. 단지 분명한 사실은, 시의 성격은 언어의 기질의 속성에 따라, 즉 언어의 기질을 형성하는 사고의 방향과 언어의 기질이 전제하는 정도의 양에 따라 바뀌기 마련이라는 점이다. 문학사는 언어의 역사와 점점 더 근접하지 않을 수 없다. 마치 화학 없는 생리학처럼 언어의 역사 없이는 문학사 또한 비과학적일 수밖에 없다.

내적 형식에 대한 망각의 중요성은 이 현상의 긍정적 측면에 있으며, 그런 측면에서 내적 형식의 망각은 사고의 복잡화 또는, 라차루스가 말하듯이, 사고의 응축이다. 내적 형식의 출현 자체, 언어에서 통각 자체는 감각적 형상의 모든 기질들을 하나의 표상으로 치환하고, 의식을 확장하고, 거대한 사고 덩어리에 운동의 능력을 전달하면서 감각적 형상을 응축한다.[38] 그 다음, 동일한 근원에서 자라난 표상과 낱말의 연속체(여기에서 후행하는 것들은 선행하는 것들에게서 서서히 분리되며, 자신의 기원의 흔적을 상실한다) 속에서, 응축으로 지칭될 수 있는 것은 예전에 불가사의하고 복잡했던 것이 그것에 힘입어 사고의 수고를 요구하지 않는 단순한 것으로 변하게 되는 그 과정이다. 그것들이 통용되는가, 그것들이 'копать 파다', 'рубить 자르다'와 같은 동작, 또는 'зелень 초록색'과 같은 성질을 외부로부터 취하는가의 질문에 대해 많은 이들은 긍정적으로 대답한다. 그러나 그들은 질문에 담긴 모순(결코 감각에 속하지 않는 동작 또는 성질에 대한 감각적 지

38) Steinth. Gr. L.v. Ps. 331. 334. Zeitschr. für Philos. v. Fichte etc. XXXII. 218.

각)에 주목하지 않으며, 동작과 성질 모두를 전혀 의식하지 못할 가능성이 있다는 점을 생각하지 않는다. 여러 세대의 수고를 통해 얻은 진리가 그 다음 아이들에게까지 쉽게 주어지며, 바로 이 점에 진보의 본질이 있다는 것은 잘 알려져 있다. 그러나 이런 진보에 대해 인간이 언어에 빚지고 있다는 사실은 덜 알려져 있다. 언어는 그것이 개별 인간의 사유의 기관인 만큼 모든 민족의 번영의 조건이다.

선조들이 만든 후손들의 활동의 넓은 토대는 신체의 유전적 생리학적 경향과, 과거 삶의 물질적 기념비 어디에도 있지 않다고 쉽게 확신할 수 있다. 언어가 없다면 인간은 가장 우아한 예술작품들 사이에서, 기계들과 카드들의 사이에서, 비록 그가 이 대상들의 사용을 실제로 목격했다고 할지라도 야만인으로 남게 될 것이다. 왜냐하면 심지어 일목요연함을 요구하기까지 하는 과학을 무언의 예시를 통해 어떻게 가르칠 것이며, 과학, 진리 등의 개념을 언어 없이 어떻게 전달할 것인가라는 물음이 대두하기 때문이다. 오직 언어만이 monumentum aere perennius[39]이다. 오직 언어만이 최초의, 기초적인 토대로서 진보의 모든 견고한 수단들(이것들의 원천인 인간의 본성은 여기에 속하지 않는다)과 관련된다.

언어 내용의 유전성에 관한 사고는 모순을 내재하며, 어떤 보충설명을 요구한다. 사고에 대한 언어의 의미를 설명할 수 있는 가능성 전체는 사고가 내부로부터 발전한다는 가정에 근거해 있다. 그러나 외적인 무엇으로서의 체험의 전달은 이런 성장의 주관성을 파괴한다. 위에서 우리는 언어가 오직 인간에게만 가능한 가장 완벽한 창조물임을, 또 오직 그런 이유 때문에 인간에게 의미를 지닌다는 것을 보았다. 이 대목에서, 서두에 언급한 사실, 즉, 우리가 완성된 언어를 취하고

39) "구리보다 더 강한 기념비(호라티우스)." 옮긴이.

사용한다는 사실로 되돌아가보자. 이 사실은 정신의 심연으로부터 언어의 의식적인 발명과 무의식적 성장에 관한 견해에 대한 반박으로 동일하게 사용될 수 있다. 앞선 논의를 토대로 이런 난제를 어렵지 않게 해결할 수 있다.

말하는 법을 배우는 아이에게 우리는 무엇을 전달하는가? 소리가 어떻게 발음되는가를 우리는 배울 수 없다. 왜냐하면 우리들 대부분은 모르기 때문이다. 그래서 만일 우리가 안다고 하더라도, 우리는 단지 언어를 통해서만 학습할 수 있을 것이다. 아이가 소리를 발음하는 이유는 그의 내부에서 신체적 역학이 최초의 인간과 동일하게 작동하기 때문이다. 아이는 자신이 들은 낱말을 반복하기를 좋아하며, 그런 경우에, 이미 완성된 소리에 둘러싸여 있지 않더라도 외부 인상의 영향을 받아 새로운 성분분절적인 소리를 창조해 낼 것이기 때문이다. 심지어, 우리가 펜을 들고 어떻게 말을 거는가를 직접적으로 보여줄 때조차도, 우리는 아무 것도 전달하지 못하며, 행동에서 거의 흔적 없는 내적 경로를 통해 나타나는 인상을 받을 수 있는 기회를 자극하고 그것을 타인에게 전달할 수 있을 뿐이다. 언어의 의미의 전달가능성은 훨씬 더 희박하다. 의미는 전달되지 않으며, 그 전까지 유아가 반복했던 낱말은, 그 스스로가 자신과 일정한 형상을 결합하기 전까지, 그의 개인적이고 특출한 속성을 이루는 지각을 통해서 그 낱말을 설명하기 전까지 그에게 아무 의미도 가져다주지 못한다. 물론, 통각은 완전히 내적인 현상이다. 유아는 어근이 표시하는 것을 생산하는 인물의 의미를 접미사 -ов에 부여할 수 있다. 유아는 'Прохоров 프로호로프'가 'порох 화약'을 만드는 사람이라고 생각할 수 있다. 그러나 만일 의미가 이해주체에 의해서 생산되지 않고, 외부에서 의미가 주어진다면, 모든 거짓된 이해는 불가능할 것이다.

발화자는 유아에게 소리를 포착할 수 있는 기회만을 제공한다. 라차루스의 표현에 따르면, 유아의 공허한 울림에 대한 지각은 이런 저런 하늘의 공간에 별이 있을 것이라는 천문학적 발견에 비유될 수 있다. 이것으로 설정된 별 자체의 발견은, 소리에 대한 의미를 창조하는 일과 동일하다. 우리는 감정에 속하는 많은 대상들에 대한 낱말 속에서의 의식이 비교적 늦게 나타난다는 점을 이미 언급했다. 만일 낱말 'горло 목구멍'이 존재하도록 하는 언어의 도움이 없다면, 낱말 'горло' 자체의 생산을 위해서 요구되는 수만큼의 여러 세대들이 다른 지각의 덩어리로부터 'горло'를 구분해내기 위해 수고해야 할 것이다. 낱말이 어떤 것을 의미한다는 사고가 무의식적으로 확립되어 있는 오늘날의 아동은 그에게 지시되는 대상 자체의 형상을 통해서 언급된 낱말의 소리를 스스로에게 빠르고 쉽게 설명할 것이다. 이 형상은 다른 형상들과 혼동되지 않는다. 왜냐하면 이 형상은 그것과 관련되어 있는 낱말에 의해서 고립되고 보전되기 때문이다. 이 경우에 유아의 사고의 경로는 축소된다. 당장 유아는, 선행하는 의미들(이를 테면, '불'과 '먹어치우기')을 우회하여 자신이 찾고 있는 낱말의 의미를 발견했기 때문이다.

분명한 의미를 지닌 낱말들이 추상적인 낱말보다 먼저 이해되지만, 보편적인 특징에서 전자와 후자의 이해 경로는 동일하다. 라차루스는 이렇게 말한다. "아동이 일정한 수의 형상과 그 형상에 상응하는 낱말들-먹다, 마시다, 걷다, 뛰다 등등-을 가지고 있다고 가정해보자. 아동은 이런 형상들에 대한 자신의 태도를 아직 표현할 줄 모른다. 그는 먹고 싶다. 그러나 '먹다'라고만 말한다. 성인들은 서로 간에, 또 아이를 향해 말한다. '우리는 먹고 싶다.' 그러면 아동은 처음에는 이 낱말을, 그 다음에는 욕망이 실행보다 앞선다는 사실을 깨닫는다. 아동은 마시기를 원하여 컵을 잡으려고 손을 내민다. 그러면 사람들은 아동에게 묻는다. '너는 마시고 싶니?' 아동은 자신의 욕망이 이해되었으며, 자신이 '너 ~ 싶니?'라는 낱말로 지칭되는 것을 본다. '너', '우리', '나의', '너의' 등의 낱말의 의미는 그렇게 분별된다. 물건을 가지고 있는 사람은 '나의 것'이라고 말하고, 그 다음 타인에게 그 물건을 주지 않는다. 물건을 주는 사람은 '너의 것'이라고 말한다."[40] 추상적인 낱말의 이해에 기초를 이루는 것은 추상적인 낱말과 구체적 형상 간의 결합이다(이를테면, '나의 것'은 물건을 쥐고 있는 얼굴의 형상과 결합한다). 이로부터 드러나는 사실은, 이를테면, 아동이 깨닫는 인칭대명사는 처음에 그 자신에게는 전혀 형식적인 낱말이 아니며, 그 인칭대명사와 형상간의 예전의 결합이 새로운 결합에 의해 깨지면서 형식적인 것으로 변한다는 점이다. 만일 소유대명사 '나의'가 아이에게 1인칭으로, 단 하나의 사물과 관련하여 들린다면, 비록 그 소유대명사가 이 인물의 형상들, 이 사물의 형상들과 융합하지 않는다고 하더라도 (만일 전자와 후자 모두 아이에게 고유 명사로 나타나는 경우), 그 소유대명사는 어떤 사람이 지닌 어떤 속성의 협소한 의미 아래에 남겨지게 될 것이다. 인칭대명사는 발화 속에서 그 상황의 변화에 따라 보편화된다. 여기에서는, 내적 형식의 다양한 발전 정도 위에 세워진 언어들의 교육적 영향이 얼마나 다양한가가 밝혀진다. 낱말에 대한 아동의 이해력의 빠른 확장은 언어 자체가 멈춰선 지점에서 끝난다. 그 다음 완만한 전진 운동이 시작되고, 그 결과는 수 백 년 후에야 나타난다(드루쥬바 군도의). 말라야족 언어 중 하나에서 인칭대명사는 장소의 부사와 구별되지 않는다. '나에게'는 또한(화자쪽으로) '이리로'를 뜻하고, '너에게'는 '저기로(2인칭 쪽의 방향)'를 의미한다. 이를테면, "많은 여자들이 '이리로'라고 말할 때", 그것은 바로 "우리들에게 말했다."는 뜻이다. "어쩌면 나는 우둔하게 '저기로'라고 말했을 것이다."라는 말뜻은 "어리석음이 당신에게 말했다."라는 뜻이다. 그런 언

40) Das Leben der Seele. II, гл.3.

어는 그 자체가 지닌 공간적 관계와 독립적으로 인물에 관한 개념을 형성하지 못한다. 그러나 만일 유럽인에게서 인칭대명사와 운동 표상의 결합이 형성되었다면, 이런 결합은 공간에 관한 온갖 사고를 제거하는 다른 결합에 의해 즉각 해체되었을 것이다.

찾아보기

| 세미오시스 번역총서 03 |

사고와 언어
Мысль и язык

초판 인쇄 2016년 5월 23일
초판 발행 2016년 5월 30일

지은이 알렉산드르 아파나시예비치 포테브냐
발행인 김인철
옮긴이 김민수 · 조준래
총괄 · 기획 장지호 Director, University Press
편집장 신선호 Executive Knowledge Contents Creator
도서편집 김민정 Contents Creator
진수연 Contents Creator
도서 · 전자책편집 최인우 Chief e-Contents Creator
마케팅 곽용창 Chief Marketing Creator
재무관리 권미경 Chief Managing Creator
김은혜 Managing Creator
발행처 한국외국어대학교 지식출판원
02450 서울특별시 동대문구 이문로 107
전화 02)2173-2493~7
팩스 02)2173-3363
홈페이지 http://press.hufs.ac.kr
전자우편 press@hufs.ac.kr
출판등록 제6-6호(1969. 4. 30)
디자인 · 편집 (주)이환디앤비 02)2254-4301
인쇄 · 제본 네오프린텍 02)718-3111

ISBN 979-11-5901-080-4 94700 정가 20,000원
ISBN 978-89-7464-833-6 (세트)

*잘못된 책은 교환하여 드립니다.

HUiNE은 한국외국어대학교 지식출판원의 어학도서, 사회과학도서, 지역학 도서 Sub Brand이다. 한국외대의 영문명인 HUFS, 현명한 국제전문가 양성(International +Intelligent)의 의미를 담고 있으며, 휴인(携引)의 뜻인 '이끌다, 끌고 나가다'라는 의미처럼 출판계를 이끄는 리더로서, 혁신의 이미지를 담고 있다.